Das Kind mit den sieben Namen • Georg Maria Hofmann

Georg Maria Hofmann

DAS KIND MIT DEN SIEBEN NAMEN

Roman

FRIELING

Bibliografische Information der Deutschen Nationalbibliothek
Die Deutsche Nationalbibliothek verzeichnet diese Publikation in der Deutschen Nationalbibliografie; detaillierte bibliografische Daten sind im Internet über http://dnb.d-nb.de abrufbar.

Rheinstraße 46, 12161 Berlin
Telefon: 0 30 / 76 69 99-0
www.frieling.de
ISBN (Print): 978-3-8280-3747-2
ISBN (E-Book): 978-3-8280-3748-9
1. Auflage 2023
Bildquelle: Archiv Georg Maria Hofmann,
Autorenbild: Silvia Panzl-Schmoller/Stadtarchiv Salzburg

INHALT

KAPITEL I

GYURIKA ALS VATER

„Jawohl, auch ein Fötus hört gewisse Töne bereits im Mutterleib: das Pumpen des Herzens seiner Trägerin: ein Grundrhythmus, und, wenn er hellhörig ist, auch Töne von Musik; in der Nähe einer Kirche die Glocke und in der Nähe der Kaserne den Zapfenstreich - vorausgesetzt, dass das Wachsen und Gedeihen in dem mütterlichen Dunkel auf dem Gebiet der Monarchie stattfindet, und vor allem in Ungarn, das nach 1918 noch bis Kriegsende ‚Monarchie spielte', eine eigenartige Monarchie ohne König, doch mit einem Marine-Admiral an ihrer Spitze, dies in einem Land ohne Meer." *Aus G. M. Hofmann: „Der Auftritt des linkshändigen Dichters Alexander Galajda"*

Teleky Straße

Der Kasperl

Von den Geschwistern meiner Mutter war mir damals Eva die liebste. Sie war die jüngste ihrer Schwestern, nur elf Jahre älter als ich, ein fröhliches, junges Mädchen. Sie bastelte mir einen lustigen Kasperl. Ich liebte diesen Kasperl sehr und zerrte ihn überallhin mit, vor allem in den Hof der Wohnung in der Teleky Straße, der mit seinen zahlreichen Löchern, Pfützen und gespenstischen Gebilden eine große Anziehung auf mich ausübte. Aber auch gefährlich war der Hof, und zwar wegen der vielen größeren Burschen, größer als ich. Sie waren die Söhne unserer Nachbarn. Besonders erinnere ich mich an die Brüder Dominik, die zu dritt waren und an dem Holzverbau vor unserem Fenster ständig auf und ab rannten und dabei einen Höllenlärm erzeugten. Gyurika, mein Vater, versuchte sie zur Ruhe zu bringen und deutete immer auf mich, was mir besonders peinlich war. Instinktiv wollte ich bei den Dominik- und Tobias-Brüdern als grobschlächtig und robust gelten. Auch dachte ich, dass das zielführender wäre. Denn Gyurikas Mahnungen zeigten keine Wirkung. Überhaupt, Gyurika ...

Mir kam es so vor, dass die wilden Knaben auf unserem Hof keinen Respekt vor ihm hatten. Auf dem einzigen Tisch in unserer Küche badete er in einer Blechschüssel die Schreibmaschinen – die Continentals, auch die Adlers, die Underwoods – in Benzin. In dieser Küche wurde er immer wieder von den bösen Buben gestört, wenn sie nach einer unheilschwangeren Ruhe plötzlich in ein Siegesgeschrei ausbrachen, was in ihm eine närrische Angst um sein Kind, um mich, erweckte, da er glaubte, dass sie in mir ein ohnmächtiges Opfer, ein Mädchen – das Mädchen als Steigerung der Ohnmacht – entdeckt hätten, das sie jetzt quälen konnten. So stürzte er aus der nach Benzin stinkenden Küche und schrie: „Jetzt habe ich euch erwischt!“ oder

„Wartet mal, wartet mal!“, und mit einem Sprung stand er im Hof. Retten konnte er mich allerdings nicht, denn ich war, meiner harmonischeren Natur gemäß, wahrscheinlich auf der Flucht vor dem verhassten Benzingeruch, schon über alle Berge.

Von der Teleky Straße aus gesehen war die Neue Welt Straße nur ein Katzensprung entfernt. Hier wohnte meine Oma. In der Zeit, die ich hier beschreibe, war sie noch bei der Post als Telefonfräulein, dabei war sie damals schon um die sechzig. Ein sechzigjähriges Fräulein nach acht Geburten, mit sieben lebenden Kindern. Als wenn die Sprache nur zur Verspottung meiner Oma da wäre.
Seitdem ihr Mann im Krieg war, verdiente sie allein für die Familie Geld, nahm die lächerliche Berufsbezeichnung Telefonfräulein auf sich, steckte die erbärmliche Bezahlung Monat für Monat ein und bestritt aus dem Minimalbudget ihren Haushalt. Nur am Ende eines jeden Monats schickte sie die älteste Tochter (meine Mutter) zu der Spezerei runter und

Großmutter mütterlicherseits

ließ sie um Stundung bitten, und zwar für 1 dkg Fett. Wirklich für 1 dkg Fett, das muss man sich auf der Zunge zergehen lassen, wofür sie allerdings von meiner Mutter gehasst wurde.

Aber die Geschwister Lichter waren noch ärmer als sie. Die Lichter-Geschwister mit ihrem Leiterwagen, auf den sie alles aufhäuften, was sie mit ihren Händen erreichen oder vom Boden aufheben konnten. Denn die Geschwister Lichter waren sehr klein, wahrscheinlich auch sehr alt damals. Aber was auf mich den meisten Eindruck machte, war ihre totale Stimmlosigkeit, mit der sie, jeder Verständigungsmöglichkeit bar, ihren Leiterwagen mit großem Geschick vor sich herschiebend und hinter sich herziehend, eine tänzerische Darbietung vortäuschten. Meine Oma schätzte diese Darbietung sehr, und wenn sie an ihrem Fenster vorbeifuhren, klopfte sie an das Glas. Die Geschwister Lichter blieben stehen, und meine Oma steuerte auf der Neuen Welt Straße auf sie zu. Ich bin sicher, dass sie einen guten Bissen mitnahm, den sie ihnen dann diskret zusteckte. Diese bedankten sich durch eifriges Kopfnicken.

Mein Großvater indessen schaute aus dem Fenster wie aus einer Loge zu. Damals kam es mir so vor, dass eigentlich er der Auftraggeber dieser Aktion sein musste. Warum? Mein Großvater, der entflohene Banater-Schwabe, der daheim auf dem Hof seines Vaters in Perjamos nicht arbeiten durfte, weil er zu klein und zu schwach war, der in die weite Welt ging ... Mein Großvater ging auf seiner Wanderschaft exakt bis Györ/Arrabona. Da verliebte er sich in meine Oma.

Mein Großvater, der ehemalige Frontsoldat, der keinen Pfennig Entschädigung bekommen hatte für die verlorene Zeit, für die verschiedenen Gebrechen, die er in den Schützengräben des Ersten Weltkrieges bei Przemysl, Isonzo, Verdun zu-

sammengesammelt hatte. Und jetzt, da langsam der Krampf der Kriegserinnerungen nachließ, heute bequem beim Fenster sitzend, zu seiner Gattin mit einem überlegenen Lächeln runterschauend, während sie, meine Oma, inzwischen eine teigige Frau, ganz in Trauer um ihre einstige Schönheit, ihm alles, aber auch alles erlaubte, weil er einmal so ein schöner kleiner Mann gewesen war.
Nach der Schlacht um Przemysl brachte meine Oma ihren Gatten im Militärspital unter.
Ich unterbreche dich. Großvater! Rede nicht daneben! Wo ist deine überlegene Klugheit? Wo ist unser Eckhaus, das du uns bauen wolltest? Was ist aus deinem geerbten Vermögen geworden? Kriegsanleihen! Angelegt zu Gewinn - alles dahin. Ja, Win-Win ...

Das Kind mit Tante Rosa

Und hier sah ich meinen Großvater, wie er sich nasse Lappen um die rechte und linke Hüfte wickelte. Das war eine pseudomedizinische Selbstbehandlung gegen Rheumatismus. Hast du uns wirklich nur Gewinn eingebracht, Großvater? Nur Gewinn, deiner Familie, deinen Kindern, deinen Kindeskindern?

Mit meinen drei Jahren kletterte ich die Treppe hinauf, zur Wohnung meiner Großmutter in der Neuen Welt Straße. Rechts war die Tür zu ihrer Wohnung, links die Tür der „schlechten Tanten". Das waren, wie ich später erfuhr, Prostituierte. Geradeaus war das einzige Klo der Etage. Das tröpfelte. Die Tropfen fielen auf den darunterliegenden offenen Hof und mitunter auf den Kopf der unten Vorbeigehenden. Dieses Klo benutzte ich nie. Das war für mich wie ein Gesetz.

Wenn ich bei meiner Oma klopfte, machte meist meine Mutter die Tür auf. Im Hintergrund stand Tante Rosa. Ich erinnere mich, dass meine Mutter mit verweinten Augen traurig dreinschaute. „Hältst du es noch aus?", fragte Tante Rosa sie sehr besorgt. „Soll ich Anya etwas sagen?"
„Ach nein .... Ich habe Gyurika nun einmal geheiratet. Mitgegangen, mitgefangen. Anya, mit ihren acht Geburten. Ich bin da total allein. Und du kannst mir auch nicht helfen", sagte sie plötzlich ganz feindselig. „Vergiss nicht, was du mir selbst erzählt hast. Das respektlose ... Grapschen an deinem Hintern. Nur weil du meine Schwester bist." Und die zwei Schwestern umarmten sich und weinten einträchtig und hoffnungslos.

Eva, die jüngste Schwester meiner Mutter, hatte mir also einen prächtigen Kasperl gebastelt. Den hatte ich wirklich

Das Kind im Hof der Czuczor Gergely Straße

gern. Mit den sechs Puppen, die Gyurika mir mittlerweile geschenkt hatte, wollte ich nicht spielen. Den Kasperl aber, den zerrte ich überall mit mir. Es war kein Wunder, dass die Leute bald merkten, dass der Kasperl und ich dicke Freunde waren. Eines Tages war der Kasperl plötzlich weg. Ich konnte das nicht verstehen. Tagelang habe ich nach ihm gesucht. Auch in unserem Hof. Umsonst. Gyurika ging mir aus dem Weg. Meine Mutter dagegen war mir immer im Weg. Ich bin mir sicher, dass sie in diesen Tagen nicht einmal zur Wohnung meiner Oma ging, um sich bei Tante Rosa auszuweinen. Meine Mutter sagte zu mir in den Tagen des ewigen Suchens scheinheilig und belehrend in einem fort: „Siehst du, das kommt dabei heraus, wenn man schlampig ist." Ich war aber nie schlampig, das wusste ich ganz bestimmt. Ich war total betreten und suchte weiter.

Was wirklich geschehen war, erfuhr ich allmählich, besonders durch ein Gespräch der Eltern im Schutze der Nacht. „Doch du willst nicht zugeben, dass du den Kasperl des Kindes verheizt hast." Hier folgte trotziges Schweigen. Nach diesem Schweigen kam der Satz: „Du hast also den Kasperl verbrannt!"
„Wieso darf hier dein sauberes Schwesterchen herrschen?", brach aus Gyurika die Empörung heraus.
Meine Mutter stand mitten im Bett auf, und auf uns, auf mich als ihr Kind und auf ihn als ihren Mann, fielen ihre schweren Worte als unwiderrufliches Urteil: „Gyurika, du bist geisteskrank!" Darauf folgte eine lange Pause.
Und mir kamen allerlei bewusste und unbewusste Bilder in den Sinn, von meinem Großvater väterlicherseits, Diplom-Ingenieur Wilhelm Hofmann, der Annika, meine andere Großmutter, für sich gewonnen hatte, die im Schutze der Nacht, wie auch jetzt, zu unserem Fenster schlich und ihr Gesicht gegen die Fensterscheibe drückte. Ihre Augen waren wie Vogelaugen. Ich hörte das Geschrei von wegfliegenden Vögeln.
In jener Nacht konnte ich das von den Eltern Gesagte akustisch verstehen. Dass meine Mutter meinen Vater für geisteskrank hielt, fand ich steil. Ich brachte es in Zusammenhang mit der Ehe meines Hofmann-Großvaters mit Annika, was für mich heute noch seine Gültigkeit hat. Die waren eigentlich alle geisteskrank.
So etwa: Onkel Gyula und seine ungetreue Gattin
Tante Baba
Die versteinerte Tante Olga
Tante Onkel Onkel Tante

Der Familienvater

Gyurika fand, dass er ein ausgezeichneter Familienvater sei. „Ich trinke nicht, ich rauche nicht, ich geh' nicht in gewisse Häuser, ich schlage meine Frau nicht", pflegte er immer zu sagen.

„Das unendliche Rondeau", sagte Mori dazu. Mori, das einzige, ängstlich behütete, gleichsam täglich geschlagene Kind des Ehepaares. Allerdings kamen die Schläge, welche Gyurika Mori verpasste, aus der äußersten Hilflosigkeit in seinem mangelnden Selbstbewusstsein als Vater, oder vielmehr aus der ununterbrochenen Infragestellung dieses Selbstbewusstseins durch Mori. Schon die Tatsache, dass das schmächtige Kind mit der durchsichtigen Haut an den Schläfen, die blauen Äderchen wenig zudeckend, so dass fremde Leute auf der Straße ihre Sorge über Gyurikas Kind äußerten: „Es wird nicht lange am Leben bleiben, siehst du die Äderchen an seiner Schläfe?" ... dieses Kind war nicht bereit, wie jedes andere anständige Kind zu weinen, wenn Gyurika und auch Dolores ihn in plötzlicher Wut auf den Hinterkopf schlugen. Warum tat Gyurika das, und warum tat vor allem die Mutter das auch? Nun, Mori ahnte gewissermaßen warum. In der Schule wurde Mori die Linkshändigkeit nicht ausgetrieben, wie die Eltern dies erwartet hätten. Jetzt schrieb er also weiterhin mit der linken Hand, wie er auch mit der linken Hand zeichnete.

„Aber damals warst du noch im Kindergarten."

„Und jetzt bin ich in der Schule, und meine Lehrerin, Ilus Neni, hat mir gesagt, dass ich von Natur aus Linkshänder bin. Lass mich in Ruhe." Dem folgte immer ein Schlag, wie gesagt auf den Hinterkopf, und ein vernichtender Blick seitens Mori auf den Vater, den er einfach nur Gyurika nannte.

Da Gyurika von einem normalen Kind Tränen erwartete, keinen durchdringenden Blick, musste er den nächsten Schlag verabreichen. Mori sagte nur so etwas wie „die Ohnmacht der Erziehung“. Das fand Gyurika noch weniger „normal“. „Das Kind wird in der Schule total verdorben“, sagte er. „Es weint nicht, wenn ich es schlage“.

Da Mori in der ersten Klasse war und es vorkommen konnte, dass er in dem dreigeteilten Schreibsystem ein zu dickes O in der mittleren Bahn oder ein zu langes oder kurzes L in der mittleren und oberen Bahn zeichnete, gab es so unmittelbare Gründe für Gyurika, seine Schläge zu erteilen, denn in der Tiefe seiner Seele setzte er voraus, dass Mori alles konnte, etwa bereits mit sechs Jahren einwandfrei schreiben. Daher fand Gyurika, dass alles, was kürzer oder länger geriet, nur zur Verspottung des Vaters dienen sollte oder Trotz war oder einfach Nicht-Wollen oder Nicht-richtig-machen-Wollen, um den Vater zu ärgern. Und dann stellte er sich die Frage: Wieso, wo ich doch so ein guter Familienvater bin? Und er zählte wieder auf, dass er nicht trank, nicht rauchte, usw. Und dann nannte er ein Beispiel für einen schlechten Familienvater. „Ihr kennt doch diesen, diesen ... – wie heißt er doch noch? – ... diesen Offizier der Reserve, der nie im Krieg war und dennoch in der Uniform defiliert ..., das ist gar kein Ausdruck ..., wie ein Pfau, und dann die Gattin mit den zwei Töchtern.“

Hierzu bemerkte Dolores kühl, dass die Gattin ein „Jour fixe“ halte, jeden Mittwoch um fünf Uhr. Mori wurde dazu immer eingeladen. Es war ein großes Stadthaus mit einer Fassade aus Marmor. Eigentlich war es ein Stadtpalais.

„Eine Erbschaft der Frau“, sagte Gyurika immer und war dabei aufgeregt. Dolores wollte wissen, woher er es so genau wüsste, worauf Gyurika geheimnisvoll und unheimlich grinste. „Ich weiß es. Ich habe meine Quellen. Die sind verlässlich ... Und ich weiß auch, dass er ein Spieler ist und dass er seine Familie mit dieser fatalen Leidenschaft in den Ruin treiben wird."

Eines Tages platzte Gyurika fast vor Freude und Triumph. Man spürte sofort, dass es mit dem Offizier zu tun hatte. „Hat er wieder Karten gespielt?", fragte Dolores. „Ja, ja, ja, und wie!", schrie Gyurika fast ekstatisch. Sofern Boshaftigkeit und Ekstase überhaupt miteinander etwas zu tun haben können, bei ihm war diese Kombination möglich. Dann machte er die Andeutung einer Bewegung, als wenn sich jemand eine Pistole an die Schläfe hält. „Bumm!", rief er und brach in endloses Gelächter aus. Wenn er einen Schuss nachahmte, spritzten Tausende Speicheltröpfchen aus seinem Mund und landeten in Dolores' Gesicht. Darüber war sie verärgert, aber auch erschrocken. Und weil es hier offenbar um einen Selbstmord ging, sagte sie das Zauberwort: „Das Kind". Es sollte Gyurika ermahnen, in Gegenwart des Kindes nicht weiterzureden. Nun war es aber schon zu spät, denn die pantomimische Darstellung hatte alles bereits gesagt. Mori wusste außerdem, dass die Gespräche der Eltern erst richtig interessant zu werden begannen, wenn dieses Alarmsignal „Das Kind" ertönte. Und da die Eltern der deutschen Sprache über diese zwei Wörter hinaus nicht mächtig waren, tuschelten sie in ihrer Muttersprache weiter, für Mori durchaus auch bei geringer Phonstärke hörbar.

Also hatte der Offizier tatsächlich so hohe Kartenschulden gemacht, dass er es nie hätte zurückzahlen können. Das Stadtpalais war auf den Namen seiner Gattin eingetragen. Darauf hatte der Schwiegervater, ein zu Reichtum gekommener Sattlermeister, achtgegeben. Gyurika wollte jedoch die Ereignisse dramatisieren und meinte: „Das mit dem Schwiegervater stimmt nicht, und die Frau hat ihr Stadtpalais auf den Namen ihres Mannes eingetragen, und jetzt wird es versteigert, sie werden vertrieben, und es gibt kein Jour fixe mehr. Das kommt davon, wenn man einen Offizier heiratet."

Gyurika verwendete - wenn auch etwas verallgemeinernd - dieses Beispiel vom Offizier, der das Haus und Vermögen seiner Frau beim Kartenspiel verlor, immer wieder und stets mit neuen Details angereichert. Mori kam es allmählich so vor, dass in jedem reichen Haus der Familienvater das Vermögen durch Kartenspielen verlor, seine Witwe betteln gehen musste und die Töchter „du weißt schon wo ..." landeten. Dann blickte Gyurika vielsagend seiner Gattin in die Augen - sofern diese es zuließ. Sie war verärgert über die ständig wiederholte Erzählung des verbrecherischen Versagens so vieler Offiziere, das in unserer Stadt ganz und gar unwahrscheinlich war, und wollte von alldem nichts mehr hören.

Mori träumte aber von Spielschulden und vom Duell. Wieso, das war ihm später selbst ein Rätsel, denn der besagte Offizier hatte sich ja umgebracht. Er sah die bettelnde Witwe und die zwei Töchter, die wahrscheinlich in diesem gewissen Haus arbeiten mussten, in das Gyurika ja nicht ging. Etwas Entsetzliches müsse dort mit den zwei vornehmen Töchtern geschehen, von denen Mori die ältere insgeheim verehrte. Und nun wurde die Geschichte für ihn ein immer wiederkehrender Alptraum, noch dazu dergestalt, dass er selbst der Offizier war, der durch Kartenschulden seine Gattin und die größere Tochter der Familie mit dem Namen Maya ruinierte, während seine vornehme Schwiegermutter Tag und Nacht weinend durch die Straßen der Stadt lief und, bereits an Auszehrung leidend, leicht wie eine Tüllschleife (diese hatte sie in guten Tagen auf dem Hut getragen), vom Wind hin und her geworfen oder an Straßenecken bei Zugwind gleich wei-

tergefegt oder gegen Menschen und Gegenstände geschleudert, selbst am Betteln nunmehr gehindert, in einem fort „Pardon, Pardon" flüsternd, von ihrem Schicksal wie ein Nichts davongeblasen wurde.
Schweißgebadet wachte Mori auf, im Bewusstsein einer tiefen Schuld, welche er bereits in seinem kurzen siebenjährigen Leben vermeintlich auf sich geladen hatte.
Irgendwann später, Mori war bereits etwa 35 Jahre alt, wollte er Nachforschungen anstellen über die wahre Person des kartenspielenden Suizidanten, den er als Kind immer in der weißen Galauniform eines, wie er inzwischen wusste, in seinem Land nicht existierenden Regimentes sah. Die Weiße Garde ... das ist also in Russland gewesen. Er dachte auch an Filme, in denen Offiziere in Weiß ..., da war Gyurika immer sehr eifersüchtig, und es konnte vorkommen, dass er demonstrativ das Kino verließ, Gattin und Kind mit sich ziehend.

Unter Palmen in Marokko

Ein Onkel der Mutter von Mori war Handelsschiffskapitän. Die Familie sprach zu Zeiten der Monarchie von einem Schiffskapitän. Er wurde in Pula ausgebildet. Dorthin wanderte das ganze Geld der urgroßelterlichen Familie. „Der hat alles an sich gerissen", sagte einmal Gyurika und wurde unterbrochen durch Dolores' Zwischenruf „Das Kind!". Jetzt, im Nachhinein, konnte Mori die Mosaiksteinchen zusammenfügen. Es gab einige Gegenstände, die in der Familie hoch im Kurs standen. Eine so genannte Majolika-Vase bei seiner Großmutter, einen kleinen Elefanten mit Lederpolster auf dem Rücken als Sitzgelegenheit, auf dem er gerne saß, wenn die Eltern in Budapest „Ila" besuchten.

Ila ließ sich nicht Tante nennen. Sie war Radiosprecherin, weil sie so gut Spanisch konnte. „Das ist ihre erste Muttersprache, weil sie in Marokko aufgewachsen ist", flüsterten die Geschwister von Dolores. Ila galt als mondän. Besaß eine eigene Wohnung, hat nie geheiratet, doch ihr Lebensgefährte war ein „sehr ordentlicher, wenn auch sehr wenig attraktiver Mann". „Mann" wurde betont. Es hieß, er sei eben „nur ein Mann" und kein „Herr" und dass ein weltgewandter Gentleman zu Ila besser passen würde. Dolores sagte nichts dazu. Sie war offenbar der Ansicht, und das wurde Mori zunehmend immer deutlicher, dass in erster Linie sie selbst einen weltgewandten Gentleman verdient hätte.

Die etwas dümmliche Kati behauptete, dass alle ihre Schwestern - also darunter auch sie - einen weltgewandten Gentleman verdienten. So einen, wie Onkel Ferci (der Schiffskapitän) seiner Schwester Aranka verschafft hatte. Er hieß Dr. Carlos Suarez Pinto und war spanischer Generalkonsul in Marokko.

„Ich habe ihn einmal gesehen", vergaß sich Dolores. Und Ila

konnte dort monatelang als Gast verweilen, das machte nichts aus, Geld war vorhanden. So war sie auch dort, als das Unglück geschah. Unter Palmen sitzend wurde die Lieblingsschwester des in Pula ausgebildeten Schiffskapitäns, nun die Gattin des Generalkonsuls, von marokkanischen Einheimischen bedient. Zwei Frauen fächelten ihr Kühlung zu, eine fragte nach der Speisekarte, ein „Boy" brachte ihr Erfrischungen. Zwei Frauen passten auf ihr Kind auf, den zweijährigen Carlo. Ein Chauffeur wartete auf ein Zeichen, dass sie ihre persönlichen Besorgungen machen wolle. „Marokko", sagte Dolores. Und Mori wusste, wohin der Geist seiner Mutter seine unerlaubten Ausflüge machte, wenn sie - wie geistesabwesend - die enge, einfache Wohnung betrachtete, die sie in Ordnung halten musste, und wenn sie an den kleinbürgerlichen Speiseplan dachte, den sie allein umsetzen musste, und an den geschwätzigen, meist auch boshaft scheinenden Ehemann, dem sie zuhören musste. Marokko unter Palmen, Dienerinnen - das alles war ja ihr Traum, auch wenn sie behauptete, nur die Blumen, die Blumen, die man dort sehen konnte, würden ihr fehlen. Nüchtern stellte Tante Duci dann fest, dass der große Aufstieg von Tante Aranka überaus schlecht endete. Auf das Kind habe die Dienerschaft eine Schlange angesetzt. Carlo war binnen eines Nachmittages gestorben. Aranka selbst „drehte durch - verständlich". „Jede Mutter dreht durch, wenn auf ihren Sohn eine Schlange angesetzt wird", wagte Gabili zu sagen - er beugte sich dabei ständig vor, wie bei einem befremdlichen Gottesdienst oder einer Zeremonie. Er rieb sich die Hände, als hätte er ein großes Geschäft abgeschlossen. „Bowl", hieß es dann. Gabili wurde - wie fast immer - aufgefordert, zu schweigen und nicht mit einem krummen Rücken dazustehen. „Wir sind doch keine orthodoxen Juden", meinte Kati.

„Was heißt hier orthodox? Wir sind überhaupt keine Juden", erwiderte Dolores. Und sie fügte dann gleich hinzu: „Nicht, dass ich etwas gegen Juden hätte. Die Kundschaft meines Mannes besteht zu mehr als fünfzig Prozent aus Juden. Weil er einen deutschen Namen hat, denken sie, dass er einer von ihnen ist." – „Hofmann, wie kann man nur Hofmann heißen?"

Ein Vorwurf, der in unserer Familienkonstellation grotesk war. Großvater väterlicherseits hieß Wilhelm Hofmann, Großvater mütterlicherseits Stefan Martin, und die von ihm geheiratete Großmutter hieß mit Mädchennamen Theresa Fritz. „Hofmann ist nicht schlechter als Martin oder Fritz", sagte Tante Rosa, die zu Moris Mutter hielt und sich als Lehrerin berufen fühlte, jeden absoluten Unsinn zurückzuweisen. Kati wurde daraufhin bockig und sagte, dass die Martins aus Perjamos kamen, einem reichen schwäbischen Dorf in Südungarn. Die Hofmanns kamen aber aus Lemberg in Galizien, „Und dort ist jeder Zweite ein Jude. Das weiß man." Hier hielt Tante Rosa daran fest, dass der Großvater Hofmann zu den anderen Zweiten gehörte, die eben keine Juden waren. Nur die Juden wussten es in unserer Stadt anders. „Aber sie sollen denken, was sie wollen, und ihre Schreib- und Registriermaschinen zu Gyurika bringen. In der Stadt sind die Bankiers, Rechtsanwälte und Ärzte zu neunzig Prozent Juden, auch wenn sie jetzt die schönsten ungarisch klingenden Namen tragen und sich vor der Benediktiner Kirche – gegenüber dem Markt – schamlos demonstrativ bekreuzigen". – „Bekennerisch, wie die ersten Christen", sagte Tante Duci. Tante Rosa wurde aber bei solchen Gesprächen immer besorgter, und wie Mori später erfuhr, begann sie bereits damals mit der Ahnenforschung, was Gyurika betraf. Denn Gyurika war nun einmal der Mann ihrer Lieblingsschwester und damit auch Moris Vater.

Großvater väterlicherseits

Großvater väterlicherseits, Wilhelm Hofmann, Bahnhofsdirektor von Fünfkirchen, stammte, wie gesagt, angeblich aus Lemberg/Galizien. Letzteres führte zu einer unheilvollen Verdächtigung seitens meiner Tanten mütterlicherseits. Hofmann Gyurika stand ständig unter einer argwöhnischen Beobachtung. Sie alle erwarteten, dass sich eines Tages herausstellen würde, dass er Jude sei.

Wilhelm Hofmann war klein, drahtig, ein guter Organisator und großer Verführer. Er eroberte Elisabeth Escheky, die Frau eines kleinen Bahnbeamten aus Dombóvár, mit dem sie drei kleine Kinder hatte: drei und zwei Jahre und sieben Monate alt. Diese sperrte sie in der Wohnung ein, als sie mit ihrem Verführer, meinem Großvater Wilhelm, endgültig abhaute. Allerdings kochte sie noch einen großen Topf Spinat und befahl der dreijährigen Tochter, mit diesem Spinat - solange der Vorrat hielt - ihren kleinen Bruder und das Baby zu füttern. Der Vater würde eh schon kommen. Er kam aber erst am nächsten Tag und war, wie immer, total besoffen. Inzwischen war das Baby gestorben.

Die Frau - also meine Großmutter - konnte man nicht zur Rechenschaft ziehen, da sie als schwachsinnig galt. Mein quicklebendiger Großvater zeugte mit ihr in wilder Ehe sieben weitere Kinder. Da er sie wegen ihres Schwachsinns nicht heiraten konnte, musste er alle seine Kinder einzeln adoptieren. Er tat dies in allen sieben Fällen und sorgte auch für ihre Ausbildung. Die Kinder suchten, sobald es ging und trotz der väterlichen Fürsorge, das Weite. Offenbar war die Mutter als Mittelpunkt der Familie völlig ungeeignet. Sie kochte nie, und der Haushalt ähnelte der einer Junggesellenwohnung. Sie lief ständig durch die Stadt und kaufte überflüssiges Zeug. Mein Großvater „frühstückte" in einem

Kolonialwarengeschäft an der Ecke: Milch und zwei Semmeln. Er starb mit sechzig an Magenkrebs. Die Familie suchte und fand die Schuld bei seiner „narrischen Gattin".
Diese lebte viel länger als ihr Mann. Weil er einer der wichtigsten Bahnhofsdirektoren des Landes gewesen war, bekam sie eine Generalfahrkarte Erster Klasse für alle Strecken, reiste unentwegt zwischen den sieben voneinander sehr weit entfernten Punkten des Landes umher, Budapest, Arrabona, Fünfkirchen, auch Fiume, Kassa und Kolozsvar, immer zu einem ihrer Kinder. Grundsätzlich ohne Voranmeldung. Die Kinder waren über ihre Besuche weniger erfreut und versuchten, sie möglichst bald wieder loszuwerden. Die Bahnkarte musste man ja nicht kaufen. Wenn der eine oder andere sehr vornehm sein wollte, schickte er gleich, nachdem er Annika (so nannten wir die Großmutter) in den Zug (1. Klasse) gehievt hatte, ein Telegramm vor. Das Telegramm kam oft später an als Annika. So oder so war es eher ein Akt der versteckten Aggression, auch der Schadenfreude, und weniger eine taktvolle Vorwarnung.
Durch das ständige Reisen gewann Annika allmählich das Gefühl, dass der Zug Erster Klasse ihr Zuhause sei, also gab sie ihre Wohnung in Fünfkirchen auf, obwohl es eine Dienstwohnung war und die Kosten dafür lächerlich gering waren. Nun war sie praktisch obdachlos. Sie trug ihre wichtigsten Sachen mit sich: Kuriositäten, mit denen sie dann bei ihren Kindern abwechselnd Einzug hielt. Später wurde sie immer misstrauischer. Als ich sie zum letzten Mal sah, hatte sie ihre Habseligkeiten auf einen Stuhl zusammengetragen und setzte sich drauf. Es war nicht möglich, sie von dort weg zu bewegen. Auf ihren Schätzen sitzend, fanden wir sie eines Morgens tot vor.
Mit den Geschwistern von Gyurika hatten wir nur sporadischen Kontakt. Einmal schrieb Ari, eine seiner Schwestern, dass es ihr

materiell sehr schlecht ginge. Dies versetzte Gyurika - zumal der Brief vor Weihnachten kam - in einen Zustand größter Freigiebigkeit. Er füllte eine große Holzkiste, in der Platz für vier tragbare Schreibmaschinen von Remington gewesen wäre, mit Geschenken. Alles, was er sich vorstellen konnte, dass es für Weihnachten mit zwei Kindern notwendig wäre, kam da hinein: Esswaren, Spielzeug, Weihnachtsbaumschmuck, bunte Kugeln, silberne Kränze, „Salonzuckerln", eine kleine Glocke, Kerzen und Wunderkerzen. Auch Kleidungsstücke für die Kinder, deren Körpergrößen Gyurika unbekannt waren. Letzteres fand Dolores übertrieben. Oder sie fand die ganze Aktion unvernünftig, ja fahrlässig, denn wir selbst waren ja eher arm. Bei den Kleidern läuteten dann die Alarmglocken bei Dolores endgültig. Nun musste Gyurika Schluss machen. Wir haben die Kiste ohnehin kaum zugekriegt. Es war sehr schwierig, sie auf dem Paketträger von Gyurikas Fahrrad zu befestigen. Die Reifen des Rades drohten unter dem großen Gewicht zu platzen. Auch bei der Aufgabe gab es Ärger. Es war eine Wahnsinns-Aktion, wie Gyurika später immer und von Jahr zu Jahr mit zunehmender Verbitterung erzählte.

„Bin neugierig, ob deine liebe Schwester Zeit finden wird, um sich zu bedanken", sagte Dolores bereits am nächsten Tag, als das Paket endlich auf dem Weg war.

„Warte doch ein bisschen, sie kann es gar nicht wissen, dass sie was bekommt." Dann, nach einer Woche: „Jetzt, in der Weihnachtsaufregung kann sie unmöglich schreiben. Zwei Kinder und der kranke Mann". Aber zu den Heiligen Drei Königen schrieb sie auch nicht, und dann hat sie sogar meinen Geburtstag im März vergessen, den sie bisher immer sorgfältig mit einer Postkarte bedacht hatte. Nach meinem Geburtstag wartete Gyurika noch einige Tage, dann aber sagte er: „Es ist aus. Ari ist für mich gestorben".

Die Fahrt nach Fünfkirchen

Die Geburtstage, die Namenstage, die Hochzeitstage, die Todestage, die Taufen und Erstkommunionen – diese gab es in einer so großen Familie zuhauf zu feiern, denn sowohl Gyurika wie auch Dolores hatten je sechs lebende Geschwister, macht zwölf, hinzu kamen, mit einer Ausnahme (Tante Rosa), die dazugehörigen Gatten bzw. Gattinnen und bei einigen Ehepaaren auch noch Kinder – im Fall von Tante Ari waren es zwei, ebenso bei Tante Paula.

Als wir zum ersten Mal nach Fünfkirchen zu den Großeltern fuhren – Gyurika war sehr stolz auf mich, auch auf seinen neuen Stand als Familienvater, und wollte Dolores und mich seinen Eltern zeigen – fing die Sache so an. Gyurika sagte Dolores und mir, dass wir am Wochenende nach Fünfkirchen fahren werden, damit auch Annika (seine Mutter) mich kennenlernen kann. Apika (sein Vater) hatte mich schon öfter gesehen, da er als Bahnhofsdirektor ständig herumfahren konnte. Erste Klasse. Dolores war nicht begeistert und fragte herausfordernd, ob wir auch Erste Klasse fahren werden. Gyurika nahm solche Seitenhiebe seiner Gattin leicht. Er grinste sein hintergründiges Grinsen. Steckte dahinter Boshaftigkeit, vielleicht sogar Sadismus, oder die Verlegenheit eines unreifen Schlingels, der versuchte, die Rolle des Familienvaters zu spielen? „Unterwegs besuchen wir auch Vilma. Tante Vilma, weißt du", sagte er zu mir töricht, „wird sich sehr freuen, dich zu sehen. Sie selber wünscht sich auch Kinder, aber der liebe Gott hat bisher …", und so weiter. „Dafür ist sie aber sehr tüchtig, arbeitet im Gasthof und in der Fleischerei ihres unlängst verstorbenen Mannes. Auch ist sie durch ihre Pasteten berühmt geworden, welche sie mit Kalbshirn, Hühnerklein oder mit was auch immer füllt." Dolores meinte: mit Speiseresten. „Hauptsache, es schmeckt gut", so Gyurika, und wir absol-

vierten in der Tat meine erste Bahnfahrt.
Es war ein Bummelzug, wie von Dolores befürchtet, er fuhr langsam und hielt an jedem kleinen Ort an. Im Zug saß Landvolk. Frauen mit großen Körben, in denen das Federvieh untergebracht war, welches sie auf den Markt brachten. Wenn der Zug anhielt, wachten die Enten, Hühner und Gänse auf, sie gackerten vor sich hin und machten unheilvollen Lärm. Gyurika wusste, dass einige sich in der Enge des Korbes gebissen hatten.
Bei Dombóvár wurde unser Zug auf ein Nebengleis geschoben. Der Beamte rief drei, vier Mal „Dombóvár!" - ein mystischer Ruf in der Wüste. Nachher gingen die Lichter des kleinen Bahnhofs aus. Totale Dunkelheit. Ich glaubte, dass man uns jetzt ein für alle Mal vergessen hatte.
Als im Morgengrauen ein Stoß zu spüren war, wachte ich auf. Ich sah Dolores' beleidigtes Gesicht („Nie wieder mit einem Bummelzug."). Gyurika zeigte uns den Sonnenaufgang, wozu man, über die Hühnerkörbe kletternd, an die andere Seite des Waggons gelangen musste. So sahen wir, Gyurika und ich, den Sonnenaufgang, nicht aber Dolores, die vor allem ihr aus „Krawattenseide" geschneidertes Kleid nicht noch mehr ruinieren wollte.
Gegen sieben Uhr kamen wir in Komlo an, wo die besagte tüchtige Tante Vilma wohnte. Vom Bahnhof führte ein für Dolores unendlich scheinender schmutziger, staubiger Weg in die Dorfmitte, wo wir Tante Vilmas Gasthaus vermuteten. Gyurika zeigte bald sehr stolz auf die einzige Kneipe im Ort: Gefunden. „Was sagst du jetzt, Lorilein?" Dolores sagte nichts, Gyurika stellte die beiden unsinnig schweren Koffer vor der Tür ab und wischte sich die Stirn. Unter den Achseln des Jacketts seines einzigen Sommeranzuges sah ich große, dunkle Schweißflecken. Nun aber riss er sich - kofferlos er-

leichtert - zusammen und schob uns, seine Familie, durch den Windfang und dann durch die freischwingenden Flügeltüren in die Gaststube.
Wir kamen überraschend, eine nicht nur in unserer Familie übliche Art des Verwandtenbesuchs. Tante Vilma war in der Gaststube allein und mit dem Ausfegen des Lokals beschäftigt. Gyurika schob seine Familie, also Dolores und mich, vor sich her. Er hatte sein kindisch grinsendes Gesicht in der sicheren Erwartung des höchsten Triumphes seiner mit dem Besen beschäftigten Schwester zugewendet: „Na, was sagst du jetzt?", während er sich an den zwei Griffen der freischwingenden Türflügel hielt und sich vor und zurück schwang. Der damit erzeugte Luftzug war das Erste, was Tante Vilma richtig wahrnahm. Dolores wie auch ich waren ihr ja fremd. Sie schaute auf den albern schaukelnden Kerl in der Eingangstüre. „Gyurika, bist du es?", schrie sie eher verärgert. Für uns war die Sache peinlich und wurde immer peinlicher. Tante Vilma behauptete, dass sie ihren Bruder schon aus dem Grunde nicht erkennen konnte, weil dieser vor fünf Jahren noch Haare auf dem Kopf gehabt hatte. Jetzt war da in der Tat eine Glatze mit ein wenig Tonsur rundherum. „In den fünf Jahren deiner Ehe sind dir alle Haare ausgefallen. Segne dich Gott. Und das hier ist deine Frau, eine anspruchsvolle Dame, was? Mich wundert nichts. Und das Kind? Du hast auch ein Kind schon. Donnerwetter. Und aus was, bitte?" Dolores war bereits aus dem Lokal getreten. Sie sagte zwischen den Zähnen: „Komm, Gyurika, das genügt", und sie selbst packte jetzt unsere beiden Koffer, die Gyurika vorhin vom Bahnhof zum Wirtshaus geschleppt hatte. Ich dachte, dass Dolores eigentlich stärker sei als Gyurika, wieso musste dann Gyurika beide Koffer alleine hinschleppen? Aber weiter gab es keine Zeit, über solche Sachen nachzusin-

nen. Tante Vilma tobte wild geworden in ihrer Wirtshausstube. Ich verstand nur so viel, dass sie, wenn sie so einen Bengel wie mich durchs Leben schleppen müsste, diesen an die Wand klatschen würde, gleich nach der Geburt, damit der Schädel (mein Schädel) zerspränge und das Hirn (mein Hirn) daraus auf der Holztäfelung kleben bleiben würde. Wir (Gyurika und ich) ergriffen nun auch die Flucht. Mich hat der Auftritt der Tante Vilma bis heute immer wieder beschäftigt. Ich sah auch die an die Wand geflogene Hirnmasse und dachte, dass diese dann kraft ihres Gewichtes langsam herunterrutschen würde, und weil wir daheim oft Innereien, darunter auch Kalbshirn, aßen, konnte ich mir auch vorstellen, dass der Patzen sich von der Holzwand lösen und auf den frischgescheuerten Boden der Stube plumpsen würde und dass Tante Vilma sich so ärgern würde, dass sie diesen weißbraunen Brei (mein Hirn) mit einer Schaufel aufnehmen würde und aufgrund ihres eingeübten wirtschaftlichen Denkens mitten in der grausamen Aktion auf die Idee käme, dass zwischen Kalbshirn und Kinderhirn kein Unterschied sei, jedenfalls kein wahrnehmbarer für ihre Gäste, die zwischen den zwei Arten von Massen kaum eine Geschmacksabweichung feststellen würden, und wenn ja, dann eher positiv. Und sie würde am wenigsten riskieren, wenn sie das Kinderhirn in kleine Pastetchen füllen würde, die ja ihre Spezialität waren. So konnte der Gast keinen Blick auf die Hirnteile werfen – auch der Amtsarzt nicht –, sollte es möglich sein, beim Essen auf eine solche Idee zu kommen und die Speise mit Sorgfalt auf ihre Substanz zu untersuchen. Gyurika und ich erwähnten Dolores gegenüber diesen Höhepunkt des Ausbruches von Tante Vilma nicht. Gyurika bildete sich leichtfertig ein, dass ich die Sache mit dem Hirn, wenn auch gehört, doch nicht verstanden hätte.

Einige Monate später, im Bett, erzählte er es flüsternd seiner Gattin. Die Erwachsenen denken immer, dass die Kinder nicht nur blöd, sondern auch noch schwerhörig sind. Ich lag auf dem am Fußende des Ehe-Doppelbettes quergestellten Sofa und konnte nicht einschlafen.
Viele Jahre später verwendete ich das Thema mit der unheimlichen Pastete in meinem Stück:
„Blasius
Oder: Man soll die Norm erfüllen, selbst wenn man daran sterben müsste"
(Uraufführung 1984 beim Steirischen Herbst, Graz)
Auf diese Weise wollte ich Gyurika aus der Ferne unserer weit auseinander geratenen Existenzen ein diskretes Zeichen geben, dass ich damals in jener Kneipe alles verstanden hatte. Gyurika aber nahm das Zeichen nicht auf. Er konnte es nicht. Mit fünfzig Jahren noch nach Australien ausgewandert, verbrauchte er sich unwiderruflich in der fremden Welt, in der niemals richtig angeeigneten neuen Sprache und in dem täglich zweimaligen Überqueren der großen, achtspurigen Brücke von Sydney. An Alzheimer erkrankt, erinnert man sich nicht mehr an das Hirn eines Kindes, welches in meinem Theaterstück in Pastetchen verarbeitet wurde. Ein Text in einer für ihn völlig unverständlichen Sprache. „Warum hast du dein Stück nicht auf Englisch geschrieben?", ließ er mich fragen. Immer noch wollte ich die Eltern unnötig ärgern.

Die Nestwärme wird den Kindern gefehlt haben", sagte mir meine Mutter, als Gyurika bereits gestorben und sie gekommen war, um unser Haus hier anzuschauen. Sie brachte ihre Lieblingsschwester Rosa und den geistig zurückgebliebenen Bruder Gabili mit.

Meine Mutter wusste, dass Gyurikas Geschwister alle irgendwie gescheiterte Existenzen waren. Tante Ari, die sich für das große Weihnachtspaket nie bedankt hatte, lebte in Scheidung und verlor ihre Söhne durch unerwartet aufgetretene Krankheiten. Onkel Julius wurde von seiner in dreißig Jahren Ehe bewährten Frau mit dem Schwiegersohn auch finanziell betrogen und die Gattin als Buchhalterin in der Automechanikerwerkstatt des Diebstahls überführt. Das Geld wanderte zum geliebten Schwiegersohn. Scheidung des alten Paares.

Eine andere Schwester musste Schuhe verkaufen nach der Scheidung. Der Mann hatte eine Wand gezogen mitten durch das Haus. Lauter verrückte Geschichten. Und die Kinder dieser Leute starben alle vor ihren Eltern. Wenn nicht an einer Krankheit, dann bei einem Unfall, wenn nicht bei einem Unfall, dann war es Suizid. Mein letzter Cousin aus der väterlichen Familie schaffte sich in Schweden aus der Welt.

Mir kamen all diese Leute, die ich kaum gekannt habe, mit Hilfe alter Fotos in den Sinn, schemenhaft nur, wie sie in den Tod torkeln. Eine stattliche Reihe aus der Vereinigung meines Großvaters mit der „verrückten Annika", wie die mütterliche Familie sie sah, die ihre ersten Kinder mit einem Topf Spinat hinterlassen hatte, um Wilhelm Hofmann zu folgen. Und Wilhelm Hofmann selbst stammte aus Lemberg, Galizien.

Inzwischen fand der Zweite Weltkrieg statt, und meine Mutter nahm das Wort Jude nicht mehr in den Mund. Meine Tante Rosa kam aber abends auf mein Zimmer. Sie brachte Papiere mit. Seit 1938 war sie in unserem Interesse in der Ahnenforschung tätig. Jetzt konnte sie mir zu meiner Beruhigung mit Gewissheit belegen, dass Wilhelm Hofmann, mein Großvater, keine jüdischen Ahnen hatte, da er zu den jeden Zweiten gehörte, die Arier waren.

Und eben diese Beweise, diese Papiere und Stempel, machen

mich seitdem misstrauisch: Woher kommen denn meine Angst vor und Anziehung zu allem Jüdischen? Warum regt mich die Ohnmacht der Juden, die sich so widerstandslos haben abtransportieren lassen, so auf? Habe ich etwas Wesensverwandtes mit ihnen, was über weltanschauliche Solidarität geht? Oder sind alle Außenseiter irgendwie Juden, wie sie irgendwie auch Farbige sind? Hat man mich in Hamburg nicht verdächtigt, eigentlich Araber zu sein? Herr Liebeneiner meinte, ich sei ein Enkelkind des Kaisers Haile Selassie. Was kann ich aus all dem ableiten? Vieles habe ich von meinem Großvater Wilhelm geerbt, denke ich. Er war reizbar, feinnervig, gelenkig, spannungsgeladen. Wenn er um Mitternacht herum – und immer unerwartet – vor unserer Wohnung ankam, läutete er nicht. Er flüsterte vor dem Fenster: „Gyurika, schläfst du?“, woraufhin Gyurika aufwachte. „Apika, sind Sie da?“, habe ich im Traum gehört. Dann stand Gyurika auf und ging im Nachthemd zur Tür, um aufzusperren. Großvater krabbelte auf allen vieren um unser Bett herum und sprang unvermittelt auf der anderen Seite aus seiner Versenkung auf. Das war erschreckend, unheimlich, das wusste er, aber diese Spannung und die Angst wollte er auslösen und genießen. Trotz einer imponierenden Gelenkigkeit, die ich von ihm geerbt habe, konnte ich ihn wegen der verzerrten Spukhaftigkeit seiner Auftritte nicht mögen.
Auch Annika war mir unheimlich, mit ihrem Anschleichen zu unserem Fenster durch den Hof. Wie sie ihr Gesicht an die Fensterscheibe drückte und in ihren Augen der irre Wunsch, uns zu erschrecken, aufleuchtete. Nein, eine Großmutter habe ich mir so nicht vorgestellt. Zu ihren raubtierhaften Auftritten gehörte noch die Fähigkeit eines lautlosen Verschwindens, wobei – im Hof nach ihr rufend – man den unguten Eindruck gewinnen konnte, selber halluziniert zu haben.

KAPITEL II

DIE FLUCHT NACH ÖSTERREICH

Im Morgengrauen des 16.11.1956 in der Czuczor Gergely Straße 22, in Arrabona, wo Gyurika seit 1939 mit Frau und Kind wohnte, durchmaß er den vor seiner bescheidenen Erdgeschosswohnung befindlichen Hof, vorwärts, also ca. 17 Meter in Richtung des Eingangs, unter der Wohnung des Hausbesitzers, Rechtsanwalt Dr. Varga, vorbei und riskierte einen flüchtigen Blick auf den hinter dem Hof liegenden kleinen, viereckigen Garten mit seinem Irish-Queen-Strauch, der zu dieser Jahreszeit, Mitte November, ohne Blätter und Blüten nicht besonders attraktiv war. Ungefähr auf der Höhe des seitlich der kleinen Wohnung liegenden Eingangs blieb er stehen. Hier hatte er also zwischen 1939 bis 1956 gelebt, vorher in der Teleky Straße 56. Das war eine wirklich zu kleine Wohnung gewesen. Er hätte seiner Frau ruhig recht geben können. Davor wohnten sie in der Andrasy Straße, in der Wohnung der Schwiegereltern, wo Gyurika mit Familie nur ein Zimmer zugewiesen bekommen hatte. Dort ereignete sich die Geburt des Kindes, Georg Maria oder Maria Georg, die ohne Schwierigkeiten und pünktlich um 12 Uhr vonstattenging, nur eben statt maskulin feminin auslief, was Gyurika nicht verstehen konnte. Er hatte unbedingt einen Sohn erwartet. Da aber das Neugeborene nichts gegen diese Einordnung zu haben schien, fügten sich Gyurika und die anderen Mitglieder der Familie in das So-Sein ein. Gyurika, verantwortlich für die Gesamtproduktion, befiel von Zeit zu Zeit ein Gewissensunsicherheitsgefühl, was er aber immer mit den Worten „eine endgültige Lösung müssen wir im Augenblick nicht finden, das Kind ist noch so jung" vor sich hinschieben konnte.

Das Kind hat seine Matura im Aponyi Albert Gymnasium vor zwei Monaten abgelegt.

Gyurika dachte angestrengt nach. „Das Kind, wir nennen es immer nur so. Das Kind ... Es trägt Hosen ... seit dem Krieg. Männliche Freunde, Dulli, Dalli, war das ein Fallio, Dallio, He! Dallulio. Keine Ahnung, wie die ausgeschaut haben. Sie haben eh keine Rolle gespielt, komme ich jetzt langsam drauf. Andere Väter zittern, dass ihr Mädel schwanger werden könnte. Ich zittere, dass es überhaupt ein Mädel ist."

Gyurika dachte schmerzlich zurück. „Einmal war ich in der Harischgasse in Budapest. Sehr gute Freunde von meinem Kind (Margit Neni, Joska Bacsi). Wieso von meinem Kind? Es müsste heißen: sehr gute Freunde von uns, aber alle reden nur von meinem Kind, von meinem, von deinem, von unserem Kind. Ich machte dort eine Stippvisite bei meinem Kind. Und ich wähnte zu finden, was ich immer erwartet hatte: im winzig kleinen Erker stand ein Kinderwagen. Ich trat zu meinem Kind und gab ihm ein paar Ohrfeigen. Den Blick vergesse ich nie. Es sah mich an wie damals, als meine Frau mir die verhängnisvollen Worte sagte: „Gyurika, du bist geisteskrank. Du verbrennst des Kindes Kasperl." Gyurika konnte solche Zusammenhänge im Nu herstellen. Das war im Jahr 1936, das Kind war damals drei Jahre alt. Heute, im Jahre 1956, ist es dreiundzwanzig.

„Was hast du, Gyurika?", soll ich ihn gefragt haben, und ich soll ihn angeschaut haben wie damals in der Teleky Straße, wo er den mir von Tante Eva gebastelten Kasperl verbrannte. Jetzt stand Gyurika im Hauseingang, über ihm das Schlafzimmer des Hausbesitzerehepaares, zwei Menschen, die sich lange schon nichts mehr zu sagen hatten. Nehmen wir an, dass das Verhältnis am Anfang ihrer Geschichte etwas besser gewesen war. Unter diesem Schlafzimmer waren zwei kleine Räume: Der Modesalon Matus, der ewigen Witwe Matus, an deren Mann sich niemand mehr erinnern konnte und deren Sohn Julius schon vor langer Zeit in die Schweiz verduftet war. Gyurika, flüchtig an Julius denkend, musste zugeben, dass der wahrscheinlich große Erfolge bei den „Damen" hatte, aber sonst bei niemandem. Tja, ein dreißigjähriger Mann, der vom Verdienst seiner Mutter leben wollte. Nein, Julius hatte keinen Beruf erlernt, genauso wenig wie Platini Plascheks Sohn Robertchen, der mit seinem Vater und mit seinem Schulkameraden Kuster Bandi aus dem Benediktiner-Gymnasium vor Gyurikas Werkstatt im Vorbeigehen dieses komische Couplet gesungen hatte: „Jaj Maman, Bruderherz, ich kauf mir die Welt".

Das Kind hatte schon 1947, mit vierzehn Jahren, verwundert festgestellt, dass Robertchen so eine billige Filmmusik trällerte, statt zum Beispiel „Am Brunnen vor dem Tore" von Schubert zu singen. Was Robertchen damals sang, war das durch Sardi Janos, ein damals sehr bekannter Filmschauspieler, berühmt gewordene Lied „Vielleicht sehe ich dich nie mehr wieder".

Und Gyurika wurde plötzlich sehr traurig, dass er als Liebhaber, Gatte und Eheherr in allen diesen Eigenschaften leer ausgehen sollte, er, der doch immer g e a r b e i t e t hatte – ehrlich, viel und schwer gearbeitet hatte. Sogar seine Schwiegermutter hatte zugegeben: „Gyurika, der tut für seine Familie a l l e s und ist nicht wie Julius, der von seiner Mama lebt."

Und ich bin aber mit der täglichen ... Lie-, also ich trinke nicht, ich rauche nicht, ich gehe nicht in gewisse Häuser ... Wie konnte alles so kaputt gehen? Wie konnte ohne ... wieso

muss ich Monate ohne Zärtlichkeit auskommen? Ökonomisch ist das schon unmöglich, ich, ein gesunder junger Mann! Meine Frau macht mich krank! Eine hohle Nuss werde ich unter ihrer Hand! Diese ganz fesche ... diese Schreibmaschinenlehrerin hat mir vorausgesagt, Sie, Herr Hofmann, Sie werden den Heldentod sterben für Ihre Familie. Den vorzeitigen Heldentod.
Gyurika schaute im Hauseingang zurück auf sein verpfuschtes Leben. Draußen, auf den Katzensteinen, begann langsam der lärmende frühmorgendliche Verkehr. Das ist dein letzter Tag in Arrabona, sagte er sich. Er drang wieder nach vorn zum Hauseingang und drehte den Schlüssel vorsichtig im Schloss. Nebel, starker Nebel. Die gegenüberliegende Seite mit dem Geschäft des Kolonialwarenhändlers Garai war kaum zu sehen. Der Kolonialwarenhändler Garai mit dem abgebildeten Zuckerhut ... dort würde später der Abbruch der ganzen Straßenseite beginnen. Gyurika blickte durch den Nebel auf das Grundstück, wo früher die Teleky-Kaserne stand. Es kam ihm so vor, als ob dort nur Nebel und sonst nichts war, aber das konnte nicht sein. Er strengte sich weiter an. Hinter ihm war dieser schöne schmiedeeiserne Gartenzaun - das einzig Schöne am von ihm bewohnten Haus, auf das Gyurika sehr stolz war. Von dort bis zum Haus waren es etwa 17 Meter. Jetzt kam noch die Strecke bis zum Hauseingang, 4,50 Meter. Er war stolz darauf, dass er verhältnismäßig genau die Entfernung einschätzen konnte. Dann kam noch das Trottoir vor dem Haus und die Breite der Czuczor Gergely Straße. Ich muss das noch einmal nachmessen, sagte er sich. Hier kam ihm in den Sinn, dass er im Rechnen immer sehr gut war und dass sein armer Vater, Diplom-Ingenieur Wilhelm Hofmann, seinen Lehrern immer wieder sein Rechentalent in Erinnerung zu rufen bemüht war. „Ja, im Rech-

nen, aber, Herr Diplom-Ingenieur, ich kann doch seine Negativa im Griechischen und Lateinischen nicht wie Äpfel gegen Birnen aufrechnen, das muss ich Ihnen, Herr Diplom-Ingenieur, wohl nicht erst erklären. Nein, nein, es ist genug der Quälerei! Ich treffe mich heute mit meinem verehrten Kollegen, einem Ingenieur, und der Herr Sohn ist Schüler der Höheren Technischen Lehranstalt. So machen wir das." Und der Professor des Pius-Gymnasiums von Fünfkirchen streckte Diplom-Ingenieur Hofmann blitzschnell seine Hand entgegen. Und mit einem unwiderstehlichen Charme fügte er noch hinzu: „Ich danke Ihnen, Herr Diplom-Ingenieur, für das sehr angenehme Gespräch."
Am nächsten Tag, 16. November 1956, ging das Kind mit seinen Eltern über die Grenze.

Die Krokotasch

Gyurika singt: „Meinen Strudel krieg ich morgen, meinen Strudel krieg ich morgen."
Mrs Hofmann: „Was hast du, Apukam? Es ist mir lieber, wenn du das „heute und morgen" singst."
Gyurika singt sofort: „Heute komm ich, morgen geh ich, morgen Abend nimmer leb ich."
Er schaut Mrs Hofmann an, ob sie jetzt zufrieden mit ihm ist. Mrs Hofmann schaut noch immer unzufrieden drein, daraufhin singt Gyurika:
„Heut muss ich mein Pelzlein putzen,
Pelzlein putzen,
Pelzlein putzen."
Mrs Hofmann erblickt auf der Straße ein Schaufenster. Mit tiefversunkenem Blick bleibt sie vor dem Schaufenster stehen. „Das ist meine Krokotasch. Meine Krokotasch."

„Mein Pelzlein putzen.
Mein Pelzlein putzen."

Mrs Hofmann: „Schau, Kisapam. Eine Krokotasch."

Gyurika schaut. Gyurika: „Es ist so, es ist genauso wie das war, was unser Kind zufällig, sicher nicht absichtlich, kaputtgemacht hat mit diesem Mottenmittel."

Mrs Hofmann: „Ja, genauso."

Gyurika: „Ich kauf sie dir."

Mrs Hofmann: „Aber nicht doch. Erst gestern sind wir über die Grenze gekommen."

Gyurika: „Jaj, Maman, Bruderherz, ich kauf mir die Welt."

Er lacht infantil und verschwindet im Geschäft. Im nächsten Moment kommt er mit der Krokotasche heraus, die Tasche baumelnd am Finger tragend. „Weil ich ein Flüchtling bin, war es viel billiger." Man spürt, dass er lügt.

Mrs Hofmann: „Das konntest nur du, Gyurika, so drehen. Wir sind wahrlich im Goldenen Westen. Komm, Apukam, jetzt müssen wir ein bisschen die neue Sprache üben."

Gyurika: „Was? Ich werde diese Sprache nicht sprechen. Ich bin eigentlich ein Ungar. Vergisst du das?"

Mrs Hofmann: „Aber, Apukam, wir sind jetzt in einem fremden Land."

Gyurika: „Ich bin nicht fremd."

Mrs Hofmann: „Aber, aber Apukam, du bist allen Leuten hier fremd, du musst so sprechen, damit die dich verstehen."

Gyurika: „Das kann ich nicht. Und ich werde das nie können."

Träume

Inzwischen lebt Gyurika in Australien und mit ihm natürlich Mrs Hofmann. Wie immer fragt Gyurika nach dem Aufwachen seine Gattin: „Willst du wissen, was ich jetzt geträumt habe?"

Mrs Hofmann: „Na ja, so wirklich scharf darauf bin ich nicht."

Gyurika: „Wenn nicht, dann nicht."

Gyurika wendet sich lustlos von ihr ab. Nach kurzer Zeit wendet er sich wieder zurück. „Wenn ich aber an die andere Seite der Straße ginge, wo später das Nationaltheater entstehen wird."

Mrs Hofmann unwillig: „Das ist deine Phantasmagorie, von dem Geschreibsel unserer Tochter oder unseres Sohnes."

Gyurika schreit auf: „Wenn es ein Sohn ist, dann schreibt er wirklich, und wenn es eine Tochter ist, dann schreibt sie nicht."

Mrs Hofmann: „Ich hätte viel lieber gehabt, dass sie eine richtige Frau ist."

Gyurika: „So wie du eine bist, Babucikam."

Mrs Hofmann: „Ja, eine Frau, die nicht Stücke schreibt, sondern einen Mann hat."

Gyurika: „Und jetzt habe ich geträumt, dass wir noch in der Czuczor Gergely Straße wohnen und ... jetzt habe ich es wieder vergessen. Ich vergesse, was ich sagen wollte mitten im Satz. Unmöglich. Fangen wir noch einmal an. Ich gehe zum Tor und will an die andere Seite der Straße gehen. Und da wird jetzt das Nationaltheater gebaut. Was sagst du dazu? Sagst du nichts?"

Mrs Hofmann: „Na ja."

Gyurika: „Willst du nicht wissen, was ich heute früh geträumt habe?"

Mrs Hofmann mit mäßigem Interesse: „Du sagst mir das ohnehin. Du sagst mir alles."
Gyurika: „Ich sage dir alles? Ja, wir haben hier sonst niemanden. Wir hatten in unserem Heimatland so viele Geschwister."
Mrs Hofmann: „Ja, deine verrückte Mutter hatte so viele Geburten: Sieben vom Diplom-Ingenieur Wilhelm Hofmann und drei von diesem Bahnwärter. Und bei uns bei Anya sieben plus eine Totgeburt. Hier in der Fremde wollte ich immer, dass du Englisch lernst, damit wir sprechen können. Du wolltest es nicht, und jetzt stehen wir da."
Gyurika: „Das ist eine große Ungerechtigkeit, eine große Ungerechtigkeit, ich habe immer gearbeitet. Ein Ehemann hat nur eine Pflicht. Er muss seine Frau und seine Kinder ernähren. Man darf einem Menschen nicht vorwerfen, dass er nicht Englisch lernen kann. Wenn er nicht arbeiten will, das kann man ihm vorwerfen, aber dass er nicht Englisch lernen kann ..." Gyurika beginnt zu weinen.
Mrs Hofmann merkt die ehrliche Verzweiflung ihres Mannes: „Ist ja gut, Gyurika, ist schon gut, schon gut."
Gyurika: „Ich habe dir nie versprochen, dass ich Englisch lernen können werde, können werde lernen, werde lernen können. Aber weißt du, was seine Theaterstücke eingebracht haben? Da auf dem Regal, seine, nein, meine Stücke." Er zählt an den Fingern auf: „›Ghiccho und seine Kinder‹ , das war in Frankfurt am Main, weißt du, was für eine große Stadt das ist? Und ich oder er haben dafür Geld bekommen, für eine Aufführung recht viel. Wieviel, in Geld gezählt? Wie oft hat man uns dort gespielt? Fünfundfünfzig Mal in dem großen Frankfurter Theater, oder vielleicht noch öfter, das macht zusammen hunderttausend oder mehr. Weißt du, wie viel Geld das ist?"

Mrs Hofmann: „Was weiß ich."
Gyurika: „Und ›Blasius‹, Steirischer Herbst, fünfzig Mal gespielt, in Geld gezählt. Weißt du, was der Steirische Herbst ist?"
Mrs Hofmann schweigt.
Gyurika: „›Unterwegs‹, wo war das? Das hätte in Graz gespielt werden sollen. ›Dolores, ein Heldenleben‹, Klagenfurter Stadttheater, fünfundvierzig Mal, das heißt also fünfundvierzig Mal so und so viele Tantiemen. Das ist also in Geld gezählt so und so viel. Weißt du, wie viel ich dafür bekommen habe? Unser Kind hat daraus das halbe Haus bauen können. Ich sage dir, unser Kind hat daraus die Hälfte der Schulden gleich zurückzahlen können. Verstehst du das überhaupt? Und es war kein billiges Haus. Hast du jemals aus deinen Stücken ein Haus bauen können, Babuschka?"
Mrs Hofmann zuckt mit den Schultern.
Gyurika: „›Die Süchtigen‹, Schauspielschule oder was weiß ich, in Geld gezählt. Wenn ich jetzt an die andere Seite der Straße gehe ..."
Mrs Hofmann verschwindet in der Küche und stellt den Mixer an. Der Lärm übertönt Gyurikas Stimme.
Gyurika: „An die andere Seite, aber du bist gar nicht da", – der Lärm in der Küche steigert sich – „du bist gar nicht da, an die andere Seite gehe, aber du bist gar nicht da." – Lärm in der Küche steigert sich – „Wenn ich an die andere Seite gehe, wo jetzt das Nationaltheater gebaut wird, das Nationaltheater ..." Lärm in der Küche übertönt alles. „Die macht nur Lärm, die macht nur Lärm."

Purtschellergasse

Gyurika in der Purtschellergasse. Jetzt, wo das ewige Vergessen, du weißt ... Und er versucht, mimisch anzudeuten, was er denkt, aber er kann nicht mehr denken. Er sitzt neben meiner Mutter in der Purtschellergasse. Aber immer, wenn er den Mund aufmacht, hebt meine Mutter die Hand: „Das ist hier kein Thema, Gyurika. Kein Thema." Und Gyurika grinst gedemütigt. Das war 1981. Galateas Onkel Edi ist im selben Jahr gestorben.

Mrs Hofmann denkt nach. „Mir fallen sehr interessante Details ein. Sehr interessante, zum Beispiel, dass du damals von Arrabona unbedingt nach Budapest gehen wolltest. Das konnte ich damals nicht nachvollziehen, dass jeder in einem kleinen Land nach der Hauptstadt strebt, das war nicht ohne Gefahr. Heute verstehe ich das, das ist so, wenn ich jetzt von Sydney in meine Umstandskleiderschneiderei gehe. Ich wollte dich nicht weglassen, damals, weil ich dachte, du bist verloren in so einer großen Stadt. Du kannst dir nicht einmal ein Rührei machen. Ich habe dir das immer machen müssen. Aber du hast dein Rührei dann immer irgendwie anders gekriegt. Vielleicht hat dir das deine berühmte Klavierprofessorin gekocht. Jedenfalls, du hast dein Rührei gekriegt, du warst nicht verloren, du hast es ausprobiert, du hast alles geschafft. Das konnte man im Voraus nicht wissen. Ich weiß, wo ich Fehler gemacht habe ... Und dann musste ich dir nachreisen, das war nicht so lustig, aber ich tat das. Ich bin dir nachgereist nach Budapest und habe dir den Koffer auf die vierte Etage geschleppt."

Kind: „Den du mir vor meiner Abreise versteckt hattest, aber lassen wir das, das ist Schnee von gestern."

Gyurika hielt sich im großen Zimmer auf (im Zimmer „Vier Jahreszeiten", das ich mit Drucken von Bruegel tapeziert hatte). Er trat zum Metallregal, und wie zufällig sagte er mir: „Mein Gedächtnis zerfällt" ... Ich dachte, es kommt noch etwas ... Es kam noch etwas wirklich: ein Gesichtsausdruck. Ein verzweifelter. Er sagte mir: „Deine Mutter redet über mich, aber sie sagt nicht die Wahrheit. Du musst mich verteidigen. Wer ist dieses Fräulein, mit dem sie redet?"

„Meine Freundin. Sie ist in Sachen Männer und Frauen unbestechlich."

Er antwortete: „Wirklich?" ... Es war eine hoffnungslose Frage. Und die letzte, die er mir überhaupt noch gestellt hat.

Draußen ging das Gespräch weiter. Mrs Hofmann und Galatea waren in bester Stimmung. Gyurika versuchte immer wieder, ein markantes Detail beizusteuern, was meist danebenging. Zum Beispiel, die Preise von Haushaltsartikeln, was Mrs Hofmann durchgehend stur mit den Worten abwehrte: „Ach, Gyurika, das ist kein Thema jetzt, das ist h i e r kein Thema" ... Plötzlich kam ihr eine Idee. „Sagt mir, meine Kinder, denkt ihr nicht an den Erwerb einer Immobilie?", sagte sie mit vornehmer Wortwahl. Ich fühlte mich sehr schlecht mit meiner Mutter. Wieso sagt sie zu uns, zu Galatea und mir, „meine Kinder"? Für mein Dafürhalten waren wir eine zu kurze Zeit zusammen. Wieso spricht sie von unserer eigenen Immobilie? Wir haben doch kein Geld. Natürlich habe ich 500.000 Schilling zusammengespart, aber das kann sie nicht wissen.

Pause. Galatea schaut mich an, sagt aber nichts.

Gyurika: „Was? Eine eigene Mobilie? Wo ich vor dem Ersten Ersten immer herumgejagt wurde, die Miete zusammenzu-" ... Mrs Hofmann: „So was ist bei uns vielleicht einmal vorgefallen, und das nur, weil die Bank unser Geld zuerst auf die falsche Adresse geschickt hat." – „Ich wurde immer herumgejagt." – Mrs Hofmann: „Was? Soll vielleicht die Frau die Mie-

te?!! Und Haushaltsgeld.“
Gyurika: „Und die kleine Draufgabe.“
Mrs Hofmann: „Gyurika, was sprichst du für einen Stuss zusammen?“
Gyurika: „Wieso? Was habe ich denn gesagt? Was habe ich denn zusammen Stuss, Stuss, Stuss? Ich wollte auf das Hauptthema kommen.“
Mrs Hofmann: „Kommen wir also auf das Hauptthema.“
Gyurika: „Was ist das Hauptthema?“
Mrs Hofmann: „Meine Ersparnisse!!!!!“
Gyurika: „Sag das noch einmal, noch einmal.“
Mrs Hofmann: „Meine Ersparnisse. Eine Million! Hat es dir die Sprache verschlagen?“
Galatea: „Eine Million?!“
Mrs Hofmann: „Exakt.“
Gyurika: „Du träumst. Du hast nie so viel Geld zusammen gesehen.“
Mrs Hofmann: „Pass auf! Pass auf, was du da sagst.“
Gyurika: „Habt ihr so was gehört?“
Galatea: „Warum? Sie arbeitet auch!“
Gyurika: „Davon verstehen Sie nichts. Wer sind Sie überhaupt? Haben Sie sich meinem Kind an den Hals geworfen?“
Galatea: „Sie alter Depp.“
Mrs Hofmann: „So was dürfen Sie meinem Mann nicht sagen, Fräulein! Wie alt sind Sie eigentlich?“
Galatea: „Und er darf mir?“
Gyurika: „Was darf ich? Was hab ich gesagt?“
Mrs Hofmann: „Du hast nichts gesagt.“ (Sie gibt ihm einen zärtlichen kleinen Klaps auf die Hand) „Was kannst du heute schon sagen, Apukam?“ (Sie zieht seinen Kopf zu sich und gibt ihm einen lauten Kuss) „So.“
Das Kind: „Also Mutter, hast du diese Million wirklich?“

Mrs Hofmann: „Natürlich habe ich sie. Zehn Jahre habe ich gearbeitet, zwischen sechzig und siebzig. In Australien."
Gyurika: (wegwerfende Handbewegung) „Frauenarbeit."
Mrs Hofmann: „Frauenarbeit? Du wolltest unsere Steuererklärungen nicht sehen. Aber mir ist mehr dabei rausgekommen als dir, das wolltest du nie wahrhaben. Und Überstunden. Ich habe den Laden geschmissen. Alleine!"
Gyurika: „Das hättest du nicht tun dürfen."
Kind: „Warum nicht, Gyurika?"
Gyurika: „Weil ich's ihr sage. Sie darf es nicht tun. Sie muss auf dich aufpassen. Ich habe sie dafür ernährt."
Kind: „Weißt du, wie alt ich jetzt bin?"
Gyurika: „Wie du es willst."
Langes Schweigen. Mutter und Sohn schauen sich an. Gyurika sieht erwartungsvoll und verschmitzt sein Kind an und singt: „Jaj Maman, Bruderherz, ich kauf mir die Welt." Er steht auf dem linken, dann auf dem rechten Fuß. Er singt: „Ich steh auf dem rechten, ich steh auf dem linken."
Er geht zu seinem Sohn, die beiden vollführen einen Tanz, was die anderen nicht verstehen.

Im Eingang des schönen Hauses in der Purtschellergasse verabschiedeten wir uns voneinander. Ich von Gyurika für immer. Die Eltern sagten mir, dass sie mich genauso haben wollten, wie ich bin. Das ist eine tollkühne Behauptung. Ich glaube, Gyurika verstand es selber nicht, was er da redete, und ich konnte ihn nicht fragen, weil er die Frage auch nicht begreifen würde. Also starrten wir einander nur an.
In der gewohnten Sprachlosigkeit verging die Zeit. Ich dachte kaum an die beiden. Mitte des Sommers starb Onkel Edi. Dann kam ein Brief aus Arrabona. Meine Mutter teilte mir mit, dass mein Vater auf den Straßen der Stadt den Verkehr

und sich selbst gefährde. Galatea wusste des Rätsels Lösung: sie wollte die Million nicht abliefern. Und jetzt musste etwas dazwischenkommen. Etwas Präsentables. Ein Verkehrsunfall auf Arrabonas Straßen. Zum Beispiel vor der Czuczor Gergely Straße 22? Mrs Hofmann bestellte mich nach Arrabona. Aber ich ließ mich nie von ihr irgendwo hinbestellen. Ich antwortete ihr, dass unsere Vereinbarungen vom vorigen Jahr gelten. Die Familie würde den Standpunkt des schwerkranken Mannes vertreten, aber nach näherer Betrachtung von Gabili, Tante Eva, der Witwe gewordenen Tante Duci und auch der einzigen einigermaßen ernst zu nehmenden, aber letzten Endes armen Tante Rosa, konnten sie nichts tun. Also blieb alles beim Alten, wie immer in der Familie Martin.
Rosa fiel auch eine unangenehme Erinnerung aus dem Jahr 1936 ein: Gyurikas respektloses Begrapschen ihres Hinterns. Das war das letzte und wesentlichste Argument, warum sie mit der Lösungssuche aufhörte.

Abflug nach Australien

Mrs Hofmann liefert ihren Gemahl mit Hilfe von zwei Sanitätern ab. Seit den Ereignissen in Arrabona hat Gyurika Angst vor seiner Gattin.
Gyurika: „Sani Täter, Sani Täter, Sani Täter."
Mrs Hofmann: „Ist schon gut, Kisapam, ist schon gut. Bald wirst du daheim sein."
Gyurika: „Alma redemptoris mater, alma redemptoris, redemptoris, remington. Bald wieder daheim sein, daheim."
Die Sanitäter verabschieden sich von Mister Hofmann. „Adieu Mr. Hofmann, adieu. Mehr solche Alzis, ja, mehr solche."
Gyurika: „Mehr solche, mehr wie ich. Adieu, ihr guten Bur-

schen." Gyurika überschwänglich: „Jeder bekommt einen Kuss! Jeder einen und dann noch einen! Und dann wieder einen!"
Mrs Hofmann: „Gyurika, lass das Küssen. Wir fliegen jetzt nach Haus."
Gyurika: „Mich nicht, mich nicht mit ihr allein. Sie straft mich, sie schlägt mich. Sie schlägt mich, sie straft mich. Sie gibt mir Rattengift."
Ein Steward bringt Tee in einer reichverzierten Kanne. Mrs Hofmann übernimmt von ihm den Tee.
Gyurika, mit verschmitztem Gesicht: „Schreiben heißt übertreiben. Ich bin der große Klogänger, der große."
Mrs Hofmann: „Ja, das bist du."
Gyurika: „Ja, ich bin ein großer Klogänger."
Mrs Hofmann: „Es ist nichts so fein gesponnen, kommt's doch an das Licht der Sonnen." Mrs Hofmann gießt den Tee Gyurika auf den Kopf, der Tee ist offenbar sehr heiß.
Gyurika: „Heiß, auweh, heiß, heiß!"
Mrs Hofmann: „Wer zuletzt lacht, lacht am besten." Sie geht im Flugzeug nach vorne, nimmt in der ersten Reihe Platz und dreht sich nicht mehr nach Gyurika um.
Gyurika: „Heiß, heiß, heiß."
Mrs Hofmann: „Du warst ein Bowl. Ein ganzes Leben lang habe ich mich für euch aufgeopfert. Bowl, Bowl, Bowl. Du logst mir vor, du wärest Diplom-Ingenieur."
Gyurika: „Was? Ich gelogen? Nie in meinem Leben! Ich habe gesagt, mein Vater ist Diplom- Ingenieur. Ein Missverständnis. Das ist auch ein Stück von mir - oder von meinem Sohn –, aus dem Jahr ... ungefähr ... 1966 oder 1967."
Mrs Hofmann: „Deine winzige Werkstatt, ein Bowl. Mein Leben an deiner Seite, ein Bowl." Gyurika: „Irgendwann wird's vier Uhr sein, irgendwann bin ich daheim, irgendwann bin

ich dann ich."
Mrs Hofmann: „Aber ich bestelle ihm heißen Tee. Er braucht das."
Steward: „Jawohl. Immer heiß."
Mrs Hofmann: „Auch wenn ich vielleicht meinen Platz hier verlassen sollte. Wenn ich nicht da bin, dann gießen Sie nach."
Steward: „Jawohl."
Mrs Hofmann in einem Anflug von Großartigkeit: „Die Kosten zählen nicht. Die ausgekühlten Tees können Sie selber trinken. Können Sie unter der Belegschaft verteilen. Oder aus dem Fenster gießen."
Steward: „Wird gemacht. Wie Sie befehlen."
Mrs Hofmann: „Sehr wichtig. Aus gesundheitlichen, nein, aus medizinischen Gründen."
Steward: „Was dasselbe ist."
Mrs Hofmann: „Was? Sie sind rebellisch?"
Steward: „Das nicht, aber…"
Mrs Hofmann: „Ja, sehen Sie. Ich kann auch einen zweiten Steward bestellen."
Steward: „Oder einen dritten."
Mrs Hofmann: „Hab ich nicht gesagt. Hab ich nicht gesagt. Sie sind rebellisch und damit ungeeignet, eine solche medizinische Facharbeit zu versehen."
Steward: „Immer wieder heißes Wasser nachzugießen, ist keine medizinische Facharbeit."
Mrs Hofmann: „Und wer legt das fest? Sie vielleicht? Inzwischen ist das Wasser lauwarm. Hab ich's Ihnen nicht gesagt? Das Wasser ist mittlerweile kalt, nein, eiskalt."
Steward: „Fragen wir den Herrn Gemahl."
Mrs Hofmann: „Gyurika! Sag's mir, ist das Wasser warm oder kalt?"

Gyurika: „Wie soll ich das wissen? Mein ganzes Hemd ist nass, mein ganzes Gewand, mein ganzes Lätzchen, ich bin total nass, du siehst es selbst. Warum fragst du mich? Ich zähle nicht mehr. Du hast das große Geld! Jedenfalls bildest du dir das so ein. In diesem Punkt sind wir verschiedener Meinung. In diesem Punkt. Du bildest dir ein, wirklich, du bildest dir ein, dass du dieses Geld verdient hast. Eine Million. Ein Wahnsinn. Herr Assistent. Meine Gattin, sie hat unser Geld verschenkt. Eine Million."
Steward: „Nein, hat sie das Recht dazu?"
Mrs Hofmann: „Klar. Mein Mann stellt sich vor, dass nur er allein das Geld verdienen kann. Das Geld, das Geld, das Geld. Ich sei eine blöde Frau, die das nicht kapiert hat, wie man in dieser Welt Geld verdienen kann als Frau. Aber ich habe es gelernt."
Steward: „Ja, und was soll ich jetzt sagen? Ich kann es nicht wissen, ob Sie das Geld verdient haben oder nicht. Ich war nicht dabei."
Mrs Hofmann: „Und jetzt stehen wir zu dritt da, und das ist eine totale Pattsituation. Wir hatten das Geld, aber wir haben das Geld nicht mehr, weil wir das Geld verschenkt haben. Unserem eigenen Kind. Futsch. Wir beide sind jetzt wieder so arm, wie wir es am Anfang waren, als wir ohne Geld hierhergefahren sind. Alles so, wie es damals war."
Gyurika: „Ja, wirklich, du hast recht, Lorilein."
Mrs Hofmann: „Ja, ich habe recht, ich habe das Geld verschenkt, und du hast dein Hirn verloren."
Steward: „Alzi?"
Mrs Hofmann: „Selbstredend."
Steward: „Dann ..."
Gyurika wendet sich an den Steward: „Nichts zu machen?"
Steward: „Nichts zu machen."

Gyurika: „Aber, ich bin der Gemahl!“
Mrs Hofmann: „Entmündigt, Kisapam, sei still.“
Sie fügt hinzu: „Sorry.“
Gyurika: „Ich warte, ich warte auf meine Belohnung, auf meinen großen Preis, ich warte auf meinen Nobelpreis, und meine Gemahlin begießt mich mit heißem Tee.“

KAPITEL III

VERBOTENE LIEBE

Der Weg von der Donaubrücke führte zum vornehmsten Bootshaus von Györ. Der Präsident des vornehmen Bootsvereins, Herr Platini Plaschek, erfüllte den Wunsch der Familie Hofmann, dort Mitglied zu sein, mit der ihm eigenen Leichtigkeit und Eleganz im Handumdrehen, indem er meine Familie durch mich aufnahm. Ich konnte dort jederzeit, ohne zu fragen, ein Boot nehmen, und meine Freundin Madeleine kam immer mit mir, und niemand hat darüber ein Wort verloren. Der Sohn des Präsidenten war damals auch im Bootsverein als gutaussehender Siebzehnjähriger. Übrigens, mit dem Vater verbanden mich viel mehr Gespräche als mit dem Sohn. Der Vater sagte: „Ich weiß nicht, wie der Robertchen das macht, er muss nicht studieren, und trotzdem kann er alles." Ich war nur erstaunt, dass Robertchen so schäbige Lieder sang, wie zum Beispiel „Rosa level" – „Rosa, vielleicht sehe ich dich nimmer wieder" –, statt des mir viel geeigneter erscheinenden „Am Brunnen vor dem Tore".

Das war im Jahr 1947, als noch manches möglich war. Manches? Nun, zum Beispiel Ferien in Jugoslawien. Gyurika kam eines Tages nach Haus und sagte: „Ich habe uns angemeldet, der Dobos Ur hat mich angesprochen. Zwei Wochen Abbazia, am Meeresufer ein Strand. Was sagt ihr dazu?" Ja, und weil noch zwei Plätze frei waren, sollten meine Tante Kato und ihr Mann mitkommen.

„Haben wir das Geld dafür?", wollte meine Mutter wissen und fügte hinzu: „Dass du im Handumdrehen meine Schwester Kato gleich mit einplanst, wo du doch genau

weißt, dass ich mit meiner Schwester Rosa befreundet bin."
Gyurika wollte aber nicht mit einem ganzen Frauenverein nach Jugoslawien fahren. „Deine Schwester Rosa, die Besserwisserin, die große Lehrerin, sie muss endlich einmal heiraten, da kann sie mit ihrem Auserwählten in die Ferien fahren, wohin sie will. Ich, als bereits verheirateter Mann, müsste sie in einem fort einladen: da ein Orangensaft, hier ein Espresso, dort eine Dobos-Torte."

Das hätte ich so nicht haben wollen, dachte ich. Gyurika und Tante Rosa zusammen? Die stolze Rosa? Unmöglich. Auch die anderen Tanten wollten nicht mit Gyurika zusammen in den Urlaub fahren, nur Kato. Zugleich hatte sie ihren Gatten, einen, wie die Tanten alle behaupteten, zahlungsfähigen, schmalbrüstigen Mann, Petneki, bei der Grab-Werke GmbH, mit der schönen Dienstwohnung, zu eigen. Wir mussten wöchentlich einmal bei ihr vorbeischauen, weil sie außer von ihrer Schwiegermutter, Frau Petneki, keinen Besuch bekam. Tante Kato wurde letztendlich dadurch in eine beneidenswerte Lage gerückt, dass sie – oder besser gesagt ihr Mann – ein weiteres Zimmer mit einer Riesenterrasse von der Direktion der Grab-Werke bekam, in Anerkennung der von ihrem Mann für die Werke erbrachten Leistungen.

„Und es kostet nichts, Anya, es ist einfach eine Dienstwohnung. In dieser Hinsicht bin ich die beste unter all meinen Schwestern. Rosa wohnt noch bei Ihnen in dem kleinen Dienstmädchenzimmer, das muss man sich vorstellen. Sie selbst wohnen mit Gabili zusammen, aber da kann man nur sagen, Rosa ist noch nicht verheiratet. Das kann sich noch ändern. Wie alt ist sie ungefähr?", sagte sie und stellte sich unwissend. Die Großmutter sagte, Rosa sei jetzt siebenunddreißig. Sie sagte es in einem Ton, als würde sie einen Schlusspunkt setzen und sagen wollen, darüber wolle sie nicht weiterreden.

Doch Kato war jetzt nicht zu bremsen, Sie erwähnte Tante Duci in Siebenbürgen mit ihrem serbischen Mann und dass man es nie wissen kann, wann sie eine Reisegenehmigung bekommen, und dass man daher nicht richtig weiß, welche Wohnverhältnisse sie dort drüben haben können. „Und die Familie von Gyurika hat diese Einzimmerwohnung", fügte sie hinzu, „die wird jetzt aber zu klein werden. Aber das war vorauszusehen. Und Evike, sie will tatsächlich diesen geschiedenen Juristen heiraten. Weiß sie, was sie damit tut? Sie wird nie mehr die Sakramente empfangen können. Aber, Mutter verzeihen Sie, Evi wusste immer schon, was sie tut, nicht wahr? Sie war ja Studentin an der Universität. Ich dachte ja, dass sie studiert ..." Tante Kato legte jetzt eine bedeutende Pause ein. Aber Großmutter wollte über diese Sache auch nicht reden. Dann sagte Tante Kato: „Weil Sie wissen, dass Evike außer der Immatrikulation nichts gemacht hat. Doch mein schwer verdientes Geld hat sie gerne genommen und nichts, nichts, keine einzige Note im Index. Und wie schwer, Anya, Sie wissen es selbst. Ich musste mit einem Furunkel auf der Nase in der Stadt die Kleider von Frau Matus herumtragen. Mit so einem Furunkel auf der Nase!" Das klang wie ein Vorwurf. „Sagen Sie mir, Anya, warum habe ich so entstellt in der Stadt herumrennen müssen?"

Großmutter sagte rigoros, dass ein Mitesser keine Krankheit sei, und machte deutlich, dass für sie diese Debatte beendet war. Tante Kato schnappte nach Luft.

Daraufhin sagte ihre Mutter: „Katilein, ich bin mit euch, mit meinen acht Kindern, sieben lebend und eines leider tot geboren, bis einen Tag vor meiner Niederkunft in die Post zur Arbeit gegangen, in die Telefonzentrale, wie du weißt."

Großmutter stand auf, und Tante Kato musste gehen. Schnell

rückte sie noch einmal die zwei Dobos-Torten in Richtung ihrer Mutter, die sie von ihrem mageren Taschengeld, das sie von ihrem Mann jeden Monat bekam, gekauft hatte. „Es sind jetzt andere Zeiten, Anya". Sie entfernte sich.
Kato verließ also in Gedanken versunken ihre Mutter. Warum kann ich nicht schwanger werden? Im Mai werde ich erst 31 Jahre alt. Die Welt steht mir noch offen, jetzt mit dieser größeren Wohnung ... Sie trat auf die Munkaczy Straße, von dort bog sie in die Arpad Straße ein, ihre hohen Absätze klopften rhythmisch auf dem Asphalt. Sie würde jetzt ihrem Mann gegenüber nicht mehr so ungnädig sein. Sie hatte ihn so lange auf Sparflamme gehalten. Aus der Arpad Straße ging sie auf die Fliegerbrücke. In der Mitte der Brücke wurde sie in eine Dampfwolke gehüllt, die Sonne blendete sie etwas, es war ungefähr 17 Uhr, es war ein Vorfrühlingstag, Ende Februar. Dann fiel ihr ein, was ihr Mann von den Frauen gesagt hatte, die nicht gerne und nicht zur rechten Zeit zu Hause ankamen, obwohl genau genommen schon das Weggehen zu viel war. Eine Frau, die ernährt wird von ihrem Mann, eine Hausfrau, ja, und ihr Mann fügte noch hinzu, dass ihre Schwiegermutter alles, was an Obst und Gemüse in ihrem kleinen Haushalt notwendig war, im eigenen Garten anbaute. Mit 63 Jahren, sie, die Schwiegermutter, sagte immer, „So lange ich kann, Katika" (sie hat sie Katika genannt), wird sie das immer tun, damit die Schwiegertochter frisch bleibt für den Abend. Beim Wort „Abend" schaute sie immer ihren Sohn etwas sorgenvoll an. Der war versteinert und sagte kein Wort.
Viel später noch erinnerte sich Kato daran, wie sie, in Dampf gehüllt, von den Sonnenstrahlen geblendet wurde. Das war kein Zufall, nein, nein. Jetzt geht sie eben heim, dachte sie, zu ihrem Gatten, der sie schon erwartete mit einer schrecklichen

Liebe, mit einer besitzergreifenden Liebe, die keine Liebe war ... mit einer schrecklichen Liebe. Kato kam von der Fliegerbrücke herunter, sie stellte sich das ständig rote Gesicht ihres Mannes vor, den Hals mit den Schlagadern und den Pickeln – oft sogar auf der Nase. Die groben Mitesser, die beim Rasieren immer bluteten. Da dachte sie plötzlich an die eigenen Mitesser, über die sie sich gerade heute bei ihrer Mutter beklagt hatte. Die waren zwar schon seit 12 Jahren kein Problem, aber sie war doch irgendwo und irgendwie noch eine Frau. Dennoch, „Mitesser zu Mitesser", sagte sie sehr hart. Und sie sagte sich außerdem, dass es also heute geschehen sollte, sie wollte schwanger werden, und ihre Mutter würde sich sehr freuen und ihre Schwiegermutter auch.
Sie betrat den Park, in dem sich die Grab-Villa befand. An dem Tag fiel es ihr unangenehm auf, dass der Park jeden Tag um 20 Uhr geschlossen wurde, genauso wie ein Friedhof. In dem Augenblick tat sich das untere Eingangstor auf, und ihr Mann, Emmerich, stolperte heraus zwischen zwei Stasi-Männern, jeweils einer links und rechts. Sein Gesicht war grausam zugerichtet, der Mund, die Nase und auch die Augen schienen nicht mehr zu existieren. Eine hintere Autotür wurde aufgerissen, der Motor vom Chauffeur in Gang gesetzt. Der Wagen machte eine scharfe Kurve. Kato kam es vor wie in einem Kriminalfilm. Sie ging mechanisch auf ihre Wohnungstür zu, die nicht einmal zu war. Sie sah frisches Blut am Boden, eine große Lache, und eine Doppelspur. Sie hatten ihn offenbar zusammengeschlagen und dann über den Boden geschleift. Kato hätte gerne ihre Mutter angerufen, aber Emmerich war gegen die Anschaffung eines Telefons gewesen. Dann fiel ihr aber ein, dass ihre Mutter auch kein Telefon hatte, seit sie nicht mehr in der Telefonzentrale arbeitete. Na dann, den ganzen Weg wieder zurück.

Sie nahm den Lift nicht. Außer Atem läutete sie an der Tür und hoffte, dass bloß nicht die Mitmieter an die Tür kämen. Ein Glück, dass nur Gabili an der Tür war. Dann hörte sie die Mutter „Wer ist das so spät?" Dann kam Rosa, mit ihr zusammen der Mitmieter, also eigentlich kam zuerst dessen Frau, die Vizuska hieß. Hinter Vizuska stand, seine Ohren spitzend, ihr Gatte Gardonyi, der Neffe eines verdienten Schriftstellers des Landes. Zum Schluss kullerte noch die Tochter der Frau hervor. Sie war sehr dick, 15 Jahre alt und frühreif. Rosa versuchte, diese Leute, da sie sie nicht für vertrauenswürdig hielt, aufzuhalten. Dann schob sie ihre Schwester Kato in die Wohnung, wo diese jetzt nur sagte: „Emmerich ist dahin."

Einen Moment lang herrschte Stille. Die lautlose Pause dauerte lange, und Rosa dachte, das ist jetzt eine gute Gelegenheit, ihre Position in diesem Raum zu zeigen. Sie drehte sich zu ihrer Schwester Kato herum, deutete ihr mit hochgezogenen Augenbrauen, dass sie alles Interessante nur ohne Fremde zu behandeln gedenke, und trieb so die Familie vor sich hinein in das einzige Zimmer ihrer Mutter, die mit ihrem Sohn Gabili zusammenwohnte. Sonst stand nichts zur Verfügung, da Rosa in dem Dienstmädchenzimmer mit nur einem kleinen Fenster auf den Hof hauste, wo selbst sie, obwohl fast 190 cm oder gar 2 Meter groß, nur auf Zehenspitzen stehend richtig in den Hof hinausschauen konnte. Was heißt hier richtig? Selbst ein hochgewachsener Mann konnte kaum durch dieses Fenster hinaussehen.

Und das nach 20 Berufsjahren, nach dem Vorzugszeugnis der Lehrerinnenbildungsanstalt der Nonnen.

„Katilein, was heißt, dass Emmerich dahin ist?"

Tante Kato war in dem Moment der Ansicht, dass Rosa, dieses lange Gestell und diese noch immer unverheiratete Lehrerin, offensichtlich der Ansicht war, sich beinahe alles erlauben zu können. Sie stand hier in der Mitte des Raumes wie ein Großinquisitor und nahm sie ins Kreuzverhör. Dass im Zimmer kein Platz zum Sitzen für ihre große Schwester war – die zwei Betten für die Mutter und den Bruder waren schon gemacht, auf dem einzigen Stuhl hatte sie selbst Platz genommen –, das bedachte sie nicht. Das Ganze war so fatal hoffnungslos, wie immer in ihrem Leben. Sie blickte auf ihr Leben zurück, vielleicht ab dem Zeitpunkt, als sie mit den Kleidern ihrer Chefin, Frau Matus, in der Stadt herumrannte mit dem schon erwähnten Mitesser auf der Nase, und wo hinter dem Empfangszimmer der gnädigen Frau deren Sohn saß, der Jusstudent – Katos Auswahl für die Zukunft – gelangweilt und nichts ahnend von seiner Rolle als zukünftiger Gatte, für den Kato ihn bereits seit Monaten auserkoren hatte. Auf ihren Wangen rannen große Tränen herunter. Die Tränen verwandelten sich in ein Schluchzen, das nicht aufzuhören schien.

Anya hat ihre Schwiegersöhne nicht geliebt. Weder Georgi noch Emmerich. Sie legte sich zurecht, dass sie sie lieben muss, weil sie ihre Töchter ernährten. Aber das war nur ein zurechtgelegtes Verhalten. Vielleicht hat sie Bandi gemocht, den serbischen Gatten ihrer Lieblingstochter Duci. Bandi war so ein Familienmensch, hat sie immer umarmt aus überschäumender Liebe zu seiner Frau und sagte immer ganz begeistert: „Was für eine schöne Frau du aufgezogen hast für mich." Die Geschwister waren anderer Meinung. Sie fanden, dass Duci, ohne dafür etwas getan zu haben, die Lieblingstochter ihrer Mutter war und alles andere als schön. „Ja, sie ist pikant, aber schön?", so Rosa, die nach dem Urteil der Familie die schöne Tochter war, allerdings zu groß geraten. „Ungeschickt für eine Frau, sie hat bisher auch nicht geheiratet", sagten sie dann, als würden sie langsam abwägen und als müssten sie nach einem besorgten Schütteln mit dem Kopf immer bei ihrer betrüblichen Meinung bleiben.

In der Neuen Welt Straße, wo Großmutter vor der Okkupation gewohnt hatte, bevor das Wohnhaus durch einen Granattreffer beschädigt wurde, wohnte der assimilierte Zigeuner Sommer mit seiner Familie, mit der er - nebenbei gesagt - ein gutes Zigeunerensemble bildete, 4 Mann: Cimbal, 2 Geigen, Bassgeige. Sie spielten im Caféhaus und im Hotel Royal. Pauline spielte kein Instrument, weil sie kleinwüchsig war. Aber weil sie ehemals eine gute Schülerin gewesen war, schickte Großmutter ihren äußerlich gut geratenen Sohn Bello Cio zum Nachhilfeunterricht zu ihr. Tante Rosa und Tante Kato spotteten über diese Nachhilfe, die einigen Gymnasiasten von einer klein gebliebenen Bürgerschule-Absolventin erteilt wurde, was Großmutter nicht gelten ließ. „Die Schwester Oberin hat mir gesagt, sie war die beste Schülerin ihrer Klasse, was heißt hier ihrer Klasse, sie war die beste der ganzen Bürgerschule." Davon konnte man sie nicht abbringen. Und weil die kleine Lehrerin die Gelder nicht pünktlich genug eintrieb und die Sache richtig schleifen ließ, kümmerte sie sich nicht darum, ob ihr Sohn in der Nachhilfestunde etwas lernte. Bello Cio lernte lauter Sachen, die er am Gymnasium nicht gebrauchen konnte, obwohl er fleißig zu den Stunden ging.

Warum wohl? Georgi, der allen Geheimnissen auf den Grund gehen wollte - und das meist auch vermochte, besonders, wenn es um Liebesangelegenheiten ging –, konnte eines Tages nicht umhin, als dem Pärchen einmal nachdenklich nachzuschauen, als es traumversunken, sich an den Händen haltend, aus dem Haus kam. Bello Cio richtete sein Gesicht nach unten, exakt auf das Gesicht der kleinen Frau, der zwergwüchsigen Lehrerin, die mit einem nahezu religiösen Aus-

druck zu ihm aufschaute. Es sah so aus, als würde sie mit ihren Augen ihm sagen wollen: „Nimm mich an, nimm mich an, du Hort der Gnaden.“
Nein, meinte Georgi, so schaut keine Frau, die dreißig oder vielleicht älter ist, ihren Schüler an, der fast um die Hälfte jünger ist als sie. Diesen Augenblick vergaß Georgi nicht und beobachtete den gutgeratenen Sohn seiner Schwiegermutter mit erhöhter Aufmerksamkeit. Einmal erkundigte er sich nach seinem Vorankommen bei den Benediktinern, und seine Frau Dolores antwortete ihm mit großem Missbehagen und ganz kurz: „Seit wann interessiert dich das Vorankommen meines Bruders? Du bist doch überzeugt, dass er ein Versager ist.″
„Ja, weil ich ihn mit seiner Lehrerin getroffen habe.″ Georgi lachte sehr hässlich.
„Welche Lehrerin?″
„Na tu nicht so, Babylein, die Zwergin.″, so Georgi, „in der Neuen Welt Straße, wo ihr bis zur Okkupation gewohnt habt bei dem Zigeunermusiker. Wie hieß sie doch?″
„Ich kannte dort keine Lehrerin.″
„Doch, doch, die Schwester des Zigeuners. Humpeln tut sie auch.″ Und Georgi ahmte den Gang der Frau nach.
„Dafür kann sie nichts, dass sie humpelt.″
Georgi blickte seine Gattin mit seinem hässlichen Lächeln an.
„Also kennst du sie doch.″
Deprimiert gab Georgis Gattin nach. „Du meinst die Pauline Levolac Sommer? Die ist doch keine Lehrerin.″
„Doch, doch, deine Mutter meint sogar, dass sie eine außergewöhnlich gute Lehrerin ist. Sonst würde sie doch ihren feschen Sohn nicht zu ihr zur Nachhilfe schicken, damit er bei den Benediktinern nicht durchfällt.″
Dolores wurde jetzt unwirsch. „Meine arme Mutter, sie

schickt Bello Cio zu ihr, weil sie selbst ihren Sohn nicht unterrichten kann."
„Und die Zwergwüchsige kann das?"
„Was weiß ich, Georgi, du könntest ihn auch nicht unterrichten."
„Iiich? Warum sollte ich, habe ich nicht genug zu tun? Deinen blöden Bruder sollte ich unterrichten, damit er bei den Benediktinern heuer nicht durchfällt? Da wäre ich ganz schön blöd, ganz schön...", aber er hörte mitten im Satz auf, und seine Gattin lachte.
„Du könntest es gar nicht, Georgi", sagte sie, „du selbst bist rausgefallen aus dem Pius-Gymnasium in Fünfkirchen. Das weiß ich vom Apika, Diplom-Ingenieur Hofmann Apika. Er selbst hat dich dort hinbegleitet und dem Präfekten erzählt, wie gut du technisch bist. Der Präfekt aber schüttelte ratlos den Kopf. So, ist er? So gut in Technik? ... Warum geben Sie ihn nicht in die technische Lehranstalt? Hier quält er sich nur ... Griechisch, Latein, Französisch, Deutsch ... Als Techniker braucht er das alles nicht."
Der Präfekt sagte das alles eher besorgt als gehässig, erzählte Apika seiner Schwiegertochter. Georgi musste im nächsten Jahr in die Höhere Technische Lehranstalt überwechseln. Hier gab es auch mit der Muttersprache große Schwierigkeiten. Legasthenie, ja, Dolores wusste es. Ihr Mann konnte keine Rechnung ohne Fehler schreiben. Diesen Teil seines Geschäftes musste sie übernehmen. „So kannst du zumindest genau schauen, was hereinkommt", meinte Rosa eines Tages.
„Ja, wenn er nur alles aufschreibt."
„Was? Arbeitet er gar schwarz?" Da hörte Dolores mit ihrer Mitteilsamkeit auf. Nach einer kurzen Pause erzählte sie aber von Georgis Fragen nach der kleinen Lehrerin.
Rosa horchte aufgrund der Neuigkeiten ihrer Schwester sehr

auf. „Das ist doch eine harte Bandage, Georgi hat in solchen Sachen ein sicheres Gespür." Da wollte die Gattin wissen, in welchen Sachen. „In solchen ... Unregelmäßigkeiten ... Hast du nicht selbst erzählt, wie er den Frauen auf dem Markt die Kirschen aufgemacht und unter die Nase gehalten hat und alle waren wurmstichig?"

„Was hat das mit Unregelmäßigkeiten zwischen Mann und Frau zu tun? ... Hab ich das mit den Kirschen erzählt? Wann war das?"

„Ihr habt damals in der Graf Teleky Straße gewohnt."

„Aber, was hat das mit Bello Cio und der kleinen Lehrerin zu tun ...? Was hat das eine mit dem anderen zu tun?" Georgis Gattin wollte das Thema wechseln. „Weißt du, Rosa, ich denke oft daran, wäre ich nur unverheiratet geblieben. Ich hätte mein Gehalt wie du, ich müsste nicht jeden Groschen von meinem Mann erbetteln ..."

„Aber ..." Doch Dolores schob ihr einen Teller Grenadiermarsch unter die Nase und gab dazu drei Gurken. Rosa war immer hungrig und begann zu essen. Nachdem sie alles hinuntergewürgt hatte, wollte sie Dolores berichtigen. „Aber, aber, dazu hättest du zuerst den Abschluss machen müssen. Ohne Diplom ..." In dem Moment kam Georgi heim. Lärmend wie immer teilte er seiner Frau mit, dass er sehr hungrig sei, und im Vorbeigehen gab er Rosa einen Klaps auf den Hintern.

Tante Rosa wurde sich der Unregelmäßigkeit der Liebe ihres Bruders bewusst und stellte ihrer Mutter hochpeinliche Fragen. Sie, die die Lehrerinnenbildungsanstalt mit Auszeichnung abschloss, begann zunächst mit sachlichen Fragen. Ob Bello Cio regelmäßig über das dort Gelernte seiner Mutter berichte, ob er bei den Benediktinern greifbare Fortschritte mache, ob die Notendurchschnitte von denen des vorigen

Semesters positiv abwichen und so weiter und so fort. Sie musste feststellen, dass ihre Mutter von alldem keine Ahnung hatte. Bello Cio lernte fleißig, das wusste sie, aber was im Einzelnen, das konnte sie nicht beurteilen. Sie selber hatte ja keine höhere Schule besucht.

Mittlerweile hatte auch Georgi seine Fühler ausgestreckt, die immer schon fündig wurden, wenn Georgi jemanden entlarven wollte, und jetzt war der Decouvrierte doppelt, ja vielleicht dreifach verdächtig, handelte es sich doch um so etwas wie verbotene Liebe zwischen einem jungen Burschen und einer älteren Frau, wobei die Frau zweimal so alt, mindestens 30, wenn nicht ein oder zwei Jahre noch älter war. Ja, Georgi scheute die Mühe nicht und forschte im Gemeindeamt, wo er die Schreibmaschinen überprüfte und reparierte, nach, ob eine kleinwüchsige Lehrerin mit Namen Pauline Levolac Sommer zu finden war, aber er fand eine so Getaufte nicht. So wenig oder, wenn man will, so weit war die Nachforschung gediehen, als das Pärchen wie von selbst aufflog. Pauline starb in ihrer Kammer. Sie war vielleicht im 6. Monat schwanger gewesen. Die Frau des Zigeunerprimas fand sie. Sie wollte ihr etwas Kompott geben. Sie hatten so viele Äpfel geerntet in ihrem Schrebergarten.

Pauline Levolac Sommer war also verblutet. Die Mitglieder der Zigeunerfamilie waren bestürzt, dass in ihrem Hause so etwas geschehen konnte. Man munkelte, dass Pauline sich mit einer Stricknadel absichtlich verletzt habe, da sie keinen Ausweg aus ihrer sündigen Schwangerschaft sah, durch die sie den armen Burschen ins Unglück gestürzt hätte, einen schönen jungen Mann, dessen Leben mit dieser Vaterschaftsangelegenheit und mit einer so viel älteren Frau beschmutzt worden wäre.

Georgi und seine Schwägerin Rosa erfuhren vom tragischen

Tod der Lehrerin früher als Bello Cio, das heißt etwa fünf Tage früher als dieser, da die Schulklasse nach Pannonhalma, Kloster und Hauptgymnasium der Benediktiner, eingeladen worden war, um mit den pannonhalmischen Buben eine Zeit gemeinsam zu verbringen - eine Kostprobe, die tiefe Eindrücke in den noch kindlichen jungen Männern hinterließ. In einigen von ihnen reifte der Entschluss, später vielleicht in den Orden einzutreten.

Wenn man sich vergegenwärtigt, in welchem Jahr sich dieser Fall ereignete, nämlich 1958, also zwei Jahre nach dem ungarischen Aufstand, dann muss man zugeben, dass es nicht die Schlechtesten waren, die mit sehr viel Idealismus dem Orden beitreten wollten, der in der immer schwieriger werdenden politischen Lage als das vornehmste Gymnasium immer mehr in das Visier der Parteipolitik geraten war. Es war keine Empfehlung mehr, bei den Benediktinern maturiert zu haben. Man erwarb dadurch nicht mehr automatisch Zugang zur Universität. Und mit Grauen dachte man an die Hinrichtung von Földes Gabor, der zwar nicht in diese Schule gegangen war, aber als Oberspielleiter der städtischen Bühnen die Kinder ins Theater holte ... Hinrichtung eines Mannes durch den Strang, Hinrichtung eines Mannes, der nur einige Jahre älter war als die Kinder, den sie duzen durften.

Also, Bello Cio kam erst nach diesen Schnuppertagen zurück, kam mit seiner Klasse von einem Aufenthalt, der ihm nichts brachte, nur 30 km entfernt war, aber noch in einer Zeit ohne Handy, ohne Internet, ja im Falle von Bello Cio nicht einmal mit Telefon, weil die Frau, an die er sich gebunden hatte, in ihrer Kammer keinen Anruf entgegennehmen hätte können. Im ganzen Haus Neue Welt Straße 19 gab es gar kein Telefon.

Als Bello Cio bei seiner Mutter eintrat, hatte diese soeben die schreckliche Nachricht von ihrer Tochter Rosa und zugleich von ihrem Schwiegersohn Georgi in sehr vorwurfsvollem Ton erhalten. Ja, man kann ruhig sagen, als eine Alleinschuldige, eine verantwortungslose Mutter und unmögliche Frau, deren Sohn weiß Gott was für einen großen Schaden erlitten hatte.

Gleich, als er bei seiner Mutter eintrat, noch völlig ahnungslos – Bello Cio konnte nur nachmittags zu seiner Pauline gehen, denn sonst war das Haus voll –, wurde es im Zimmer totenstill. Bis Georgi mit seinem schmutzigen und hinterfotzigen Lächeln sagte: „Na, Bello Cio, hogy izeg a fizeg?". Bello Cio wurde dunkelrot, weil er sofort wusste, dass sein Geheimnis mit Pauline kein Geheimnis mehr war. Aber dass sie inzwischen tot war, davon hatte er keine Ahnung.

Rosa wurde jetzt klar, dass sie ihren kleinen Bruder nicht an Georgi ausliefern durfte. Und als er Bello Cio noch einmal und sehr bedrohlich „Hogy izeg a fizeg?" fragte, nahm sie ihren Mut zusammen, diesen Mut, der bisher immer kleiner war als ihres Schwagers freche Zunge, weil sie eine Frau war und er eben ein Mann.

„Georgi, was gibt dir das Recht, über den Sohn deiner Schwiegermutter und über meinen Bruder so zu reden?"

„Was denn, was denn, werte Frau Schwägerin. Ich habe ihm nur gesagt: hogy izeg a fizeg? Unter männlichen Verwandten heißt das in etwa: wie geht es dir, wie stehen die Geschäfte?"

Rosa wollte Georgi nicht verstehen. „Soll ich mich vielleicht deutlicher ausdrücken? Oder fragen: wie geht es dir mit den Weibern, Bello Cio? Wie machst du mit ihnen Trikete Trakete? Und dann, wenn sie unzufrieden sind mit deinem Trikete Trakete ..."

Rosa wollte Georgi die immer lauter werdende Krakeelerei verbieten und sagte sehr energisch: „Schluss jetzt, Schluss jetzt! Was heißt hier hogy izeg a fizeg und diese Albernheit mit Trikete Trakete und diese ganze Männersprache, während eure Frauen ..." Rosa konnte das verhängnisvolle Wort, das mit dem Tod jetzt folgen hätte müssen, nicht aussprechen, doch sie spürte es, dass dieses unwürdige Versteckspiel nicht mehr weitergehen könne. Sie sah den Bruder mit seinem weiß gewordenen Gesicht und blieb in ihrem Aufbegehren gegen Georgi stecken.

Georgi sagte in der so entstandenen Pause: „Und wer wird zu der Obduktion gehen mit dem Gentleman? Natürlich ich."

Bello Cio stand vor seiner Mutter und seiner Schwester, allerdings gekrümmt, als hätte er einen furchtbaren Schlag in den Magen bekommen. Als er Georgi „Obduktion" sagen hörte, erschien vor seinen Augen die tote Pauline, eine unheimliche Figur, die, jetzt wusste er es, der Marienstatue in der Karmeliterkirche, der Hab-Maria ähnlich war. Sie stand vor ihm, eigentlich über ihm, und den umflorten Blick auf ihn gerichtet sprach sie säuselnd: „Bello Cio, ich liebe dich, ich liebe dich, ich bin deine Magd, ich wusste das nicht. Nimm mich, nimm mich an." Und sie murmelte noch etwas, was wie „du Hort der Gnaden" oder so ähnlich klang, aber das war jetzt alles egal. Bello Cio wusste nicht, wie das alles geschah, wie das vor sich ging, er war in ihrem armen Körper drin. Es warf ihn um, er zuckte, er zappelte, es war heiß, es war kalt. Es war Bello Cios Begegnung mit der Frau, zum ersten Mal.

Hier und jetzt stand er zwischen seiner Mutter und seiner Schwester. Das waren keine Frauen für ihn, das waren leere Hüllen, tote Gefäße. Nachdem er einen furchtbaren Schrei ausgestoßen hatte, einen lauten und irren Schrei, drehte er sich um und rannte blitzschnell zur Eingangstür. Er ließ die Tür offen, rannte vom vierten Stock hinunter und füllte mit seinem zerstörerischen Lärm das Treppenhaus, und dann war er weg. Die drei Gestalten standen wie angewurzelt da, und Rosa sagte zu Georgi, quasi als Bestätigung: „Der tut sich noch etwas an. Georgi, du bist der Mann!"

Als Georgi als einziges männliches Mitglied der Familie in das Sommer-Haus ging, zeigten sich dort abwechselnd weibliche Mitglieder der Familie. Man merkte, dass sie je nach ihrem Wert in der Familie kürzer oder länger in dem Zimmer blieben, wo Frau Sommer residierte. Georgi war sehr ehrerbietig. Mit ein paar Worten umriss er seine Funktion und trank seinen Tee. „Wie alt war die Verstorbene", wollte er wissen.
„Pauline war 33 Jahre alt", sagte Frau Sommer. Es entstand ein bedächtiges Schweigen. Dann sagte sie, der Herr müsse doch wissen, dass sie und ihre Familie von dem Ganzen nichts gewusst hätten. Sie bedauere diese Verirrung, die kleine Lehrerin wäre ja doppelt so alt wie der Herr Schwager gewesen.
Georgi und Frau Sommer tauschten intensive Blicke aus. Beide waren empört. „Und ein so schlechtes Beispiel für Ihre Töchter, gnädige Frau", sagte er. Frau Sommer fühlte sich sehr geschmeichelt. Georgi hatte sich diese vornehme Anrede im Voraus schon zurechtgelegt.
Seine Schwiegermutter war ursprünglich in einem jüdisch-orthodoxen Haus aufgewachsen. Die Kinder dort hießen Zoti, Zoreh, Rüfke, Sarah, Jaikele. In einem kleinen Nebenzimmer im Salzer-Haus wurde Georgis Kind geboren. Eine Zigeunerin hatte ihm prophezeit, dass das Kind berühmt werden würde. Berühmt konnte nur bedeuten, dass es ein Mann sein würde, also war sich Georgi sicher, dass er einen Sohn bekäme, Und er lief in der Stadt herum und teilte jedem, der es wissen wollte, und auch jedem, der es nicht wis-

sen wollte, mit, dass Georg der Zweite im Anmarsch war.
Nachdem die ganze Familie Salzer noch rechtzeitig vor den Deportationen ihr Haus verkauft und sich in Jerusalem sicher eingerichtet hatte, kam keine Post mehr von ihnen, und man dachte nicht mehr an sie. Aber Georgis Schwiegermutter musste eine andere Wohnung finden, und nach dem jüdisch-orthodoxen Salzer-Haus fand sie ein Haus in der Neuen Welt Straße 19. Der Besitzer war auch Vertreter einer Minderheit, nämlich der Zigeuner Sommer. Und beiden Minderheiten fühlte sich Georgi haushoch überlegen.
Also, Frau Sommer fühlte sich durch die Anrede „gnädige Frau" geschmeichelt und prustete in ihren Tee. „Meine Töchter sind ganz in Ordnung." Jetzt fiel ihr die Familie ein, die einen Stock höher eine Wohnung bewohnte und die im horizontalen Gewerbe tätig war. Sie zeigte nach oben, denn sie erinnerte sich an den jungen Georgi, als er vor 10-15 Jahren zu seiner Braut kam. Er habe die horizontalen Damen damals sicherlich bemerkt, sagte Frau Sommer, und sie habe gedacht, dass er am Ende noch auf die Idee käme, dort oben einzukehren. Sie habe der Braut damals die Daumen gedrückt, damit das nicht geschehe, fügte sie hinzu.
Georgi hielt beide Hände in Abwehrstellung, als wolle er so etwas wie „Apage Satanas" sagen. Er spürte, dass sein Gesicht rot angelaufen war. „Aber, Frau Sommer, so etwas trauen Sie mir zu?"
Frau Sommer lachte mit vollem Mund und erhob den Zeigefinger. „Wenn nicht, umso besser, umso besser." Dann wurde sie gerufen, und sie antwortete vergnügt: „Ich komme, ich komme". Sie gab Georgi einen ermunternden kleinen Stoß mit dem Ellbogen.
In dem Moment schlich sich das nächste weibliche Mitglied der Familie ins Zimmer, und Georgi dachte: Das kann kein

Zufall sein. Die weiblichen Mitglieder der Familie kommen mich besichtigen. Er kam sich wichtig vor. „Gnädige Frau, dürfte ich mir inzwischen das besagte Zimmer ansehen?"
Frau Sommer freute sich, dass sie nicht dabei sein musste. „Bittä, bittä, es ist nur ein Kammerl ... sie saß immer bei uns."
Georgi überquerte den Hof, der nicht größer als 3 x 3 Meter war, und stieß die Tür zu Paulines Zimmer auf. Er stand jetzt genau dort, wo Pauline und Bello Cio ihr heiliges Liebesabenteuer erlebt hatten und wo sie sich mit der Stricknadel geopfert hatte. Er sah Pauline vor sich wie an jenem Nachmittag, als ihm das Liebespärchen erstmals als solches aufgefallen war. „Und mit diesem kleinen Körper, mit dem Buckel, mit ungleichen Beinen, mit den verdrehten Hüften ..." Und er, Georgi, mit seinem normalen Gestell, musste jedes Mal bei seiner Frau bitten und betteln, und weil sie so widerspenstig war, musste er schlussendlich fast immer Gewalt anwenden. Fast? Gute Frage ... Georgi setzte sich aufs Bett und begann zu weinen. Er wusste, dass niemand kommen würde, denn jeder schämte sich wegen des Kammerls. Als er sich ausgeweint hatte, schlich er aus Paulines ehemaligem Liebesnest, ohne sich von Frau Sommer zu verabschieden.

KAPITEL IV

GUNTER LADURNER, JOSEF KARL KOLOS HECKENAST, HELEN KOMAROMI

Herr Platini Plaschek, Präsident des Turnvereins, Trainer der Jugend in Fechten ... Hier muss ich gleich etwas vermerken: Er trainierte beide Geschlechter, somit war er auch mein Trainer. Er erwähnte all diese Sachen nur so nebenbei. Als wäre das Fechten zum Beispiel eine Selbstverständlichkeit. Als wäre das Fechten eine Fähigkeit, die uns vom Himmel gegeben wurde wie das Reiten.

„Ich trainiere meinen Sohn Robertchen ein bisschen. Na ja, und manche seiner Freunde und Freundinnen." Dass er uns kostenlos unterrichtete, erwähnte er also mit keinem Wort. Wenn ich jetzt darüber nachdenke, wie viele er unterrichtete, dann komme ich auf etwa 30 Personen in der Woche. Und wenn ich mich jetzt frage, warum er das tat, komme ich auch gleich auf eine Gegenfrage: warum nicht? Warum sollte Herr Platini Plaschek nicht nur seinen Sohn, sondern auch dessen Freunde und Freundinnen trainieren? Alle Buben waren Schüler des Benediktinergymnasiums.

Eigentlich hätte ich auch dort hingehen sollen, wie Pater Heckenast mir versicherte, als ich zwischen 7 und 9 Jahre alt war. „Ich werde dich schon da hineinbringen. Es wäre gelacht, wenn du ins Mädchengymnasium gehen müsstest, mit deinen Zeichnungen, mit deiner Musik, und überhaupt ... Ich bespreche das mit Pater Ladurner. Ja, so mache ich das. Er wird das auch so sehen wie ich. Er kann das gar nicht anders sehen. Wo ich dich schon damals, mit meinem Peppi zusammen ... du weißt alles von Odysseus! Er muss dich nehmen, er kann gar nicht anders." Pater Heckenasts Blick verlor sich unstet in der Ferne. Und ich, der diese Gefahr schon von langem kannte, wollte, dass er bei mir bleibe. – Bleibe bei mir, irre mit deinem Blick nicht herum in der Weltgeschichte! Und ich sah ihn mit großer Bestimmtheit an. „Keiner ermisst die Wonne des seligen Jünglings, der dich gewinnt mit reichsten Geschenken und führt dich nach Haus. Denn ich sah noch nie solch einen sterblichen Menschen, weder Mann noch Weib", so schön wie dich.

Heckenasts Blick schwamm auf mich zu, auf mein Gesicht und auf meine Augen. Er sagte: „Odysseus, Sechster Gesang, Zeile 160."

„Exakt", sagte ich.

Er sagte: „Präzise zitiert."

„Selbstredend", so ich.

„Also, du musst zu uns kommen."

„Ich komm, ich komm, ich komm", so ich.

„Pater Ladurner wird dich nehmen. Er wird dich nehmen müssen."

Mit unseren Floretts neben uns gelegt, weil wir in dieser Angelegenheit nicht fechten konnten, sondern darüber sinnierten, was unsere Väter noch unternehmen konnten, und wir zu dem Schluss kamen, dass sie nichts unternehmen konnten, verließen wir zusammen mit den Eltern unsere Wohnungen und zogen in die uns zugewiesenen Löcher ein. Es gab nicht nur in der Stadt Arrabona zugewiesene Löcher, sondern auch in einer winzigen Stadt bei Budapest, wo die Familienoberhäupter dann sehen konnten, wo sie als Arbeitsnehmer unterkommen konnten. Das waren die Jahre 1951 bis 1953 (Stalins Tod).

Pater Heckenast, der verdiente Lehrer des Benediktinergymnasiums, wurde eines Tages ernsthaft krank. Hämorrhagischer Schlaganfall (Gehirnblutung), diagnostizierte der Arzt. Er war 46 Tage im Spital, wo wir ihn sehr oft besucht haben: die Kollegen und seine Schüler aus dem Gymnasium sowie sein Söhnchen Peppi mit seiner Mutter. Etwas hat sich in dieser Frau in der Rekonvaleszenzzeit vorwärts bewegt. Sie war nicht mehr nur die Mutter dieses Unglückswürmchens und angebliche Schwester des Paters, die ein sittenloser Kerl mit dem Kind hatte sitzenlassen, nein, die Mutter wurde aus der Anonymität des Opfers langsam herausgelöst als Heckenasts Vertraute. Einige trauten sich hinter vorgehaltener Hand, sie als seine Lebensgefährtin zu bezeichnen. Pater Heckenast, Josef Karl (Kolos), wurde als das wahrgenommen, was er immer schon war, als tiefsinniger Kenner der deutschen Sprache und der deutschen Musik. Und es schien so, dass die Stadt einem solch verdienstvollen Mann eine Frau an seiner Seite nun zubilligte, selbst wenn diese Frau eigentlich seine eigene Schwester war. Er nahm diese zu seinen Gunsten veränderte Einstellung dankbar an, ohne Bockigkeit oder was sonst immer in einem solchen Fall sich hätte ergeben können. Er blickte nur ein wenig verschämt in die Ferne, und während seine Zuhörer versuchten, ihm zu folgen, sagte der Pater dann immer wieder: „Ja, die deutsche Sprache und die deutsche Musik ... Also, die deutsche Kunst ist mir in die Wiege gelegt worden." Dann setzte er noch einmal an, und seine Zuhörer warteten auf eine weitere Erklärung, bereit, ihm zu folgen, und Pater Heckenast sagte: „Ja, die deutsche Kunst, die deutsche Kunst, die deutsche Kunst."

Ich sah sie oft, sie gingen zusammen. Heckenast und Ladurner. Ladurner, der große Freund, Prior der Benediktiner, der heimliche Homer-Übersetzer, der Übersetzer des unnachahmlichen Ovid, und zwar sowohl der Metamorphosen wie auch der „Ars amandi“. Ladurners hohe, hagere Gestalt und Heckenasts gut einen Kopf niedrigere, unwahrscheinlich in die Breite gehende Statur, Ladurners tiefe Stimme, langsame Diktion, Heckenasts aufmerksames Zuhören, sein kurzes „Ja, ich verstehe, was du meinst, ich verstehe dich vollkommen“, das alles mit Fistelstimme. Ladurners überlegene Haltung: „Ja, was meine ich denn?“, sein plötzliches Stehenbleiben: „Na? Was meine ich denn?“. Die Pantomime der beiden, die plötzlich eintretende Stille, die Bewegung der Hände Ladurners, der nach oben gerichtete Blick Heckenasts (Herr und Hund), der plötzlich erfolgte Lachkrampf des Kleineren, mit paddelnden Armbewegungen, sein kurzatmiges Einholen seines Stehenbleibens, was der andere nicht berücksichtigte, denn er ging nur einfach weiter. Ich verfolgte den Dialog der beiden mit Spannung, und wenn es zu einer Umarmung kam, wo Heckenast nichts anderes wusste als Ladurner mit ausgebreiteten Armen entgegenzutreten, und Ladurner schließlich, sich zu ihm hinunterbeugend, mit seinem einzigen Auge ihm ins Gesicht schaute und ihn umarmte, bei diesen finalen Bewegungen ließ die Spannung auch bei mir nach. Ja, Ladurner hatte nur noch ein Auge, nämlich das rechte. Das linke war ihm ausgeschlagen worden, als er von den Nazis gefoltert wurde. Das war im Dezember 1944, als er die jüdischen Kinder nach Pannonhalma transportiert hatte im eigenen kleinen Volkswagen. Er konnte noch das letzte Kind abgeben, das war ihm enorm wichtig, und auf dem Rückweg stellte man ihn eben. Es waren drei, manche sagen vier oder fünf dieser Gestalten, und natürlich alle bewaffnet.

Beim Erzählen dieses Ereignisses, „wobei unser Prior sogar das eine Augenlicht hat lassen müssen", war ich sicher, dass es so war. Ich, Jahrgang 1933, kenne einige von den Geretteten persönlich, zum Beispiel Urban Janos, der Sohn des Architekten Urban Tibor, ebenso das Söhnchen von Rechtsanwalt Fischer, der später Direktor mehrerer wichtiger Institute wurde. Schließlich auch Robertchen, Sohn des Robert Platini Plaschek, geborener Haschek, wohnhaft in der Arpad Straße 42 (Was für einen Beruf könnte ich hier anführen? Fechtlehrer? Das wäre total ungerecht, denn Herr Platini Plaschek, wie ich schon erwähnt habe, verdiente nichts an seinen Schülern. Man kann also nicht sagen, dass er einen Beruf hatte, denn er lebte von seinem Vermögen).

Vom Fenster aus betrachtet, sahen die Dialoge zwischen Ladurner und Heckenast oft wie ein Pantomimentheater aus, und ich wähnte mich oft als Zuhörer dieser Dialoge, obwohl doch die Entfernung zwischen mir und den zwei Benediktinermönchen zu groß war. Aber ganz sicher konnte ich trotzdem feststellen, dass es beiden um die geistige Führerschaft ging. Ja, ich bin ganz sicher, dass es gar nicht anders sein konnte.

Die Sprechart, Heckenast immer schnell und mit Fistelstimme, immer aufgeregt, Ladurner immer ganz ruhig und tiefe Stimme etc. Heckenast blickte suchend aus der Tiefe auf den hageren großen Freund, und manchmal kam es mir so vor, dass er Todesangst vor ihm hatte. Ich höre noch ihre Stimmen, wie Heckenast etwa sagte: „Ich hörte nicht ganz deine Stimme, Prior", und dabei rutschte seine Stimme in die Knie vor dem unfehlbaren, kalten Mann, der sich dann wieder einmal ganz gnädig verhielt und mit einer unnachahmlichen Großzügigkeit dies und das sagte, was mir später als selbstverständlich vorkam, damals jedoch noch nicht. Aber ich war auch wirklich erleichtert, dass die beiden weiterhin ihre Dialoge fortsetzten. Und dann war er zu eifrig und zu schnell in seiner Kleinheit und versicherte dem großen Freund mit Demut: „Ach, Prior, ich spreche nur Deutsch, aber ich sehe ein, dein Griechisch und Latein, das ist viel wertvoller." Und Ladurner sagte dann ganz nebenbei: „Na ja, das sind halt die uns zustehenden Sprachen. Ein Mönch muss diese Sprachen beherrschen. Dein Deutsch kann genauso wichtig sein." In der Art, wie er „dein Deutsch" sagte, spürte man seine Geringschätzung aller lebenden Sprachen gegenüber der Sprache etwa von Ovid und Homer.

Hier muss ich über eine weitere Person berichten, ich muss von der Mutter von Prior Ladurner sprechen, von Helen.
Die Mutter also. Helen. Jeder sagte, dass sie schön sei und dass sie klassische Gesichtszüge habe. Aber ich fand das nicht am wichtigsten an ihr. Viele sagten auch, sie habe schöne Augen. Doch niemand sagte, dass sie eigentlich bernsteinfarbene Augen hatte und dass die Intensität der Augenfarbe wechselte, von Gold bis Schwarzgold und sogar Schwarz. Hinzu kam etwas, was bei Frauen sehr selten vorkommt: Die ergrauten Augenbrauen, die ursprünglich sehr dunkel und schon sehr buschig waren, waren jetzt noch schöner geworden. Das Altern, also die Zeit, hatte an ihnen weitergearbeitet, und so waren es in den Jahren zwei ganz große, weiße, buschige Brauen geworden. Statt also immer dünner zu werden, wurde das Haupt- und Nebenhaar immer dicker.
Wie alt war Helen damals? (Ich verwechsle schon die heutigen mit den damaligen Zeiten) Da der Prior zu dem Zeitpunkt 65 war, muss sie 20 Jahre älter gewesen sein. Sie war die einzige Tochter des Altphilologen und Lehrstuhlinhabers Komaromi, der schon legendäre Kenner Homers und auch

Ovids. Helen schien alles Wissen von ihrem Vater geerbt zu haben, ohne sich besonders darum zu bemühen. Sie kam exakt an ihrem vorberechneten Geburtstag mühelos auf die Welt, allerdings starb ihre Mutter bei der Geburt. Helens Leben verlief so, wie es ihre Geburt angedeutet hatte. Sie war ungestüm ins Leben getreten, nahm die einzelnen Stufen der Entwicklung sehr schnell und ohne Schwierigkeiten, sie erfasste alles, was die Tochter eines solchen Vaters wissen konnte, und schien dabei ganz unberührt zu sein. Der Vater allerdings beobachtete sie sehr beunruhigt und fragte sich oft, wohin das alles führen würde. Da waren zum Beispiel die äußeren Rahmenbedingungen.

Schon damit sie die Matura machen konnte, in Ungarn im Jahr 1880, musste der Professor für seine Tochter besondere Konditionen schaffen. Das setzte administrative und sonstige Überzeugungsarbeiten voraus. Anschließend ging es um die Genehmigung zum Besuch der Universität. Was hätte Helen schon studieren sollen? Natürlich Altphilologie wie der Vater. Aber der Professor hatte die größten Probleme, seine Tochter als ordentliche Studentin der Universität Budapest anerkennen zu lassen. Nachdem Helen als außerordentliche Studentin das Studium glänzend absolviert hatte, gab es Schwierigkeiten mit den Prüfungen. Studieren durfte sie schon, aber Prüfungen ablegen war eine andere Sache. Das durften nur die Herren. An dieser Stelle gab Professor Komaromi den Kampf auf.

Schwierig war aber auch ihr Leben mit dem anderen Geschlecht. Als Kind hatte Helen einen einzigen Kameraden, er war gleichaltrig und ihr Cousin. Jan Ladurner, der Sohn einer Tante. Jan war blond wie Helen und hatte von weitem auch Ähnlichkeit mit ihr. Helen verliebte sich in ihn.

Der Vater, die Arbeit vor sich, blickte auf den Balken. Es war schön, die Oberfläche des Holzes zu sehen, noch dazu die Spiegelung des Wassers, welches sich immer bewegte, jetzt im Juni, wo der Wind wie eine streichelnde Hand darüber hinwegfuhr.

Er dachte an seine verstorbene Frau. Schatten seiner Tochter? Und neben ihr war eine andere Gestalt, der Cousin. Professor Komaromi trat auf den Balkon. Er wollte seinen Neffen kurz begrüßen, mit einem Wink, vielleicht ihm ein paar Worte sagen. Vor seinem inneren Auge erschien ihm seine eigene Gestalt, ebenfalls an einem Gewässer nach seiner Hochzeit, das wusste er genau, weil er sich daran erinnerte, endlich keine Heimlichkeiten mehr haben zu müssen und wie er nun seine Frau, ganz öffentlich, so wie er es immer gesehen hatte und noch öfter beschrieben sah, dass der Mann sich über seine Frau beugte und diese als Zeichen des vollkommenen Einverständnisses sich küssen ließ und den Kuss erwiderte. Er schmeckte nach Erdbeeren, weil sie zum Frühstück, nach dem starken Kaffee, Erdbeeren gegessen hatten. Er erinnerte sich ewig an diesen Kuss, und er sah jetzt fast die gleiche Szene mit dem Neffen besetzt.

Als er schnell in sein Arbeitszimmer zurückwich und hilfesuchend wieder nach oben sah, um das schöne Bild des sich bewegenden Wassers zu sehen, war dieses verschwunden. Diese Verwandlungen waren Folge der Veränderung des Winkels, in welchem das Sonnenlicht auf das Wasser fiel. Er schaute auf seine Uhr: Es war 9:58 Uhr. Schon hörte er Schritte in den Räumen über ihm, und bevor er es sich versah, klopften „die Kinder" an seiner Tür.

„Professor, wir haben uns erklärt", sagte sie. „Ich darf mich auf deine Empfehlung verlassen, denk ich mir, und darauf schließen, dass du einverstanden bist. Jan kann mich ernähren, und ich bin mit dem Studium bald fertig. Schau, was für Wimpern er hat. Ich habe so etwas noch nicht gesehen. Ich hoffe, es werden viele Kinder kommen. Jan nimmt seine Mutter mit in die Ehe. Ich denke, das beruhigt dich. Jeden Tag tolles Frühstück."

Professor Komaromi hörte seiner Tochter mit immer größerem Befremden zu. „Und was sagt der Bräutigam dazu?"

„Alles richtig, Herr Professor. Alles so, wie Ihre Tochter sagt. Wir lieben uns leidenschaftlich."

Und Helen platzte etwas ungeduldig heraus: „Nun, gibst du uns dein Ja-Wort, das heißt vielmehr, dein Einverständnis?"

Das war eine sehr schnell aufflammende Liebe gewesen, die nur bis zu Gunter Ladurners Konzeption in ihrem Leib hielt ... Und dann war alles aus. Da war Professor Komaromi schon sehr krank, und bald darauf starb er auch. So ist Helen allein geblieben mit ihrem kleinen Sohn und widmete sich seiner Erziehung, für die sich die Hinterlassenschaft des Vaters Komaromi als ausreichend erwies. Helen war sehr anspruchslos, was materielle Sachen betraf, und so standen die beiden die Jahre bis zu seiner Berufsergreifung gut durch.

Ladurner war mit den alten Sprachen Griechisch und Lateinisch und mit der Bewunderung dieser zwei großen Werke, dem Homerschen und dem Ovidschen, schon in früheren Jahren beschäftigt, und es erforderte kein großes Kopfzerbrechen, um zu entscheiden, was er tun würde. Helen dachte sehr praktisch. Ihre Erfahrungen mit der Liebe waren nicht überwältigend. Sie dachte sich, für ihren Sohn wäre es besser, wenn ihm diese Erfahrungen erspart blieben. Er könne sich mit dem beschäftigen, was ihn interessierte, und Hungers sterben würde er auch nicht. Also sollte er in einen Orden eintreten. Der Sohn gab der Mutter in diesen Sachen leichten Herzens nach.

Von hinten gesehen waren die zwei Benediktiner ein interessantes Paar. Waren sie zu dritt, war es noch interessanter. Helen ging immer voraus. Ja, ich kann mich nicht entsinnen, dass sie nicht vorausgegangen wäre, und weil sie mit einer geraden Körperhaltung vorwärts schritt, während ihr Sohn etwas in sich zusammengekrümmt ging, war sie ein paar Zentimeter größer als ihr Sohn. Ladurner ging schlampig. Heckenast noch schlampiger. Heckenast schleppte sich hin. Das war kein Gehen, das war ein Sich-schleppen. Und er blieb immer stehen. Und im Stehen kratzte er sich immer irgendwie. Das war sehr ärgerlich. Er war immer außer Puste, wobei er seine Augen noch extra zu schleppen schien, und diese rutschten ihm noch zusätzlich aus der Bahn. Es war ein jammervolles Bild. Helen stellte ihrem Sohn die Frage, ob er das merke. Er antwortete sehr unwillig. „Das ist sein ständiges Fressen. Man wird nicht so korpulent, wenn man auf sich aufpasst ... Und die Schwester taugt auch nichts. Sie kocht und sie backt für ihn. Backt und kocht für den kleinen Peppi und für den großen Peppi“. Nach diesem Ausbruch blieb der Prior stehen. Helen sah ihn aufmerksam an. „Das kannst du ihm nicht verzeihen, ja?“

„Verzeihen, verzeihen“, so der Prior. „Schau, Mama, er ist ein Benediktiner. Ein Mönch. Und mein Freund.“

„Du bist schon ziemlich hart“, meinte Helen, und sie vergaß den Ausbruch ihres Sohnes nicht, vor allem nicht den Gesichtsausdruck und die Bewegung, mit der er sich angeekelt schüttelte. Dieser sich vor Ekel schüttelnde Sohn, der mit einem Auge die totale Unbarmherzigkeit für sie darstellte, blieb ihr sehr beherrschend in der Erinnerung. Er war schon sehr hart. Sehr hart. Von nun an war es ihr Anliegen, dass sie mit kleinen Akzentverschiebungen zugunsten des merkwürdigen Paares ihnen zu Hilfe kam. Und das war etwas, das

Heckenast sehr einfühlsam spürte und wofür er sehr dankbar war und das er demütig annahm. Wenn Helen merkte, dass die Schwester keinen Sitzplatz hatte, was sehr oft vorkam, bot sie ihr gleich ihren Stuhl an. Dann saß sie, die Schwester-Frau, an ihrem Platz, welcher selbstverständlich im Kreis der Kollegen und Mitarbeiter sowie der Schüler ihres Sohnes der schönste Platz war. Diese Aktion wurde ohne Worte mit der größten Diskretion ausgeführt, war doch die vorher stattgefundene Diskriminierung ebenfalls ohne äußere Zeichen vor sich gegangen. Das sei kriminell, fand sie, und immer öfter wurde diese Platztauschszene gespielt, bis es nicht mehr notwendig war, weil auch die Schwester-Frau einen richtigen Sitzplatz bekommen hatte.

Ladurner war allmählich der Ansicht, dass er nicht der einzige Mann war, den die Mutter so besonders beachtete. Er meinte sogar, dass er jemand war, den die Mutter nicht beachtete oder nicht beachten wollte. Da gab es zum Beispiel die Sache mit diesem Novak.

Novak, ein Schüler von Ladurner, hatte die Aufgabe, dem Prior täglich das Badewasser zu bereiten. Für diese besondere Aufgabe hätte eigentlich nur ein besonders guter Schüler, einer wie Poharnok, wie Török oder wie Urban gepasst. Novak war nicht so. Er war nicht begabt, auch in seinem äußeren Erscheinungsbild war er zum Vergessen. Zwar zwei Meter groß, aber nicht gut proportioniert. Außerdem wirkte Novak immer so verlegen, hatte einen so verlegenen Blick und zuckte dabei immer zusammen, als hätte man ihn bei einer unlöblichen Tat erwischt. Mit diesen Merkmalen ausgestattet, war er der unmöglichste Bademeister, den die Schülerschaft des Benediktinergymnasiums dem Prior überhaupt stellen hatte können.

Es war an einem Wochenende im goldenen Oktober, als Prior Ladurner mit seinem rekonvaleszenten Kollegen Heckenast zum ersten Mal seit dessen Gehirnblutung einen großen Ausflug plante, und zwar nach Pannonhalma. Ladurner bestellte einen Wagen (das Ordenshaus hatte einen alten Mercedes). Da er, Ladurner, nicht mehr fahren konnte, weil er nach der Rettung der jüdischen Schüler nur noch über ein Auge verfügte, saß er vorne neben dem Chauffeur. Und das war Heckenasts junger Kollege im Gymnasium und sein Stellvertreter für den Fall, dass er krankheitsbedingt unpässlich war. Er hieß Lammertaler und war als Probelehrer eingestellt worden. Pater Lammertaler war sehr ehrgeizig und hatte sich vorgenommen, ohne mit der Wimper zu zucken, alle Demütigungen und Zurücksetzungen auf sich zu nehmen. Zum Beispiel, wenn Prior Ladurner sich seinen Namen nicht merken konnte oder nicht wollte. Ständig sprach er den Namen süffisant aus, wie Lammertaler meinte, und sagte etwa: „Herr Kollege Lammertal", dann wieder richtig, also Lammertaler. Außerdem trug er auf dem linken Auge seine schwarze Augenklappe, was in bestimmten Situationen recht unheimlich aussah. Ladurner musste sich ganz nach links drehen, wenn er dem Hilfslehrer ins Auge blicken wollte. Und das tat er oft.

Hinten waren zwei reguläre Sitze, so dass das merkwürdige Paar, Heckenast und seine Schwester-Frau, nebeneinandersitzen konnte. Ihnen gegenüber gab es zwei klappbare Sitze für den Sohn Peppi und für Helen, die darauf bestanden hatte, dass sie Heckenast als ihrem wichtigsten Gegenüber während des ganzen Weges hindurch halb stützend und ihn auf jeden Fall schützend umklammern konnte oder zumindest zu umklammern bereit war. Das Auto war ein uraltes Modell, zwischen dem Chauffeursitz und dem Fond gab es ein verschiebbares kleines Türchen.

Heckenast fand Helen so wunderschön, dass er das ständig sagen musste. Er beschrieb ihre bernsteinfarbenen Augen, die ihn mit großer Wärme anschauten, und er sagte zu seiner Schwester-Frau und dem kleinen Peppi mit sich leicht überschlagender, enthusiastischer Stimme: „Schaut, meine Lieben, wie ihre Augen jetzt wie flüssiges Gold schimmern, ihre Haare sind so stark, so stark wie Draht."

„Wie Draht?", sagte die Schwester-Frau, „wieso Draht?" Das war ein sehr unwürdiger Ausdruck, den der Bruder hier für Helen gewählt hatte. „So siehst du die Unfehlbare, die Unerreichbare?" sagte sie empört.

Aber Heckenast ließ sich nicht stören von der törichten Schwester-Frau und schlug verdrießlich mit der Hand in die Luft. „Gib Ruh. Schön bist du, schön bist du, Mutter meines Freundes, schön, unbegreiflich schön, pulchra es, amica mea, nichts kann an dich reichen, nichts kann zu dir greifen." Es fiel ihm schwer, sich vorzustellen, wie Helen das mit ihrem Sohn, dem Prior Ladurner, hatte passieren können. „Wir verstehen es kaum, wir sind nur einfache Kreaturen, und du lässt uns im goldenen Regen deines höheren Wesens mit glücklichem Lächeln das Geheimnis, dass einmal ein männliches Wesen, also wirklich so ein männliches Wesen ... könnt ihr euch das vorstellen?". Und dann rüttelte er an seiner Schwester-Frau, sein Blick verdüsterte sich und irrte in die Ferne. Seine Schwester-Frau konnte sich das genau so wenig vorstellen. Von der anderen Seite hatte Ladurner die Schiebetür zugeschoben. Er war nicht mehr imstande, sich diese Gefühlsduselei weiter anzuhören.

Die Hinfahrt war für die kleine Gesellschaft durch Heckenasts Ausführungen vielleicht kurios. Die Rückfahrt aber geriet zur Katastrophe. Gleich zu Beginn gab es eine komische

Begebenheit. Vor der Abfahrt eilte Heckenast schnell mal auf die Toilette. Mit Verschmitztheit im Gesicht bemerkte er, dass er es infolge seiner Gehirnblutung gelernt habe, vor einer längeren Fahrt aufs Klo zu gehen. Zwar fand Ladurner den Bericht über dieses Thema total überflüssig, aber außer seinem gewohnten Hochziehen der Augenbrauen schien er nicht weiter aufgeregt. Heckenasts ermunternden Zuruf: „Ich eile, ich eile", quittierte er mit den Worten: „Wozu die Eil, wir haben die Weil". Die kleine Gesellschaft, ergänzt durch zwei Patres von der Gastgeberseite, plauderte nur noch etwas über Belanglosigkeiten, bis Pater Kolos Heckenast fertig sein würde. Aber es dauerte zu lange. „Er macht sich schon wichtig", so Ladurner, „er hat ja recht, er ist hier die Hauptperson."

„Und Sie", sagte einer der Gastgeber zu dem Hilfslehrer, „Sie werden das große Werk aufführen an seiner Stelle".

Lammertaler verbeugte sich ein wenig. Es war nur eine höfliche Frage an ihn, den jungen, unscheinbaren Mann, welche zu unvorbereitet auf ihn zukam. „Ich? Nein, nein, die Sieben Worte Christi am Kreuz?"

„Das ist von Haydn?", wandte der Gastgeber-Benediktiner ein, „nicht wahr?"

Lammertaler beeilte sich, die Irrtümer aufzuklären: „Jawohl, Haydn hat auch ein Werk mit diesem Titel komponiert. Aber unser Tonsetzer ist ja Heinrich Schütz", und er fügte noch die Jahreszahlen hinzu. „Der Tonsetzer des 30-jährigen Krieges". Und zu allem Überfluss setzte er noch dazu: „Haydn war ja Österreicher. Heinrich Schütz ist ein deutscher Tonsetzer, 100 Jahre vor Johann Sebastian Bach." Das letzte sagte er mit beinahe religiöser Überzeugung, so dass es keinen Zweifel gab, für ihn war dieser Johann Sebastian Bach wohl der einzig wahre Gott. So etwas wie ihn kannten die armseligen Benediktiner nicht. „Man muss ihm sein Leben sehr früh weihen".

„Wie früh?“ fragte schmallippig der eine Pater aus Pannonhalma. Darauf folgte eine betretene Pause. Ladurner räusperte sich, als wenn er sagen wollte: „So, so, du kleiner Musterschüler, kleiner Naseweis, du weißt alles.“ Doch an dieser Stelle unterbrachen die jaulenden Klagetöne aus Richtung Abort alles und zogen die Aufmerksamkeit dorthin.

„Ich kann's nicht mehr, komm, Mutter vom Peppi, komm, hilf mir, siehst du denn nicht, dass ich ...“

Die arme Mutter vom Peppi, die bisher verlegen und auch etwas gelangweilt neben Helen von einem Bein auf das andere getreten war und die Abfahrt ungeduldig herbeigesehnt hatte, war plötzlich durch das Gestammel ihres Bruder-Mannes wichtig geworden. Indem sie ihren Kopf nach hinten warf, schrie sie entschlossen: „Ich komme, ich komme schon, du armer Kolos“, und sie verschwand in Richtung Abort.

Wie es sich herausstellte, war Heckenast mit beiden Beinen in das gleiche Hosenbein gestiegen. Dazu kam noch, dass das Licht ausgegangen war. Pater Heckenast hatte einen kindlichen Glauben. Er war überzeugt, dass es keinen Zufall gibt, dass es keinen Zufall geben kann und dass Gottes System vollkommen sei. Wenn das Licht ausging, als er gerade mit seinen Hosenbeinen und so weiter einen Kampf führte, dann musste das eine tiefere Bedeutung haben. Ich habe in meinem Leben nur einmal gesündigt, sagte er sich. Als ich meine Schwester zu meiner Frau gemacht habe. Diesen Sündenfall büße ich in einem fort. Aber was ich jetzt hier aktuell büßen muss, das geht mir nicht ins Hirn.

Die Rückfahrt fand in eisiger Schweigsamkeit statt. Ladurner stellte wieder einmal fest, dass seine Umgebung für ihn eine Zumutung war, und grübelte, wie er das ändern könnte. Ein Auslandsaufenthalt wäre nicht schlecht, sagte er sich. Rom? Sein Italienisch würde er schnell aufpolieren können. Hier schoss in seinen Kopf der Gedanke: Helen! Was mache ich mit ihr? Was mache ich mit ihr? Dass ich Helen mitnehme, ist mir heute weniger denkbar als noch vor einem halben Jahr. Weniger noch als vor einem Monat. Er stellte einen plötzlichen Schmerz an seinen Schläfen fest, fasste diese Stelle an, fasste seinen Schädel mit beiden Händen an und wartete automatisch darauf, dass sich irgendjemand sorgenvoll über ihn beugen würde. Irgendjemand. Na wer? Na klar, Helen, seine Mutter. Da war es einfach zu sagen: „Ich habe mein Leben der Liebe Gottes geopfert. Und sie opfert ihr Leben mir, dem Sohn. Perfekt."

Man zeigt sehr vieles vor dem eigentlichen Eintreten eines Ereignisses, so beispielsweise Helens Entfernung von ihrem Sohn und ihre Öffnung Heckenast und seiner Schwester-Frau wie seinem Kind gegenüber. Und als Ladurner jetzt wissen wollte, wann das begonnen hatte, leuchtete ein kleines Ereignis plötzlich ganz hell in seiner Erinnerung auf. Als nämlich Heckenast einmal in ganz kurzen Socken im Konferenzzimmer saß und seine Hosen hochgerutscht waren, da sah man seine Waden und dass das rosa Fleisch der Waden infolge eines Krampfes sichtbar zitterte. Es war empörend, dieses zitternde Fleisch. Es war aber auch erbarmungswürdig, und Helen hatte plötzlich Erbarmen mit dem kleinen Hecki, wie ihn Ladurner in solchen Augenblicken nannte. Und sie beugte sich schwesterlich zu der Frau, die Heckenast immer bei sich führte, weil er keine Minute ohne sie sein konnte, und flüsterte ihr etwas zu, was Ladurner nur erraten konnte und was die Socken betraf. „Ja, er wird sich das anziehen", so die Schwester-Frau. „Sehr gerne wird er das tun. Er wird so ein ... Ding, er wird das tun. Ich muss nur sagen, dass das Ganze von dir kommt, von der Unübertrefflichen, von der Schönhaarigen, von der Mutter des Priors der Benediktiner, seines Freundes Doktor, Doktor Ladurner. Ich danke dir tausendmal, tausendmal.“

Natürlich ist es so, dass solche auch nach außen hin kundgetane Ereignisse von ihrem geistigen Zentrum zurückstrahlen. Helen kam, wenn sie an dieses Ereignis zurückdachte, immer wieder an einen Punkt zurück, und sie fragte sich immer wieder: Was steckt denn dahinter? Und weil sie gewohnt war, an dem Punkt, wo sie nicht weiterkam, mit ihrem Gedanken zurückzukehren, konnte sie sich die nächste Frage stellen: Vielleicht ist Heckenast nicht einfach nur kindisch mit seinem Wehklagen, sondern im körperlichen Sinne krank. Und durch die Sprache, nur durch das altgriechische Substantiv Hämor tastete sie sich vor und kam an den Punkt, wo sie sich an den eigenen Kopf griff. Na freilich, Hämor, Blut. Dass du so schwerfällig sein kannst, sagte sie sich. Ist das noch eine Frage? Probieren wir mal, und auf das bei der Schwester-Frau erworbene Vertrauen hin wendete sie sich ihr zu und fragte ganz natürlich: „Hat er auch Juckreiz?“ Und diese entgegnete mit der größten Natürlichkeit: „Ja, freilich, der arme Mann, natürlich, in einem fort. Allweil kratzt er sich und ganz würflig ist er, dass das die Umgebung nicht merkt, dass die Leute nicht sagen: Er kam zu sich nach der Gehirnblutung, er kam sehr gut zu sich. Er ist nicht halbseitig gelähmt, was ja normalerweise der Fall ist, aber was aus dem ganzen Geschehen zurückgeblieben ist, nämlich das Jucken, das furchtbare Jucken, und das an dieser furchtbaren Stelle.“ Und sie fügte noch dazu: „Und das alles, nachdem er ein Benediktinerlehrer geworden ist, der sich ständig am Arsch kratzt.“

KAPITEL V

DIE SIEBEN WORTE CHRISTI AM KREUZ

Vor dem Haus Czuczor Gergely Straße 22, wo Hofmann Gyurika und die zu ihm gehörige Familie, also Frau und Kind, wohnten, zog eine äußerst gutgelaunte kleine Gesellschaft vorbei, das heißt, Herr Robert Platini Plaschek, sein Sohn Robertchen Platini und dessen Schulkamerad am Stiftsgymnasium der Benediktiner, Kuster Andreas. Es waren nur drei Herren, aber gut bei Stimme. Was sangen sie?

Jaj, Maman, Bruderherz, ich kauf mir die Welt,
jaj, Maman, frag nicht nach dem lumpigen Geld.
Weiß nicht, wie lange der Globus sich dreht,
aber morgen ist's vielleicht schon zu spät.

In der Mitte marschierte Herr Robert Platini Plaschek, Robertchens Vater, rechts und links von ihm, gleichsam eingehakt, die zwei Gymnasiasten, sechzehn Jahre alt beide.

Gyurika stand vor dem Haus. Lange hatte er den dreien nachgeschaut und sich seine Gedanken gemacht: Da gehen sie also, die drei, Platini Plaschek und sein Sohn Robertchen und dessen Schulfreund Kuster Bandi. Sie gehen zu den Benediktinern. Jetzt biegen sie rechts ein. Ja nun, wer ist denn das? Der Jakobowitsch Jenö! Seines Zeichens Cellist, aber nicht ganz gut gewachsen, besser gesagt, ein Krüppel. Das eine Bein länger als das andere, auch die Arme ungleich lang, aber das kann er beim Cello Spielen gut ausgleichen. Er ist also ein besserer Spieler, als man erwarten würde, ständig verliebt, aber immer aussichtslos, zudem quatscht er in einem fort und lacht und lacht, und neben Jakobowitsch der Beiczy Tamas. Dieser musste vom Konservatorium austreten

und in die Nationalbank eintreten, weil sein Vater gestorben ist ... Er musste Geld verdienen. Trotzdem kann er einmal Cellist werden. Mehr üben, und noch mehr üben ... Und da kommt der Opitz Aladar! Der ist aber gealtert! Wie alt mag er jetzt sein? Er hat ja viele Jahre in Wien studiert, ohne Abschluss, und seine Beziehung zum Cello ist auch undefiniert, niemand hat ihn je spielen gehört ... Seine Eltern waren die Chefitäten von meiner Frau. Zweimal im Jahr mussten wir zu ihnen auf Besuch ... Sie aßen immer Matzes. Obwohl sie keine Juden waren. Das kann ich mit Sicherheit behaupten. Ich habe meine Quellen, wie Sie wissen. Der noch kindliche Hardi Krüger kam von Revfalu her. Er grüßte mich von seinem Fahrrad aus.
Gyurika stand eine Weile noch vor dem Eingang der Czuczor Gergely Straße 22. Dort gegenüber würde einmal das Arrabonische Nationaltheater stehen. Das wusste er ganz gewiss. Solche Sachen wusste er immer. Wie zum Beispiel auch Földes Gabors unrühmliches Ende ... Tja, aber da wird er, Gyurika, nicht mehr in dieser Stadt weilen ... Mit seinem Sohn, das heißt doch eigentlich Tochter, oder umgekehrt, denn wir werden am 16. November 1956 die Grenze übertreten. Schön bist du, wunderschön bist du, Ungarnland, schöner noch als die große Welt. Wir waren die allerletzten, die in einem kleinen Boot über den Kanal übersetzten. Einige Schüsse fallen, einige Ballons steigen auf. Meine Frau, meines Sohnes Mutter, tut uns ein letztes Mal gefährden, beim nächsten Mal tut sie das nicht mehr, da ist sie im Ausland, eine Auslandere, Ausländere ... – Einer der nicht nur sprachlichen Irrtümer Gyurikas.
Jetzt aber stieß noch zu der kleinen Gruppe der Cello-Träger, die eingebogen war vor dem Ordenshaus der Benediktiner, Professor Ördögh (Teufel), der zum Lehrkörper des Musik-

konservatoriums gehörte und der einen Kontrabass trug, und, aus der anderen Richtung, die vorher beschriebene Gruppe um Herrn Platini Plaschek, der die notwendigen Cellisten statt eines Gambenchores, der in Arrabona nicht zu haben war, zusammengesucht und organisiert und, wenn nötig, auch bezahlt hatte.

Dann kam noch Zoli Nagy, der zweite Continuo-Spieler dazu, der erste wäre ich selbst gewesen, aber heute konnte ich diese meine Pflicht nicht erfüllen, denn ich hatte eine wichtigere Aufgabe, die etwas mit Dr. Nemeth, Madeleines Vater, zu tun hatte.

Nagy Zoli war neben dem Continuo-Spiel auch als Stellvertreter für die administrativen Belange jeder Veranstaltung verantwortlich. Bei seiner pragmatischen Stärke war es beinahe verwunderlich, dass es dieser Themenkreis war, der ihm echten Verdruss und Unannehmlichkeiten einbrachte. Ich erwähnte bereits, dass er sich über seine frühere Beziehung zu Prior Gunter Ladurner Gedanken gemacht hatte. Dass er mich in diese Gedanken einweihte, hatte mich gewissermaßen erstaunt. Aber meine damaligen Sorgen, meine Aussprache mit dem Vater von Madeleine, haben mich gehindert, Zolis Probleme im vollen Gewicht wahrzunehmen.

So ist er also zu Ladurner hingegangen und hat ihm die Kompliziertheit der Angelegenheit geschildert. „Ich finde, dass die Gesamtdauer des Werkes ›Sieben Worte‹ zu kurz ist. Dreizehn, respektive vierzehn Minuten, das ist ..."

„Und?", sagte Ladurner, „spielen Sie langsamer. Das ist nicht meine Sorge. Da wird Ihnen noch etwas einfallen: noch ein Gavottl, noch ein Menuettl." Ladurner hob die Arme in die Höhe, und das Bild, das er vermittelte, bot nicht gerade einen seriösen Eindruck. Er hielt die rechte Hand mit dem Mont-Blanc-Stift über das Formular, eine Unterschrift, eine Minute,

und der junge Mann war schon aus seinem Büro. Der junge Mann ...? Die jungen Männer haben normalerweise viele Haare. Dieser hatte bereits eine Glatze. Er versuchte sich an ihn zu erinnern. Er muss einmal sein Schüler gewesen sein. Nichts fiel ihm ein. „Noch was?“, fragte er ungeduldig.
Zoli sah die Sache auch so. Nur, er stand unter großem Druck. Leistungsdruck. Das war nämlich sein geheim gehaltener Plan mit dem Schlagzeug ... Er, Nagy Zoli, unterrichtete wie bisher Marzi Bacsi, der jetzt in Rente ging, Schlagzeug den Erwachsenen, die dieses Fach als Nebenfach zu Komposition dazu genommen hatten. So musste er nur eine ganz kleine Anzahl von Stunden für Kinder übernehmen und konnte somit seinen Kollegen hinter sich lassen, abhängen, weil Kinder zu unterrichten eigentlich weniger angesehen war und auch schlechter bezahlt wurde. Das musste auch auf Ladurner Eindruck machen. Ladurner, in musikalischen Belangen unerfahren, brauchte einige Minuten, bis er das alles begriff. Er schaute Nagy Zoli mit großem Befremden an.
„Dass die ›Sieben Worte‹, wie Sie sagen, als Werk zu kurz geraten sind, konnte Ihnen nicht verschlossen bleiben. Und, was sagt mein verehrter Freund Professor Heckenast dazu? Er wird am Ende doch dirigieren, oder? Oder der Chordirigent? Wie heißt er schnell?“
„Ja, Herr Direktor, Sie nennen das Übel beim Namen. Herr Chordirigent Lammertaler weiß noch immer nicht, ob er, also Chordirigent Lammertaler, oder Herr Professor Heckenast die Aufführung leiten wird.“ Und mit ganz leisem Ton fügte er noch hinzu: „Wobei Professor Heckenast noch niemand dirigieren sah. Er hat phantastisch über alte Werke gesprochen. Aber dirigieren ...?“
„Aber übermorgen ist doch die Aufführung!“
„Nicht doch, morgen“, so Zoli. Ladurners Gesicht lief rot an.

„Sapperlot, und Sie bequemen sich erst heute zu mir zu kommen, Nagy-Ur, Sie Nagy-Ur, Nagyur." Er merkte, dass der zusammengezogene Name komisch klang, und das merkte Zoli auch, und in seinem Gesicht bewegte sich etwas, als wenn er Lust gehabt hätte, jetzt zu lachen. Wie auch Professor Heckenast letzten Endes über alles nur lachte.
„Was?", spottete Ladurner über Nagy Zoli plötzlich. „Und Sie haben die Visage, zu lachen. Sie, angeblich ein Schüler unseres Hauptgymnasiums Arrabona, der seine Pflichten sträflich vernachlässigt, die Anmeldepflicht über die ›Sieben Worte unseres Erlösers und Seligmachers Jesus‹, und der mich, Ihren Prior, hier belästigt, albern belästigt, als wäre ich verpflichtet, das alberne Geschwätz eines angeblichen Schülers, an welchen sich niemand mehr erinnert, eines glatzköpfigen Schülers, der mächtig stolz darauf ist, nicht mehr kleine Kinder unterrichten zu müssen, sondern in der akademischen Kategorie Schlagzeug, und damit, schwuppdiwupp, zu den ›ordentlichen‹ Professoren zu zählen ist ... Schlagzeug – als ob das überhaupt etwas mit Musik zu tun hätte, dieser Lärm, dieser furchtbare Lärm. Nagy-ur, Nagyur, Sie verlassen sofort mein Arbeitszimmer."

„Wir leben hier in der Demokratischen Republik, Bursche! Hut ab, wenn ich mit dir rede! Runter mit der Kappe!" Und mit einem Schwung fegte der Kulturdezernent der Stadt, früher Schuhmacher, mit dem sinnvollen Namen Metzger, Robertchen seinen schönen Sombrero-Hut herunter. Zugleich sagte er: „So ein schöner Hut, es ist schade um ihn, es ist schade um ihn. Heb ihn sofort auf!" Robertchen schaute total verständnislos den Mann an. So hatte bisher noch niemand mit ihm geredet. „Wie bitte?" – „Wie bitte?", wiederholte der Kulturdezernent höhnisch und bekam einen roten Kopf.

Robert Platini-Plaschek, der die Gefährlichkeit der Lage besser einschätzte als sein Sohn, trat ruhig zu dem Mann, indem er begütigend sagte: „Wer wird aus einer Lappalie wegen einem Hut ein großes Theater machen? Der Hut ist heruntergefallen. Wer ihn aufhebt, ist egal. Ich hebe ihn auf. Nichts ist geschehen." Und er beugte sich und griff nach dem Hut.
„Aber, Herr Vater", weinte der Junge beinahe auf, „Sie werden doch nicht ...?"
Der Kulturdezernent war in Fahrt. „Was wird er nicht?" Und dann schrie er: „Der Hut wird aufgehoben! Sofort!"
Der Vater griff nach dem Hut und zischte dem Sohn leise zu: „Ich hebe ihn auf."
Das war dem schreienden Untermenschen, wie Robertchen ihn nannte, zu viel, und er schrie: „Na, wird's bald!"
Daraufhin beugte sich Robertchen auch schnell zu dem Hut. Es war für ihn unerträglich, den Vater so zu sehen. Beide griffen nach dem Hut, und dann geschah das Unvorhergesehene, ein komischer aber auch tragischer Effekt: die zwei Köpfe, junior und senior, knallten zusammen, und in der Totenstille hörte man Jakobowicz Jenö sagen: „Dimmi-dimmidux". Das war lächerlich, aber auch tragisch zugleich. Die beiden, Vater und Sohn, fielen auseinander, mehr als Reaktion auf die Worte des Jakobowicz als aufgrund des Stoßes.
Die Gambisten, zusammengekommen zum Vorspiel der „Sieben Worte unseres Erlösers und Seligmachers am Kreuze", reagierten je nach der momentanen Stimmung oder persönlichen Veranlagung auf diesen Aufprall unterschiedlich. Aber alle wurden zum Lachen gereizt, während das brutale Verhalten Metzgers zugleich das Lachen verbot. Aus dem unterdrückten Lachen wurde ein ohnmächtiges Husten, ein Keuchen und Wiehern. Der Kulturdezernent hatte sich noch umgedreht, um diese verschiedenen Reaktionen auf das Ge-

schehene einzusammeln, als die Türe aufgestoßen wurde. Die Chormitglieder, kleine Buben von 10 bis 14 Jahren und junge Männer der oberen Klassen, strömten lärmend in den Saal. Der Kulturdezernent, der sich gegenüber dem Gambenchor mächtig genug gefühlt hatte, gab es plötzlich auf. Erbittert warf er seine schäbige Mütze zu Boden (er war in Zivil) und presste zwischen den Zähnen heraus: „Bourgeoise Bagage, das werdet ihr mir bezahlen!"

Die ganze Szene hatte sich verblüffend schnell abgespielt, allein Opitz hatte sich, quasi als Reaktion auf die Ereignisse, düster aus der Gruppe gelöst und war, ohne sich zu verabschieden, weg. Opitz hatte, was niemand wusste, eine Neigung zur Inkontinenz, die in besonders erregten Situationen auftrat, und sicherlich war das eine solche Situation.

Vater und Sohn Platini-Plaschek verschwanden in den inneren Räumen des Ordenshauses. Offenbar mussten sie ihre Wunden behandeln lassen. Von Jakobowicz, der die verhängnisvollen Worte gesagt hatte, rückten alle ab. Noch nie hatte er in seinem bisherigen Leben mit ein paar Worten eine so große – wenn auch nicht beabsichtigte – Wirkung auslösen können. Er verließ schweigend den Gambenchor. Aber, wer war jetzt noch da? Das war Kuster Bandis Moment. Kuster Bandi sah seine Stunde, nein, seine Minute gekommen. Er packte seine Geige – nein, nicht die Geige, sondern die Bratsche – etwas umständlich aus und stand vor dem noch übrig gebliebenen Gambenchor bzw. Cellochor, also vor Beiczi, der jetzt damit beschäftigt war, sein Instrument in das Futteral zu stülpen, neben ihm der hellblonde Hardi, der mit dem Einpacken bereits fertig war. Aber wo waren die anderen? Alle waren verschwunden. Wortlos verschwunden. Beiczi sagte dem sich als Ersatz anbietenden Kuster schnell und kurz: „Ein Gambenchor mit nur zwei statt sechs Celli? Komm,

Hardi, wir gehen." Und dann waren die beiden weg. Jetzt wendete sich Kuster an Zoli, der in meiner Vertretung neben der Orgel stand. „Du spielst das Continuo, ich die erste Stimme." Zoli dachte kurz nach und antwortete Kuster: „Wenn du meinst", und drehte sich der Orgel zu, obwohl er, der immer für Ordnung und Konzentration war, wegen der sich hineindrängenden Studenten und Kinder der unteren Klassen (alumni) diese Absichtserklärung nicht realisierbar fand. „Wie du meinst", und da war schon drin, ich meine es nicht, und ich will inmitten der lärmenden Alumni kein Bratschen-Solo begleiten. Der junge Musiklehrer, der kaum aus der Menge seiner Schüler herausragte, versuchte sich Gehör zu verschaffen. Das ging nicht gut, das ging nimmer gut. Die Kinder haben ihn zwar gemocht, es ging ihm der Ruf voraus, dass er ein guter Musiker sei, aber keine Disziplin halten könne. Also haben die Kinder seine Geduld auf die Probe gestellt und warteten, wie er reagiert.

Als der Kulturdezernent mit den vier Mann Verstärkung zurückkam, fand er vom Gambenchor nur den Andreas Kuster vor, der eigentlich nicht dazu gehörte. Unsicher, die Bratsche noch in der Hand, stand er beziehungslos im Saal alleine da, zumal der Continuo-Spieler Zoltan Nagy hinter der Orgel verschwunden war. Kuster Bandi blinzelte mit den Augen, und seinen Mund zog er schmerzlich an der linken Seite hoch. „Was ist mit Ihnen, warum machen Sie so ein schmerzverzerrtes Gesicht? Ist vielleicht hier ein Luftzug, ein Hinzug, ein Rückzug?", schrie der Kulturdezernent und packte bei dem Wort Rückzug Kuster am Kragen. Er warf ihn hin und her. Kuster war ja sehr leicht, und er warf den jungen Mann zwei Polizisten zu, die hinter ihm den Saal betraten. „Abführen", und er sagte noch zu den beiden Polizisten: „Dalli, dalli". (Bemerkung: Kuster Bandi wurde an diesem Tag, es war der

Ausbruch des Korea-Krieges, gefangen genommen, nach Budapest befördert, gefoltert und in dem darauf folgenden bitteren Winter bei minus 20 Grad nackt vor das Fenster gehängt. Er gab immer zu, dass er an einer undichten Stelle die ungarisch-österreichische Grenze illegal übertreten hatte mit seinem klapprigen Motorrad. Er ist dahingefahren, ganz kurz, nur für ein paar Minuten, um die österreichische Luft einzuatmen. Mit dieser Luft in der Lunge kehrte er stets wieder zurück. „Und Sie wollen uns erzählen, dass Sie nur hin und her gefahren sind? Sie sind ein wirkliches Rindvieh.")

Inzwischen hatte sich Metzger das nächste Opfer gesucht. Das war der schwächlich aussehende junge Pater, der die Proben für die „Sieben Worte unseres Erlösers am Kreuz" von Heinrich Schütz abhalten sollte. Es war nicht klar, ob er auch die Aufführung dirigieren würde. Er stellte sich vor, dass im letzten Moment Pater Heckenast an seine Stelle treten würde, denn das ganze Konzert war zur Freude wegen dessen gut gelungenen Rekonvaleszenz gedacht.

„Wer ist hier der Chef, wer hat hier etwas zu sagen?"

Der kleine Pater flüsterte mit kaum vernehmbarer Stimme: „Ich".

„Sie?", donnerte Metzger in die kaum wahrnehmbare Stimme hinein. „Sie? Eine halbe Portion. Sie, wie heißen Sie?", sagte er und winkte einem seiner Männer zu. „Bitte aufschreiben. Na, Sie werden doch hoffentlich wissen, wie Sie heißen!"

„Gewiss", hauchte der kleine Pater.

„Nun", sagte Metzger, woraufhin der Pater einen Schritt zurück machte. „Na, na, na", lachte Metzger genüsslich. „Haben Sie am Ende Angst vor mir, kleiner Priester? Was tust du eigentlich mit den Kindern?"

Der kleine Pater zitterte am ganzen Leib, aber er zwang sich

dazu, irgendwie zu antworten. „Ich... ich... ich tu halt diri-"
„Was tust du diri-". In diesem Moment trat Direktor Ladurner in den Saal.
„Laudetur Jesus Christus", grüßte er in den Chor hinein, und die Kinder und Jugendlichen waren gleich in einer präzisen Ordnung dagestanden. „Laudetur Jesus Christus, Pater Lammertal". Er trat zu dem jungen Pater und gab ihm die Hand. Da aber der Pater nicht genau Lammertal geheißen hat, sondern Lammertaler, packte einige der Chorkinder das Lachen. Während die meisten keine Undiszipliniertheit dulden wollten in dieser prekären Lage, waren die anderen darum bemüht, „Psst Psst" zu rufen und mit einigen Fußtritten und mit Zupfen am Gewand des leichtfertigen Kollegen dem Lachen Einhalt zu gebieten.
Pater Ladurner verabschiedete sich sehr herzlich von den Schülern (alle waren seine Schüler, auch der einstudierende Pater). „Laudetur Jesus Christus" sang der Chor der Alumni und Ladurner sagte besonders herzlich „In aeternum, Amen". Und weg war er. Die Stasi-Leute begrüßte er nicht. Er nahm sie gar nicht wahr.
„Also", sagte mir Zoli nach kurzem Nachdenken am folgenden Tag bei unseren Beethoven-Sinfonien, die wir als Privatissimum alleine für uns abhielten, einmal wöchentlich. „Das fand und finde ich nicht so gut."
„Wieso nicht?"
„Und der kleine Pater blieb mit diesem Pöbel allein".
„Man bleibt immer mit irgendeinem Pöbel allein."
„Meinst du?", fragte Zoli, und damit kehrte er schon zu unseren Sinfonien zurück. An dem Tag waren wir bei der VII. Beethoven-Sinfonie.
Der Schuster – seit kurzer Zeit Stasi-Major – registrierte verdutzt, dass er vom Pater Ladurner keines Wortes gewürdigt

worden war und dass der kleine Pater jetzt mit dem Singen angefangen hatte, ohne ihn zu beachten.
„La la la la la la la la"
Fünf Töne rauf und runter, dann der Grundton noch einmal! Zoli sagte zu mir, in A-Dur, B-Dur, H-Dur, C-Dur, Cis-Dur, dann D-Dur, dann Es-Dur, dann E-Dur und so weiter, rauf und runter, rauf und runter. Und der Chor klang sehr gut. Die kleinen Knaben und die jungen Männer in Oktavparallele, es klang sehr gut.
„La la la la la la la la"
Metzger hatte keinen Zweifel mehr, dass der Gesang auf dem Podium in einer Geheimsprache der Gebildeten - die machten alles so wie früher in der Messe: Dominus vobiscum - zu seiner Verspottung wäre. Er schaute den jungen Pater an, wie er den Chor dirigierte, zu seiner Verspottung, mit großer Freude, die Sänger ebenfalls mit großer Freude, und wie der Dirigent sich selbstverliebt in die Haare griff und diese nicht sehr dichten und farblosen Haare immer wieder zurückwarf. Zoli erzählte es mir entgegen seinem sonstigen Verhalten etwas zu ausführlich. Metzger dachte, dass das nicht die eigenen Haare sein konnten, sondern ein Toupet sein müsste. Da fasste Zoli sein eigenes schütteres Haar an und sagte ganz nebenbei: „Man sollte wissen, welche Haare man hat, und wenn das nichts ist, was man hat, na egal." Dann setzte er seine Erzählung fort.
„Ja, es sind falsche Haare", meinte der Major. Er konnte es nicht beschreiben, jedoch stieg in ihm ein sehr angenehm warmes Gefühl auf. „Ich komm, ich komm, ich komm", sagte er und umarmte von hinten den schmächtigen Dirigenten, der mit seinen Chor-Übungen nichts anderes tat als einzusingen. Der Angriff kam so unerwartet, dass der schmächtige Mann einen kläglich jammernden Ton von sich gab. Wider-

stand zu leisten war bei diesem Kräfteverhältnis zwecklos. Der Metzger war ein großer, bulliger Mann mit Stiernacken. Außerdem hatte der Metzger einen Plan, was der Überraschte nicht haben konnte. So ging es also, wie Metzger es sich vorgestellt hatte: Er griff seinem Opfer in die Haare und schleuderte ihn im Kreis herum, so dass der Dirigent in die Luft flog. Metzger wartete darauf, dass die Perücke beim ersten Griff in seinen Händen bliebe und der auf diese Art lächerlich Gemachte mit Hohn und Spott vor seinen Schülern in sich zusammensinken würde, doch Metzgers Plan ging nicht auf, denn die Haare waren echt. Metzger, den die sadistische Tat enorm belebt hatte – er lachte dabei –, hat nicht geschaltet. Er drehte sich einige Male um die eigene Achse und sagte, nein, er schrie: „Immerzu, immerzu, immerzu, immerzu" welche Zeilen seine Männer immer mehr und mehr übernahmen, so dass es eine Chor-Darbietung wurde mit einem Ballspiel, wobei der Ball der kleine Chordirigent Lammertaler war.
Metzger schleuderte den leichten Körper den anderen Stasi-Leuten zu, die ihn auffingen und – weil sie ihrem Chef nicht unterlegen sein wollten – ihn weiterschleuderten. Es waren mit ihrem Chef, dem Major Metzger, insgesamt zehn Leute. So wurde der Körper zehn Mal in die Luft geschleudert. Während Lammertaler versuchte, sein Gesicht und vor allem die Augen zu schützen, schrie er vor Schmerz ganz irre: „Vater, Vater, vergib ihnen".
Erst war der rechte Unterarm gebrochen, aber dessen ungeachtet schleuderte man ihn weiter herum. „Vater, Vater", schrie er. Das fanden die Stasi-Leute sehr lustig. „Vater, Vater", verspotteten sie ihn, und der Major sang dazu: „Immerzu, immerzu, immerzu, immerzu". Und dabei schlug er den Takt: 1, 2, 3. „Immerzu, immerzu."
Dann rührte sich der Körper nicht mehr. Der Metzger merkte

es mit großer Verspätung, aber immerhin, er merkte es. „Aufhören, aufhören", schrie er ernüchtert. „Legt ihn auf die Bahre". Er sagte es so, als ob die Bahre in der Nähe gelegen hätte und seine Leute nur schwer von Begriff wären. „Auf die Bahre, hab ich gesagt!"
„Genosse Major, hier ist keine Bahre..."
„Keine? Dann holst du eine!"
Der Stasi-Mann salutierte. „Ja, dann hol ich also eine." Doch er blieb stehen und starrte den Major hilflos an. „Zu Befehl, Genosse Major. Ich glaube aber, dass der Pater tot ist."
„Na und? Tot oder lebendig, er kommt auf die Bahre." Ein anderer Stasi-Mann wollte etwas sagen, ihm stopfte der Major eigenhändig den Mund. Schließlich gab es eine Bahre, diese wurde neben dem Chordirigenten auf den Boden gelegt, aber der arme Körper war so zerschunden, dass niemand ihn anfassen wollte, und der kleine Pater sagte: „Was sie tun.".
Waldeck, ein Bassist des Chores, notierte das alles, also „Vater vergib ihnen, denn sie wissen nicht, was sie tun". Und er legte diesen Text vor Zoli auf die Continuo-Orgel. Zoli wollte wissen, was das bedeuten sollte. Waldeck aber deutete ihm an, dass er sich übergeben müsse, und tat es auch hinter der Orgel. Dann verschwand er durch die Hintertür, wo übrigens die anderen Chorsänger sich verdrückt hatten. „Dann gehe ich auch", sagte Zoli schließlich.
Später hörte ich verschiedene Berichte über diesen Fall. Die Opferung des Pater Lammertaler durch den Stasi-Major im großen Saal des Benediktiner-Gymnasiums anstelle der Aufführung der Sieben Worte Christi, so er am Stamm des Heiligen Kreuzes gesprochen, von Heinrich Schütz (Passionsmusik).
Auf abenteuerlichem Weg hatte Herr Paura im Auftrag von Pater Ladurner Pater Lammertaler noch am selben Tag nach

Pannonhalma geschafft, wo er von den Barmherzigen Schwestern über ein Jahr lang gepflegt wurde. Es kreisten um den kleinen Pater geheimnisvolle Geschichten, ja Legenden, über den erst Schwachen und Ängstlichen, bei seiner Opferung Erstarkten.

Die Barmherzigen Schwestern waren alle ganz verliebt in ihren Patienten. Es kam zum Kampf der Nonnen mit den Ärzten, die manchmal dem Patienten Schmerz zufügen mussten. Einmal kam es sogar zu Tätlichkeiten, wobei der kleine Pater die Worte des Erlösers wiederholte – „denn sie wissen nicht, was sie tun" –, womit er die Ärzte schwer verärgerte, wofür ihn die Nonnen aber noch mehr liebten. Nachdem eine unter ihnen auf die Idee gekommen war, in dem kleinen Pater einen Heiligen zu sehen, begann seine Seligsprechung wahrscheinlich zu werden.

Zoli sagte mir, dass die Diktatur bei uns alles unter Turbo-Effekt gesetzt hat. Es betraf nicht nur die Beinahe-Hinrichtung des kleinen Paters und die Festnahme resp. Folterung von Kuster Andreas. Auch in der Direktion des Benediktiner-Gymnasiums wurde noch am gleichen Tag die ursprünglich geplante Aufführung der Sieben Worte wie von selbst aufgelöst.

Als der Pater Prior den großen Festsaal verließ, war ihm klar, dass der kleine Pater nicht ganz ungestört seine Arbeit fortführen würde können. Vorwärtsschreitend auf der Treppe hat er sich gesagt, das, was hier geschehen wird, kann ich nicht beeinflussen. Doch es ist ganz klar, ich hätte die Sache nicht so weit treiben lassen dürfen. Die Idee, Pater Heckenast das Passionsoratorium aufführen zu lassen, war fatal. Ja, wessen Idee war es denn? Robert, oder nein, der Sohn Robertchen, und wer hat Pater Heckenast je dirigieren gesehen? War dies am Ende nicht Robertchen, der im Überschwang seiner Begeisterung für seinen ehemaligen Lehrer ... Ach ja, was der Vater Robert erwähnt hatte, eben dass sein Sohn Robertchen mit Rücksicht auf Heckenasts Rekonvaleszenz das ganze Dachgeschoss des riesigen Hauses in der Arpad Straße ... Ein Vermögen kostete das Ganze ... drei Badezimmer ... für den Pater selbst, für seine Schwester ... und dann für Peppi noch eine Dusche mit einem Waschbecken und extra Klo - und die wahnwitzige gläserne Dachkonstruktion.

Ladurners Tod

Die magere Gestalt des Priors ging die Treppe zum Direktorenzimmer nach oben. Er wollte wie gewohnt gehen, nicht schnell und nicht langsam, mit seinem ruhigen Schwung. Die rechte Hand auf dem Geländer, meist so, dass der ausgestreckte Mittelfinger den Kontakt mit diesem hielt. Das war der einzige Kompromiss, dessen sich Ladurner bisher bewusst war. Aber die Beine versagten ihm jetzt den bisher gewohnten Gang. Er schaute verärgert auf diese Beine, er versuchte, seine Oberschenkel mit der Hand zu heben, er wiegte sich hin und her auf den steif gewordenen Beinen, es ging nicht. Früher, vor dem Attentat auf sein Auto (er dachte nie: Attentat auf mich), ging er diese Treppe ohne den ausgestreckten Mittelfinger nach oben, eine Zeile aus den Metamorphosen zitierend oder eine Ode von Horaz - oder das geflügelte Wort, das auf „respice finem" endet. Respice finem.
Die Treppenstufen waren dem menschlichen Schritt nicht eben angemessen. Pater Gunter Ladurner dachte plötzlich an seine unlängst verstorbene Mutter, die sich darüber beklagt hatte. Und in der Tat, Ladurner merkte, dass die Stufentiefe auch ihn zu etwas Unnatürlichem zwang. Er musste zwei Schritte auf einer Treppenstufe machen, was seine frühere

Art zu gehen, mit dem langen Atem der Zuversicht, verunmöglichte. Statt dem früheren langen Schritt musste er zwei kleine machen, was seinem Gehen eine trippelnde Note gab, die zu seiner hageren und, wie er meinte, jugendlichen Gestalt nicht passte. Er dachte an die Mutter, die offenbar diese Schritte für sich ebenfalls unpassend, ja lächerlich gefunden hatte, und wehmütig vergegenwärtigte er sich ihrer beider Gang auf dieser Treppe: er, groß und hager, etwas nachsichtig auf die Frau schauend, die neben ihm ging und die eben 20 Jahre älter war und immer wieder schwer atmend stehenbleiben musste, während er, der Sohn, überlegen lächelnd, aber galant ihr unter die Arme griff und beflissentlich ein Thema anschlug, das mit Treppe und Schritten nichts zu tun hatte. Er schämte sich für diese damalige Überheblichkeit jetzt sehr. Das war nicht schön, auch nicht fair. Und jetzt bin ich genauso alt, oder nein, noch immer jünger, als Mama damals war, und kraxele erbärmlich nach oben und fürchte, dass jemand mich sieht. Dass mich wegen der Begegnung mit den Staatssicherheitsorganen meine Beine im Stich lassen! Prior Gunter Ladurner, das ist dir eine Überraschung.
Er blieb noch einmal stehen, er zählte die noch nicht bewältigten Stufen, respice finem, sagte er sich und warf sich mit letzter Anstrengung auf den Treppenabsatz. Hier blieb er endgültig stehen. Aus dem Direktorenzimmer hörte er Pater Heckenasts Stimme und das darauffolgende Gelächter der Zuhörer. Wie er sich genießt, der Kerl, wie er sich feiern lässt! Bitte, er hatte einen hämorrhagischen Schlaganfall, aber ich habe beim Nazi-Attentat auch etwas abbekommen, das linke Auge ist keine Kleinigkeit, oder?
Man konnte wieder einen längeren Text Heckenasts vernehmen, was Ladurner nicht verstand, dann drang wieder das Gelächter heraus. Widerwärtig, sagte sich Ladurner. Wäh-

rend der kleine Pater weiß Gott welche Gefahren ... Da ertönte wieder das Gelächter. Ladurner hörte die Stimme der Schwester Heckenasts und gleich danach, wie ein Echo, des kleinen Peppi Quietschen. Er riss die Tür auf. Er ging hinein, machte die Tür sorgfältig hinter sich zu, und dann blieb er stehen.
„Meine Herren" ... Er sagte „Meine Herren". Heckenasts Schwester war auch eine höfliche Anrede gewohnt und manchmal sogar der kleine Peppi, aber jetzt sagte er sehr hochmütig: „Meine Herren, Ihre gute Laune berührt mich außerordentlich, ja sie ist in unserer Situation wenig angebracht, um nicht zu sagen töricht."
„Was ist los, Pater Prior?", sagte Heckenast und versuchte in seiner kindischen Art, das Gespräch zurück zu seiner Tonart zu wenden, was Ladurner bis zur Weißglut brachte. „Was ist los, was ist los? Pater Paura, können Sie bitte berichten ... oder berichten Sie jetzt gar nicht. Ich sage Ihnen, meine Herren, dass unser Institut von der Stasi besetzt ist. Zuerst waren das drei Leute, inzwischen sind es zehn. Es ist nicht nur so, dass ich dich, verehrter Kollege, bitten muss, dass du mit deiner Entourage" – „Was, was, Entourage", stotterte Heckenast, – „uns in Richtung Pannonhalma verlässt. Bitte Kollegen Paura, die Fahrt unverzüglich auszuführen, aber auch die beiden Herren Platini-Plaschek, um die Umsetzung ihres lang vorbereiteten Planes mit dem ausgezeichneten Sportsfreund und Fechtpartner in die Tat umzusetzen, Ziel: Lausanne." Er unterbrach sich und verstummte für einen Moment. „Es ist schnelle Reaktion erforderlich. Sie können mir glauben", an dieser Stelle berührte er seine schwarze Augenklappe, „dass ich weiß, was ich sage. Unser schöner Plan der ›Sieben Worte‹ muss auf unbestimmte, bessere Zeiten verschoben werden. Alles andere wäre Realitätsverweigerung."

„Und du?", fragte Heckenast mit so viel ehrlichem Gefühl. „Willst du hierbleiben, allein?"
Ladurner wollte antworten, er war verwirrt und sagte: „Wir bleiben hier, wir bleiben hier."
„Pluralis majestatis", sagte Heckenast und starrte ihn ratlos an.
Ladurner sagte noch einmal: „Wir bleiben hier", und fügte dann hinzu, „du aber gehst nach Pannonhalma. Und zwar jetzt sofort."
Ladurner blieb zurück. Im Direktionszimmer war es unnatürlich still. Er fühlte sich irgendwie körperlich mitgenommen, unsauber, und hatte den Wunsch zu baden. Dieser Wunsch hatte wieder etwas mit seiner Mutter zu tun, mit seiner langen Rekonvaleszenz nach dem Nazi-Überfall. In der Folgezeit war die Mutter Tag und Nacht bei ihm gewesen. Und jetzt fühlte er ihre Anwesenheit, während er durch den zum Badezimmer führenden Korridor ging. Das Badewasser bereitete ihm normalerweise ein Schüler zu. Wo war dieser jetzt? Ladurner dachte nach: Vielleicht war er ... bei der Probe ... da unten ... bei der Probe zu den „Sieben Worten". Einen Moment blieb er ratlos stehen. Früher bereitete die Mutter sein Badewasser zu. Dann kam immer dieser, dieser ... wie hieß er doch? „Der König rief, der Page lief", so spottete die Mutter über seine Schwäche, sich Namen zu merken. Er machte sich an die Armatur. Erst war das Wasser kalt, dann war es brühheiß. Ladurner verbrannte sich die Hände. So ist es halt, wenn einmal keine dienstbaren Geister um uns sind. Lächerlich, ich kann mir nicht einmal ein Badewasser machen! In aufflackerndem Übermut stieg er in die Wanne. Das Wasser war sehr heiß. Er hat sich mit beiden Händen am Rand gehalten, denn die Hände taten ihm ja weh. Langsam wollte er mit seinem Körper ins Sitzen kommen, er erinnerte sich plötzlich daran, dass die Mutter ihm

früher dabei geholfen hatte, später wohl auch dieser ... dieser...? Es wurde ihm jetzt bang. Noch einmal aufstehen? Das ging jetzt nicht mehr. So ließ er sich fallen. Sein großer, hagerer Körper platschte ins Wasser. Das Wasser schwappte beim Aufprall in Wellen über den Rand. Neben der Badewanne stand jetzt alles im Wasser. Seine schnell abgeworfene Kleidung, ein Exemplar der Metamorphosen, sein Schlüsselbund. Doch er saß endlich im Wasser, und langsam wurde das Wasser erträglich. Er schob sich hin und zurück, es machte sogar Spaß. Doch, würde er hier herauskommen? Dieser... na, wie heißt er doch? ... wird kommen und ihn mit einem Griff unter der Achsel anpacken, wie er das immer tat. Er freute sich natürlich, dass er dem Präfekten zu einem heiklen Dienst zur Verfügung stehen konnte. Wahrscheinlich hat die Mutter Hinweise gegeben, diskrete Hinweise, diesem Kerl, den er fast schon aus dem Benediktiner- Gymnasium geworfen hätte. Nicht allein wegen mangelnder Leistung, mehr noch wegen seines ewig verlegenen grundlosen Grinsens. Dieser große und schlecht proportionierte Bursche, dessen Gesicht immer in einem verlegenen Lächeln aufging und zugleich immer wieder schuldbewusst zu ihm, dem Präfekten, aufschaute, als ob er sich bewusst wäre, dass er keinen Grund für sein Lächeln hatte, weil er sich nichts, aber überhaupt nichts dabei dachte. Und dann sein Tick, dass sein linkes Auge in regelmäßigen Abständen zuckte, und das, wie soll man sagen, ohne Grund. Der Kerl war ein hilfloses Geschöpf und seiner Grundlosigkeit total ausgeliefert. Diese Grundlosigkeit von allem, was er war, war es, was Ladurner als einen unkorrigierbaren Fehler ansah, einen moralischen, ethischen und zugleich ästhetischen Fehler, und er verachtete ihn aus ganzem Herzen. Und weil diese Verachtung während des Tuns, das sie notgedrungen miteinander erledigen mussten, Ladurner eigentlich unerträglich war, wurde es fast feindselig von seiner Seite und besorgt sowie mit einem ständig unbegründeten Lächeln seitens des Schülers absolviert. Und wenn er jetzt richtig nachdachte, war ein Ausdruck im Gesicht der Mutter gewesen, welcher Ladurner beunruhigt hatte: Die Mutter war über diese Unvereinbarkeit zwischen der Empfindlichkeit, ja sogar Überempfindlichkeit ihres Sohnes, und der Assistenz dieses Burschen durchaus im Bilde, und sie amüsierte sich darüber, woran früher nicht zu denken gewesen wäre.

Er saß da in seiner Badewanne, und das war bereits in der Regatta. Er hatte ja früher die sportliche Erziehung der Knaben innegehabt. Er war sehr populär, und jetzt waren also alle diese Jungen da, die er wegen ihrer gut proportionierten Gestalten ganz unpersönlich liebte: den Poharnok Peter mit dem kleinen Bruder Pal, die Török-Söhne Andras und Tamas, sie saßen da nebeneinander, die linke Hand auf dem Ruder, die rechte aber hielten sie sich über die Augen zum Schutz gegen die Sonne. Und diese Sonne war er, Gunter Ladurner, Präfekt des Benediktiner-Gymnasiums in Arrabona, Mittelpunkt eines ganz vorzüglichen Freundeskreises, geheimer Übersetzer lateinischer und griechischer Dichtung – und was noch alles der Name Ladurner beinhaltete. Da waren die Horvath-Kinder, Emmerich mit dem Bruder Josef Maria und Andor, und natürlich des Platini-Plaschek Sohn, Robertchen. Sie alle saßen in einem wunderlich langen Boot, mehrere Achter ineinandergeschoben. Er hatte so etwas noch nie gesehen, und alle diese kleinen Sportsmänner salutierten ihm, jawohl, sie salutierten ihm, es war nicht Sonnenschutz, es war die höchste Ehrerbietung. Diese Gesichter der jungen Männer in Habachtstellung vor ihm, mit gesenkten Augen, ja, sie wussten genau, worauf es ankam.

Das Wasser wurde kalt. Er wachte auf, weil er fror, und kam zu sich. Nun, das war ein kleines Nickerchen gewesen. Er griff zur Armatur. Es war noch warmes Wasser da. Er machte sich das Wasser angenehm warm. Gut, dass wir so einen großen Boiler haben, sagte er sich. Er fasst gut 80 Liter. Vielleicht noch mehr, vielleicht ... Na ja, in seinem Leben war der Inhalt eines Boilers, die Kubikzentimeter, nicht in die Kategorie der bewussten Mengen getreten.
„So etwas interessiert Eure Eminenz doch nicht", sagte die Mutter ganz in seiner Nähe.
War sie denn wieder da? Sie war doch inzwischen tot, oder? Wie machte sie das, dass sie wieder ganz in seiner Nähe war? „Mama, sind Sie wieder da?" fragte er mit gedämpfter Stimme. „Nicht, bleiben Sie doch, bleiben Sie." Das Gesicht der Mutter kam immer näher und näher. Es ergoss sich über ihn in Ekstase, es schlürfte ihn vollkommen auf. Und als er sich immer mehr wehrte, saugte sie ihn in der Körpermitte, jawohl, in der Körpermitte, beim Geschlecht auf, und ungeachtet, dass ihr Mund mit seinem Geschlecht gefüllt war, sprach sie zu ihm in einer berauschten und phantastischen Erregung: „Meine Exzellenz, meine Eminenz, mein König, mein König und mein Gott." Und die große Mutterwolke saugte an ihm, und er wehrte sich umsonst. Er steckte in der Mutter Mund, an seinem Stängel hatte sie ihn, und sie hätte ihn auch abbeißen können. Was war er schon mit seinem dreijährigen Dasein? Die Mutter hätte nur die Zähne zusammenbeißen und das kleine Fleischstück, seinen Stängel, herausspucken müssen, als wäre es ein störendes Etwas, was ihr zwischen die Zähne geraten war. Und er wusste, dass die Mutter auch wusste, an der Stelle des Stängels würde Blut austreten, und niemals mehr würde der kleine Zipfel dasselbe werden, was es war. So biss sie es nicht ab, sie nahm den kleinen Knaben-

körper, welcher sich in Angstkrämpfen wand, als kämpfte er um etwas Wichtigeres als das ganze Leben, aus dem Mund. Und Helen wusste es, es war wichtiger als das ganze Leben, und sie sprach zu ihm, beschwichtigend: „Nun sei still, nichts ist geschehen. Und jetzt wird alles gut, alles gut. Tod, wo ist dein Stachel, Hölle, wo ist dein Sieg".

Als Ladurner aus diesem vielbedeutenden Traum im Badewasser erwachte, war alles hell, aber auch kalt. Und er griff noch einmal nach der Armatur, aber, wie er schon angenommen hatte, es gab nur laues, dann kaltes, eiskaltes Wasser. „Und das ist jetzt nun der Tod", setzte er nüchtern hinzu. „Pallida mors aequo pulsat pede" ... aber sein Mund zuckte immer heftiger, ihm war sehr kalt, dagegen konnte er nichts mehr tun.

Da kamen plötzlich Leute, wollten die Türe aufmachen. Es ging nicht, sie war von innen zugesperrt. Er hörte noch: „Hausmeister, Hausmeister holen". Soviel hatte er noch verstanden. Nach einer kleinen Ewigkeit standen drei Personen um seine Badewanne herum, zwei Frauen, sie sprachen von Novak. Ladurner bemerkte noch, dass das Novaks Mutter und Tante waren und der Hausmeister. Er wurde von diesen drei Personen mit großem Ungeschick aus dem Wasser gezogen, dabei verlor er das Bewusstsein, das er in der darauffolgenden Lungenentzündung nicht mehr erlangte.

Er hörte noch Wortfetzen von einem so stattlichen arischen Burschen, der bei den Benediktinern fast rausgeworfen worden wäre. Also, das war dieser Novak, dachte er, und das war sein letzter Gedanke.

KAPITEL VI

PLATINI PLASCHEK UND SEIN SOHN ROBERTCHEN FRIEDA UND GRETL LEIDER, EDLE VON TARPATAK, DIE BESTEN PARTIEN DER STADT ARRABONA

Robert Platini Plaschek hatte seinen Freund Gunter Ladurner in seinem guten, realistischen Blick festgehalten. Er hatte jetzt nicht das eine tote Auge des Priors, sondern dessen Lippen in seinem Blick, und er wusste, was die Worte bedeuteten: die letzten Augenblicke des Benediktiner-Kreises, des Gymnasiums, des ganzen fröhlichen Lebens in Arrabona, die Fechtstunden, sein Schalten und Walten im honigfarbenen Reigen der Boote (jedes Stück ein Meisterwerk!), Skiffe, die er vielleicht am meisten geliebt hatte. Die jungen männlichen Körper, die sich anspannten unter der Last der Boote, die die Böschung hinuntergetragen werden mussten, weil der Lift für den Transport kaputt war und jetzt in den Nachkriegsjahren unerschwinglich teuer gewesen wäre, wie Platini Plaschek bei zahllosem Nachrechnen immer wieder feststellen musste. Ja, nachrechnen konnte er gut. Und hinter diesen Nachrechnereien und dem ständigen Nachgrübeln stand der famose Sohn, Robertchen, der seinen Blick auf den Vater geheftet und jetzt, höchste Gefahr witternd, auf ein Nicken des väterlichen Kopfes wartend, bereit war, alle geheimen Gedanken dieses Kopfes, wenn er es nur wünschte, wahr werden zu lassen, denn Vater und Sohn gingen in dem Wunsch auf, was der andere begehrt, es ihm unverzüglich zuteilwerden zu lassen. Und reichte das eigene Vermögen nicht aus, dann suchte man zur Überbrückung weitere Personen und Beziehungen in den Kreislauf der Bestrebungen einzuschalten. So war aus den in der Ferne aufblitzenden Ländern die Schweiz, das einzig wirklich reiche Land, immer näher gerückt. War doch die Schwester der Gattin, also die zweite der Leider-Töchter, Frieda Leider, und damit auch deren Ehemann, ein Teil des Zieles, bald also Teil des Plans geworden, ohne dass er, der Schwager, davon etwas ahnen konnte.

Ein zuverlässiger Sportsfreund Herrn Platini Plascheks war geheimer Träger des Plans, Robertchen über die Grenze zu navigieren.

Herr Platini sah überraschend des Priors Hand auf sich zukommen. „Also, lieber Freund, auch du, Robertchen, es war schön mit euch, aber jetzt", er streckte die Arme unmissverständlich aus, „ich hoffe, dass ihr noch durch den Hinterausgang kommt."

Robert Platini Plaschek der Ältere träumte in dieser Nacht, was ihm nicht oft widerfuhr. Der Traum begann mit Robertchen. Robertchen hielt entsetzt die Hand vor das Kinn und blickte dabei den Vater vorwurfsvoll an. Das war Platinis letztes Bild von seinem Sohn, als hätte er ihm einen brutalen Schlag versetzt. Dabei war das nur ein Kuss. Und dieser Kuss bestürzte seinen Sohn so sehr. Es ist schon wahr: er küsste den Sohn auf den Mund ... es war... ungewöhnlich, doch nicht unmöglich als Abschied, wer weiß für wie lange Zeit. Der verlässliche Sportsfreund schob sich jetzt in das Spiel diskret und stumm ein. Mit einem Griff entfernte er die beiden Liebenden voneinander, der Sohn Robertchen wurde von ihm in eine unerreichbare Region des Wäldchens weitergeschleudert ohne ein Wort. Herr Platini befand sich ganz allein auf weiter Flur. Er wollte es selber so, es ist so geschehen, er hatte es auch so gewünscht. Der Heimweg allerdings war nicht mehr nach seinem Geschmack. Es war ein Stampfen im

Nieselregen, ein Rutschen, ein Taumeln, und es dauerte ewig. Er stapfte über die Wiesen und durch die Wälder, und es hat sehr lange gebraucht, bis er überhaupt einige Lichter sah. Und da wusste er, dass er zumindest die Vorstadt Arrabonas erreicht hatte. Er musste über die Schlachter-Brücke, damit er in die Gegend der Arpad Straße kam, wo er sich auskannte, denn um die Schlachter-Brücke herum hatte er eigentlich nie zu tun gehabt. Er bog in die Arpad Straße ein, wo früher noch Herr Platini einfach nur Haschek hieß und sein Vater, Haschek Senior, täglich 12 bis 13 Stunden in dem sich auf die Straße hin öffnenden Raum, also praktisch in das Schaufenster gerückt, nähte und nähte, in einem fort nähte, bis er blind und immer blinder wurde und eines Tages starb.

Arpad Straße

Als Platini Plaschek jetzt im Vestibül seines Hauses stand, kam es ihm vor, als wären sämtliche Lichter des Hauses eingeschaltet. Er ging weiter, und in seinem Büro fand er seine Frau Gretl und zwei nicht sehr hochrangige Stasi-Männer vor. Seine Frau wiederholte wie ein vollkommen fremdes, von ihm abgewandtes Wesen offenbar schon längere Zeit die Worte: „Ich weiß nicht, davon weiß ich nicht, mein Gatte hat mich darin nicht eingeweiht."
Herr Platini Plaschek schaute seine Frau an. Sie war total abgemagert, sie zitterte. Jetzt wird sie gleich nach Robertchen fragen, sagte er sich. Und so war es auch.
„Wo ist er?"
„Wer?"
„Wer? Robertchen. Mein Sohn. Mein Sohn!"
„Ihr Sohn!", er siezte immer seine Frau.
„Das würde uns allerdings auch interessieren." Der eine Stasi-Mann tat einen Schritt in Platini Plascheks Richtung.
„Robertchen Plaschek. Wie alt ist er, der Sohn?"
„Neunzehn."
„Er wird übermorgen zwanzig", warf die Frau ein.
„Und heißt noch immer Robert-chen? Verwöhnter Tropf."
„Was geht das Sie an?", so der Vater.
„Dieser Mann verhöhnt Sie", sprach auch Frau Gretl in der Höflichkeitsform. „Und nach der Verhöhnung kommt die Gewalttätigkeit." Frau Gretl Leider sagte es mit solch herausfordernder Brutalität, als ob ihr der Übergang zur Gewalt nicht schnell genug gehen würde. Die zwei Stasi-Männer waren baff.
„Na, na, gnä' Frau. Was wollen Sie damit sagen?"
„Es geht Ihnen vielleicht nicht schnell genug?", sagte Platini Plaschek etwas aggressiv.
„Solche Zustände, hast du schon so etwas gesehen? Dazu

muss man in der Arpad-Straße 42 vorstellig werden. Die Gattin findet den Vollzug zu langsam."
„Es ist weder der Vollzug, noch ist es die Methode.", sagte der zweite Stasi-Mann, der auch etwas Wichtiges beitragen wollte.
Und Platini Plaschek sagte in höchster Empörung: „Wirklich, es geht ihr nicht schnell genug. Schlagt mich, schlagt mich, brave Stasi-Leute. Schlagt mir meine Zähne aus, schlagt mir meine Augen aus, dass auch aus meinen Ohren rotes Blut spritzt, dass aus meinen Ohren spritzt mein rotes Blut. Verdiene ich nichts Besseres? Wieso habe ich ein solches Weib hier installiert in meinem Haus, Arpad-Straße 42? Wieso habe ich sie, die mich nicht liebt, die mich nicht schützt, die mich nur als eine geschundene Kreatur wünscht, die mich nicht sieht in meinem schönen Körper, mit meiner gewölbten Brust, mit meinen schmalen Hüften, mit meinen breiten Schultern? Für wen bin ich als Gatte von meinem Vater ausgesucht, für sie aufgespart worden, für sie fröhlich, für sie der einzig fröhlich zeugende junge Mann? Wir beide, wir hätten fünf, sieben, sogar neun Söhne zeugen können, und ich stünde jetzt da im Schutz dieser Söhne, und ihr könntet nicht zu mir dringen mit eurem Proletenkörper, mit eurer Proletenseele. Ich musste nie für einen Teller Linsen meine Tage verkaufen, das hat mir mein Vater erspart. Und er hat mich in dieses schöne große Haus gesetzt, und als ich zwanzig wurde, hat er mir erlaubt, eine Frau zu nehmen, eine schöne Frau zu nehmen, ganz nach meiner Wahl, hieß es, aber es war auch seine Wahl. Er wollte dieses Strenge und Anspruchsvolle, was aus einer aristokratischen Familie kam, in unsere Familie hinüberretten. So eine schäbige Verhaltensweise, wie man sie gerade in Zusammenhang mit Heirat und Treue von normalen Bürgern sehr oft erlebt und sieht,

das war hier ausgeschlossen. Mit einem Aristokraten konnte so etwas nicht passieren. Er wollte nicht, dass mir die Lust vergehen würde wie ihm beim Flicken der Getreidesäcke. Wie beim Flicken der Getreidesäcke." Und da begann Herr Platini Plaschek zu schluchzen, und die zwei Stasi-Leute wollten ihn gar nicht schlagen, so leid tat er ihnen, aber sie sagten ihm schon, quasi in einem Nebensatz, dass das schöne große Haus in der Arpad Straße 42 futsch sei. „Das kriegt jetzt der Metzger."

„Der Metzger?", schrie Frau Gretl Leider von Tarpatak auf. „Der Metzger? Und wo ist jetzt Robertchen, mein einziger Sohn? Wo ist er?"

Und Platini fand, dass er ihr das nicht vorenthalten könne, weil sie schließlich die Mutter war. Und so würgte er die notwendigen Worte heraus: „Er ist mit meinem verlässlichen Sportsfreund an der Hand bis zu einem sicheren Punkt der schweizerischen Grenze vorgedrungen, und von dort an besteht keine Gefahr mehr. Inzwischen ist er bei seiner Tante."

„Bei seiner Tante? Das ist doch meine Schwester Frieda! Wir waren gute Zwillingsschwestern, Frieda und Gretl Leider, Edle von Tarpatak. Wir waren die besten Partien in dieser Stadt."

„Ja, dort ist er." Dies sagte er mit eisiger Kälte, nichts erinnerte mehr an seinen leidenschaftlichen, ja theatralischen Ausbruch. Platini Plaschek schaute seine Frau jetzt erschrocken an und dachte: So schaut also die Vertreibung aus dem Paradies aus.

Der bedeutungslose Stasi-Mann beugte sich zu seinem Ohr und flüsterte etwas. Er übergab ihm auch etwas.

Die Frau dachte, es ist wieder ein abgekartetes Spiel, also wird nicht mehr so Schlimmes passieren, wenn der Gatte damit so weit einverstanden ist. Fast befriedigt gingen sie aus ihrem Haus weg. Die Frau, weil ihr Mann wusste, warum und wieso, und der Mann, weil er eine letzte Hoffnung noch durch die positive Änderung in den Gedanken des unbedeutenden Stasi-Mannes sah. So gingen sie, einander stützend. Aber als zu den guten Gedanken Platini Plascheks die zweifelnden Ideen dazu kamen, recht missverständliche, ja, verzweifelte Ideen, blieb er plötzlich stehen und flehte seine Frau an. Und was er sagte, war eigentlich sinnlos, und was sie darauf antwortete, war nicht weniger sinnlos. Sie liefen etwas weiter, blieben dann stehen, schrien einander irgendetwas zu, dann stützten sie sich einander, und dann gingen sie weiter, und dann hatte Platini Plaschek wieder ein bisschen Hoffnung geschöpft. Und so verlief in der ausgestorbenen Straße bei Schnürlregen der Weg, den sie noch vor sich hatten, als ein ganz großes Geheimnis für sie. Und Robertchen war im Geiste immer bei ihnen, und wenn sie überhaupt einander etwas Sinnvolles sagten, betraf es Robertchen. Wie gut, dass er das nunmehr aus der Schweiz heraus erlebte.

Im Nieselregen, nach der Vertreibung aus dem Paradies, die eine den anderen stützend, in der Blindheit der Nacht, so gingen die beiden, der Mann und die Frau. Die Frau winselnd. Leise winselnd die eine, aufbegehrend der andere. Dass sie so etwas mit ihm versuchen, dass sie so etwas versuchen mit ihm. Sie gingen einige Schritte vorwärts, hielten inne, wichen zurück, torkelten weiter, die Frau wollte ihm ins Gesicht sehen, er wendete sich ab, er wollte das nicht, er kam sich wie nackt vor seiner Frau vor.

Aber wer war die Gestalt, die männliche oder die weibliche, die sich ihnen in den Weg stellte? Der Mann schaute befremdet und mit zusammengebissenen Zähnen, und die Frau, jetzt entsetzt: „Aber, aber, Sie sind es, Herr Nomarkai!“

„Ja“, sagte der Mann. „Der Herr Nomarkai! Dass wir uns unter solch schlimmen Umständen wieder begegnen müssen! Solchen Umständen. Wie geht es Ihnen denn? Wie geht es Ihnen? Das war eine schlimme, eine schreckliche Sache mit Ihren Mädels.“ – „Tot. Wie Sie sagen. In der Nacht vom 13. April 1944. Oder war es am Tag? Ich weiß nicht mehr.“
Frau Platini sagte relativierend: „Und jetzt haben wir 1950, und der Koreakrieg hat soeben begonnen. Dass wir uns seitdem nicht mehr gesehen haben!“
„Vielleicht, weil ich nur so spät, so spät, zwischen zwei und drei Uhr in der Nacht, erst auf die Straße gehe. Damit mein unerfreuliches Antlitz die Leute nicht so unerfreulich trifft, wenn sie mich plötzlich erblicken. Ich war so lange praktisch gar nicht auf der Straße.“
„Nicht doch, nicht doch“, beschwichtigt Frau Platini, „nur bei solcher Dunkelheit.“
Herrn Platini fiel was ein: „Und wenn der Mond?“
„Ja, wirklich, und wenn der Mond. Sie denken an den Mond und nicht an die Mädels.“
Das Ehepaar: „Ja, Ihre Mädels.“
Herr Nomarkai: „Die damals gestorben sind, meine Mädels.“
In der Kellergassen
Sitz ich ganz verlassen
Auf einem Stein
Und ich wein
Platini Plaschek: „Gehen wir. Auf der Straße von Arrabona wird man heute von Verrückten belästigt. Kommen Sie, kommen Sie, liebe Gattin.“
Frau Platini suchte in der nächtlichen Dunkelheit, indem sie sich um sich drehte: „Wo ist dieser Nomarkai jetzt?“
Platini: „Die Erde hat ihn verschluckt.“
Frau Platini etwas kokett: „Vielleicht war es nur ein Geist?“

Herr Platini: „Ja, vielleicht."
Frau Platini: „Nein. Sie haben recht, Sie haben immer recht." Es durchfuhr sie ein Schauer. „Wir gehören immer zusammen, ja?"
„Immer, immer, liebe Gattin."
Platini Plaschek dachte vorübergehend an dieses lustige Couplet: „Jaj, Maman, Bruderherz, ich kauf mir die Welt", wer war eigentlich dabei? Außer Robertchen natürlich dessen Freund, wie hieß er? Kuster Andreas, der inzwischen schon in Budapest gefoltert wurde, während er, Platini Plaschek, hier durch die Czuczor Gergely Straße lief und, als deren Fortsetzung, weiter in die Jedlik Anyos Straße. Und jetzt kam dieser schöne und weltberühmte Schrein und der Gutenberg Platz, wo sie nach links einbiegen mussten. Die langsam aufsteigende Kaptalan Straße, die sie mit einer winzigen Hoffnung hinaufstiegen, weil das letzte Haus endlich in den Blick rückte, während Andreas Kuster in einem fort verhört wurde.
„Halten Sie uns für vollkommen blöd, uns einreden zu wollen, dass Sie mit Ihrem klapprigen Rad für das kurze Schnuppern nach Kenderes gefahren sind und dann wieder zurück? Sie Gymnasiast, Sie!" Und nach jeder Frage folgte ein Schlag, und nach jedem Schlag floss dann Blut aus dem geschundenen Leib von Andreas Kuster, von der Anhöhe aus in Budapest, auf den fünf Etagen tiefer liegenden Hof, über den dieser arme Leib in seiner vollkommenen Einsamkeit gehalten wurde, wie ein nach Luft schnappender Fisch über dem Wasser.
Herr Platini Plaschek brachte seine Frau zu der von dem zweiten Stasi-Mann ihm zugeraunten Adresse Kaptalan Domb, letztes Haus. Als der nächtliche Spaziergang in der Czuczor Gergely Straße stattfand, wo Herr Platini Plaschek

mit seiner Gattin vor Gyurikas Haus vorbeiging, konnte Gyurika ahnungsvoll spüren, dass einer der drei Herren, die er an demselben Tag, allerdings zur Mittagszeit, „Jaj, Maman, Bruderherz, ich kauf mir die Welt" singen gehört hatte, jetzt noch einmal vor seiner Werkstatt vorbeiging, und dass der zweite, Robertchen, bereits über die Schweizer Grenze gelangt war und der dritte, Andreas Kuster, in Budapest fünf Etagen hoch über den Hof hängend gefoltert wurde, wie er auch gleichzeitig spürte, dass viele Jahre später, wenn er, Gyurika bereits ein Commonwealth-Bürger sein würde, im Jahr 1973, die seiner Werkstatt gegenüber liegende Straßenseite abgerissen sein würde, um dem Arrabonischen Nationaltheater Platz zu machen.

Kaptalam-Domb

Indessen begleitete Platini Plaschek seine Frau weiter auf dem ihm von dem zweiten Stasi-Mann zugeraunten Kaptalan-Domb, ganz bis zum letzten Haus, blieb vor diesem stehen und zog einen Schlüssel aus seiner Tasche. Was allerdings drinnen im Raum sich zeigte, ließ die beiden verstummen. Der kleine Raum war nur mit einem zusammengewürfelten Misthaufen möbliert. Als hätten ähnliche Flüchtlinge wie sie ihre Klamotten weggeworfen, zusammengekehrt und übereinander gehäuft, und das war auch alles, was Herr Platini Plaschek gezwungen war, seiner Gattin hier und jetzt anzubieten, während er, ganz Gentleman und Ritter, sich anbot, bis zum Tagesanbruch vor der Türe zu stehen. „Und wenn sie Sie holen, Robert?", zitterte die Frau.

„Das werden sie sich besser überlegen", sagte Platini Plaschek sehr selbstbewusst. Es war vielleicht mit der Aufregung zu begründen, dass der Gatte, nach dem Sich-Entfernen von dem Verließ den Schlüssel in das Schloss stieß und ihn darin zweimal umdrehte. Gretl Leider überlegte langsam, was ihr hier widerfahren war und begann, gegen ihr Eingesperrtsein zu protestieren, zuerst vorsichtig, dann immer lauter. Das war ihr erster Nervenzusammenbruch, der durch die Stille der Nacht, zumal in der unmittelbaren Nähe der Dompfeiler, noch verstärkt wurde und öfters widerhallte.

Da war aber Herr Platini Plaschek nicht mehr auf seinem Wachposten. Wo war er denn? Zuerst ging er ganz gemächlichen Schrittes zu dem famosen Schrein, von dort bis zum Szechenyi-Platz und, diesen überquerend, zu der sehr schmalen Apothekerstraße 4, zu dem Haus, das er neuerdings als zusätzliches Eigentum besaß. Auch dort stieß er einen Schlüssel in das Schloss hinein, zu seinem Ärger war die Tür nicht abgesperrt. Er dachte daran, Ruth, der Englisch-Lehrerin, mit der er seit einiger Zeit in einem mehr oder minder angespannten Verhältnis lebte, ein wenig den Kopf zu waschen. Zugleich stieg in ihm ein großes Begehren auf, das alles, was mit der Kopfwäsche zu tun hätte, zunichtemachte.

Von Apfelblüten einen Kranz,
Leg ich der Lieblichen vor's Fenster
In einer Mondnacht im April…
La la la la la la la la

Er stieg die Treppe hinauf, diese knarrte. Er schaute auf seine Uhr, es war fast schon vier. Er berührte zufällig beim Treppensteigen sein Geschlecht. Er dachte stolz daran, dass Ruth eine sehr reizvolle Frau war - und jetzt seit ein paar Wochen eben seine Frau. Er drückte die Klinke, öffnete die Tür, betrat den kleinen Raum, doch der war leer.

KAPITEL VII

ETELE IN GRIECHENLAND MANOS FALTAITS, DIE EINSAMEN FREUNDE

Wie Etele die plötzlichen Ideen kamen, so gingen sie auch. Nach einer schweren Grippe wurde seine Aufmerksamkeit auf die Griechen gelenkt. Und wodurch? Wohl durch ein Konglomerat von Gedankenfetzen, was er selber nicht nachvollziehen konnte. Er war überzeugt davon, dass es ihm zustand, immer damit beschäftigt zu sein, wohin ihn sein vorübergehendes Interesse auch hinlenkte.

Etele fuhr also nach Griechenland, auf die Insel Skyros. Mrs Hofmann, die in Skyros öfter schon Urlaub gemacht hatte, seit sie und ihre Familie etwas wohlhabender war, bot Etele großzügig an, ihn mit dortigen Freunden, wie sie sagte, bekannt zu machen. Diese waren am Ende dann ein älteres Ehepaar. Anastasia, die in ihrem Haus eine kleine Pension eingerichtet hatte, um etwas Geld zu verdienen, und ihr Mann, Manos Faltaits. Ausgerechnet Manos Faltaits, der dreizehn Monate lang Gefolterte. Beide hatten die sieben Jahre Militärdiktatur von 1967 bis 1974 dort überstanden. Es fragt sich nur, wie.

Der germanisch aussehende Etele machte einen großen Eindruck auf den Historiker Faltaits, da er ein in Skyros eine gewisse Bedeutung erlangtes historisches Büchlein geschrieben hatte. Etele war allerdings an diesen Sachen überhaupt nicht interessiert. Er langweilte sich furchtbar und wollte schon früher nach Hause fahren als geplant.

Manos, alt, hinkend, macht im Sand ein paar Schritte auf Etele zu. „Das ist der Sand von Skyros, das ist der Sand von Skyros.“ Er

bückt sich mühsam. Er schöpft Sand aus der einen Hand in die andere. Er ist sehr nachdenklich.
Etele fährt sich mit der Hand durch die Haare und singt einen Singsang, den man nicht einfach nachsingen könnte.
Manos: „He da! He da! He da!“
Etele bleibt stehen.
Manos: „Bleib stehen. Schöne Haare hast du. Wie Gold. Komm her ... Na komm.“ Er macht einige vorsichtige Schritte in Eteles Richtung. „Komm!“
Etele bleibt stehen.
Manos: „Ich will nur dein Haar, nur dein Haar ...“
Manos geht weiter in Eteles Richtung. Etele ganz jung und schön, Manos ganz alt und ganz kaputt. Etele ist das Herankommen des anderen nicht geheuer, er springt vor ihm weg, so dass der Abstand zwischen den beiden Männern immer der gleiche bleibt. Dann wird Etele überraschend müde, er wirft sich in den Sand, er wälzt sich im Sand, man weiß nicht, ob er einschlafen wird.
Manos geht in Eteles Richtung. Nicht wissend, ob er noch aufspringt oder endgültig eingeschlafen ist, kommt Manos mit vorsichtigen Schritten am Ende doch bei ihm an: „So habe ich dich doch eingeholt, zeig dich, was auch immer du bist, mit deinem goldenen Haar, mit deinem Haar, mit deinem Bart, mit deinem Schnurrbart, mit deinen Wimpern, mit deinen Augenbrauen, mit deinen Stoppeln, komm, mein schönes Ebenbild, komm, mein goldenes Haar, mein Movement, mein Auge, mein Mund, mein Mund, dein Mund, dein Mund.“
Etele springt auf die Füße, und weil er sieht, dass Manos gebrechlich ist, zieht er ihn mit sich und umfängt ihn mit einer unnachahmlichen Zärtlichkeit. So verschwinden die beiden am Horizont. Das war einer der besonderen Augenblicke von Etele, die einmalig waren, einmalig und köstlich. Aber es gab sehr wenige solcher Augenblicke.

Manos stellt sich sehr schwerfällig in einer dunklen Nacht auf die Beine. Er ist offensichtlich sehr unruhig, und er gibt mit den Händen verschiedene Zeichen, was unverständlich ist, da weit und breit kein Mensch ist, dem er diese Zeichen machen könnte. Manos scheint aber zu ahnen, dass etwas auf ihn zukommt, und siehe da, es kommt ein bisschen Wind, es ist ein bisschen mehr Wind, es ist noch mehr Wind. Der Wind bohrt sich hinein in den Sand und trägt ihn ganz stürmisch vor sich hin. Manos schützt die Augen vor dem Sand, und aus dem schwarzen Hintergrund erscheinen siebzehn Gestalten, die sich mit krampfhaften Bewegungen immer näher zu ihm drängen, bis Manos nicht mehr weiß, was er tun soll, und unartikuliert schreit, so unartikuliert, wie man wahrscheinlich nur unter Folter schreien kann.

Manos: „Naaaaaaaaaaa!"

Das ist eine Reminiszenz an ein öfters schon gehabtes erschreckendes Erlebnis.

Anastasia, seine Frau, erscheint am Horizont und schreit zu ihm:

„Manos! Manos! Manos!“
Manos antwortet nicht.
„Manos! Du antwortest mir nicht. Du willst mir nicht antworten, weil ich nur eine arme Frau bin, die dich zu nichts bewegen kann.“
Manos sagt ihr: „Ich erschlage dich ja nicht. Noch habe ich bisher nie eine Frau erschlagen, aber es könnte einmal sein, wenn du mich zu sehr reizt.“
Allmählich kommt wieder der Wind. Manos muss sich die Augen zuhalten, und jetzt springen wieder die siebzehn Gestalten auf ihn zu. Manos stößt wieder das unartikulierte Schreien aus. Die siebzehn Gestalten springen um ihn herum, und er schreit außer sich: „Naaaaaaaa!“ Er kann sich nicht mehr halten und fällt zu Boden. Anastasia rennt zu ihm hin. „Mein Manos! Mein Manos! Mein Manos! So schwer erwischt es dich diesmal. Komm, mein Manos, mein Manos, mein kleiner Manos. Komm zu der Mama.“
Aber Manos will nicht zu seiner Frau. Er will allein bestehen, wie er allein bestehen wollte in der Not der Folterung, und er stößt sie von sich. „Ich will nicht, dass du an mich herankommst, Frau. Ich bestehe allein für mich. Das ist männlich.“

Manos beim Zahnarzt. „Ein letztes Mal“, sagt er.
„Ich bin Manos, und das ist mein letzter Besuch beim Zahnarzt.“ Der Sand quillt, und es quillt alles in Sandfarben. Im Nu ist die ganze Atmosphäre, die ganze Luft voll mit Sand. „Das ist mein letzter Besuch beim Zahnarzt. Soll ich so tun, als wenn ich alle Zähne hätte. Bei der Folterung haben sie mir die ausgeschlagen. Ich habe nur an der einen Seite einen und an der anderen Seite noch zwei kleine Zähne. Die verteidige ich jetzt. Ich bin eine Kämpfernatur. Ich war immer schon eine Kämpfernatur. Die Verteidigung meiner Zähne,

die niemand verteidigt hat, außer mir. Was machen wir jetzt, Herr Doktor, mit diesen einem plus zwei Zähnen? Sie sagen mir, wir verteidigen sie. Damit bin ich einverstanden. Und Ihre Assistentin ist damit auch einverstanden. Wann fangen wir an? Jetzt gleich? Na, dann jetzt gleich. Setzen Sie den Bohrer an, oder was anderes. Sie können mir alles ansetzen, ich habe alles schon verloren."
Büüüüüü Buuuuu Büüüü Buuuu. Manos schluckt viel Blut, und dieses Blut spuckt er dem Zahnarzt in das Gesicht.
Büüüüüü Buuuuu Büüüü Buuuu.
„Herr Ex-Minister, ich kann nicht mehr bohren bei Ihnen, es ist nichts mehr da. Es ist nichts mehr da."
„Holen Sie dann bitte Ihre Assistentin, jetzt soll sie bohren."
Die Assistentin: „Aber, Herr Ex-Minister, es ist nichts zu bohren, denn Ihr Zahnfleisch gibt keinen Widerstand mehr."
„Und das sagen Sie mir mitten ins Gesicht."
„Ohne Widerstand kann ich nicht bei Ihnen bohren. Ohne Widerstand ist kein Widerstand."
Manos stößt die Assistentin weg und zerrt wieder den Zahnarzt herbei. „Dann lieber soll mich der Mann kaputt machen. Ich bin der vom Mann kaputtgemachte Manos."

Manos erblickt Etele am Horizont. „Komm her, komm her, komm her, Etele. Du hast mich sehr enttäuscht. Ich bin mit dir durch den Sand gegangen, und wir haben alles besprochen miteinander, oder ich dachte es zumindest, aber du hast nichts verstanden, und du hast mir immer nur ja ja, ja ja gesagt. Das ist eine Ehrenbeleidigung. Ich bin kein alter Depp! Ich bin dreizehn Monate lang gefoltert worden. Verstehst du das überhaupt? Jetzt bin ich darauf gekommen, dass du nichts verstehen konntest, weil du unsere Sprache, die heilige griechische Sprache, nicht verstehen kannst, aber du kannst

auch andere Sprachen nicht verstehen. Keine andere Sprache, nur deine mickrige ungarische Sprache, die du zu Hause gelernt hast."
Etele: „Ungarisch ist eine himmlische Sprache."
Manos: „Aber das versteht kein Mensch, außer dir. Also, ich glaube, wir trennen uns. Adieu, Etele, adieu." Manos macht ein paar wegwerfende Bewegungen und gibt Zeichen, dass sein Entschluss unwiderruflich ist. Adieu.
Aber Eteles Widerstandsgeister wachen auf, und hat er bisher auch nicht am Gespräch mit Manos richtig teilgenommen, will er das jetzt tun und fängt immer wieder an, um Manos herum zu rennen, jedenfalls will er auf dessen Gesellschaft nicht verzichten.

Mano schaut vor sich hin, ganz genau vor sich hin, als wenn er ein Rumoren unter seinen Füßen wahrnehmen würde. Er schaut aufmerksam, dann misstrauisch, dann alarmiert. Er murmelt: „Was sehe ich da?" Er schaut und tappt mit seinen alten, wackligen Füßen. „Meine Füße sind nun einmal wacklig. Manos mit den wackligen Füßen. Ich bin der Manos mit seinen wackligen Füßen." Nachdenklich. „Es kommen von unten merkwürdige Gestalten. Es ist, es ist ... und ich springe von der einen Stelle zur anderen, bis ich die Bischofsmützen stufenweise aufsteigen sehe, bis die Bischöfe vor meinen Augen alle dastehen und hüpfen und hüpfen und mich gar nicht bemerken und auch nicht bemerken wollen. Da ist seine Eminenz Bischof Antinoos von Thessaloniki." Nachdenklich: „Das ist derjenige ... das ist der mit den enormen Steuernachzahlungen, dort seine Eminenz Bischof Pateleimon von Attika." Aus seiner Erinnerung holend: „Der ... der hat 2,5 Millionen Euro Kirchenvermögen als Altersrücklage beiseite gebracht. Dann seine Eminenz, der Abt vom Kloster Wikipedi –

nein, nicht Wikipedi, sondern Vatopedi – ... ja, der hat Besitzansprüche auf einen See geltend gemacht und diesen See für Immobilien eingetauscht. Und da war noch, und da war noch ... was war noch? Es fällt mir sofort ein, warte ein bisschen, da war noch ..., irgendwelche haarsträubenden Sachen, was war das nur? Und die wollen mich jetzt nicht bemerken. Jetzt bin ich nichts mehr für diese Herren. Unbemerkt. Wer nicht bemerkt wird, der ist nicht existent."

„Eure Eminenz Chrysostomos von Athos", schreit Manos erschrocken. „Bist du auch unter den Bischöfen, die rausgeschmissen wurden, hat man dich also auch rausgeschmissen als zu alt? Du hast so ein gutes Gedächtnis gehabt, immer schon, Chrysostomos. Das ist dein gutes Gedächtnis. Gelten schon nicht mehr die eigens erworbenen Fähigkeiten? Zählt jetzt schon nichts mehr, bei Euch Priestern auch nicht? Wir haben uns immer geschätzt, trotz unserer verschiedenen Ansichten, und immer miteinander disputiert, und das waren gute Dispute, gute Dispute. Und jetzt muss ich erfahren, dass du auch rausgeschmissen wurdest aus diesem erlauchten Kreis eurer Bischöfe.

Wir, vom Athos, und der kleine Edibi, der kleine Edibi, hey, der kleine Edibi. Wir wurden Bibikos-Brüder genannt. Wo ist er jetzt, wo ist er. Chrysostomos und der kleine Edibi. Der weise Chrysostomos und sein Bruder, der kleine Edibi.

Und wie floss der Wein und wie schmeckte die Traube
und wie schmeckte die Traube und wie floss der Wein.

Wir vom Berg, vom heiligen Berg Athos, und immer war bei uns dein Bruder Edibi. Oder ein Vierter noch, wie hieß er doch? Wir waren zu viert alle beisammen, oder zu fünft, ja, ja, Infantinos und Mascolos waren auch da. Manos, dann der weise Chrysostomos, sein Bruder Edibi und Infantinos und Mascolos. Wir waren immer fünf zusammen, wir haben uns unterstützt, und meine Füße wären noch nicht so schlecht, wie sie jetzt sind, wenn ich nicht so oft auf den heiligen Berg Athos hätte steigen müssen, aber ich bin hinaufgestiegen, weil ich dort oben im heiligen Bund das bekommen habe, was mir zusteht: die höchste Anerkennung, die höchste Anerkennung.

Und wie floss der Wein und wie schmeckte die Traube
und wie schmeckte die Traube und wie floss der Wein.

Deine Gedichte gehen nicht so vorwärts wie unsere Weisheiten, verehrter Minister Manos, hast du mir einmal gesagt, und das habe ich nie vergessen, dass so ein Freund, wie du mir damals warst, dass er so widersprechen konnte. Dann bin ich total umsonst so hoch, so hoch, so hoch geklettert auf den heiligen Berg von Athos.

Der Knebel, der Knebel, bei jeder dieser Sachen, bei jeder dieser Sachen eins oder zwei oder manchmal noch mehr, das war furchtbar. Ich wusste früher nicht, was das heißt ... und Anastasia hat mir auch nicht richtig geholfen. Anastasia, Anastasia ist, das war auch nicht das richtige, na sie war fünfunddreißig Jahre jünger als ich, was schon, aber das war wirklich alles. Das Schöne war, vielleicht war das das Schöne, diese Farbe, was war das für eine Farbe, Sandfarbe, Sandfarbe, das war schön, aber, und dann diese siebzehn Gestalten, darauf würde ich gerne verzichten bei meiner Folterung, bei meiner Folterung. Und dann dieser Etele, wie ich schon sagte, wir sind nebeneinander gegangen in dieser wunderschön farbigen Landschaft und keiner von uns beiden hat verstanden, was der andere gesagt hat. Haben Sie schon so was erlebt? Haben Sie schon so was erlebt? Er hat nur immer gesagt: ja ja, ja ja, ja ja, das war alles. Und ich habe ihm alles, aber alles erzählt, und er hat nichts, aber gar nichts verstanden. Nichts verstehen können, weil er unserer heiligen Spra-

che, der heiligen griechischen Sprache nicht zugänglich war, absolut nicht zugänglich, gibt es denn so was, gibt es denn so was? Und dann sagte er mir: „Die ungarische Sprache ist eine himmlische Sprache, himmlisch, himmlisch, haben Sie so etwas Blödes schon gehört? Himmlisch. Es ist ganz klar, dass ich ihn rausschmeißen musste aus Griechenland, aus Griechenland, aus meinem Land. Ich sage dann, der muss weg, der muss weg. Da war noch etwas, was ich dem Etele gesagt habe, na ja, na ja, na ja. Dann war er weg. Wenn ich ihm sagte, jetzt musst du weg, Etele, dann war er weg. Ich komme ganz gut aus ohne dich. Ich komme ganz gut aus ohne dich, weil mir einzig und allein der Widerspruch, das ist das, was mir immer fehlt, der Widerspruch.
Meine erste Frau ... meine erste Frau hat wirklich eine schöne Stimme gehabt, und alles andere war auch an ihr schön. Seitdem habe ich so eine Frau nicht gehabt. Wie viele Jahre mag das her sein? Wie viele Jahre. Aber die sonstigen Frauen, bis auf meine erste, sie haben nicht so eine schöne Stimme wie meine erste gehabt." Manos nickt öfters mit seinem Kopf. „Sie hatte eine schöne Stimme, und nachher, na ja, mmh, das war nichts. Limpinsel möchte ich jetzt sprechen, das war ein international interessanter Wissenschaftler. Woher kam er eigentlich? Ach, das hat für mich keinen Sinn mehr. Limpinsel war vielleicht einmal ein Freund von mir, aber ich weiß nicht mehr. Vielleicht ein guter Freund, das weiß ich nicht mehr. Habe ich überhaupt gute Freunde? Ich glaube nicht mehr. O Lamm Gottes, qui tollis peccata mundi, miserere nobis. Ich gehe nicht mehr gerade, das kommt mir jetzt so vor. Mir kommt es jetzt so vor, dass ich nicht mehr gerade gehen kann. O Lamm Gottes, qui tollis peccata mundi, erbarme dich unser." Manos macht einige krumme Sprünge. Er springt in das Loch. Dieses Loch heißt Preghiera, das heißt Gebet, wel-

ches sich vor ihm auftut, springt noch einmal, noch einmal, schließlich noch einmal. „Aber ich will nicht nach unten springen, sondern nach oben, ein Unterschied muss sein, ob ich springe oder ein anderer springt, ich muss doch die Anziehungskraft der Erde außer Kraft setzen, das wäre die richtige Aufgabe, die meiner würdig ist, das wäre die einzig mir würdige Aufgabe, die Anziehungskraft der Erde außer Kraft zu setzen. Jetzt springe ich. Ho ho ho ruck, ho ho ho ruck, jetzt springe ich." Manos springt, aber statt in die Höhe zu gelangen, merkt er entsetzt, dass er nicht nach oben springt, sondern endgültig in das Loch Preghiera fällt. Dann sagt er: „Blublublublu, blublublublu, blublublublu."

Das war alles, was von Manos übrigblieb. Man sieht am Horizont eine große Schafherde auftauchen, o Lamm Gottes, du nimmst hinweg die Sünde der Welt, erbarme dich unser. Die Schafherde kommt immer näher, und sie blöken, die ganze Schafherde blökt als ein einziger Manos. O Lamm Gottes, du nimmst hinweg die Sünde der Welt, gib uns deinen Frieden.

Tante Rosas Traum von Griechenland erfüllte sich gewissermaßen schon, aber etwas anders als sie das gedacht hatte. Sie musste Etele am Ende aus Griechenland selbst abholen. Hand in Hand versuchten sie, den richtigen Weg zu finden, und nach mehrmaligem Anlauf haben sie eine Strecke gut bewältigt, und dann ergab sich die nächste Strecke. Es war so wie früher, als Etele auf dem Schemel saß und sich die Schuhe nicht binden konnte. Vielleicht liebte Tante Rosa den Knaben in dem Augenblick am meisten.
Daheim fragte seine Frau Etele ironisch: „Jetzt kannst du schon Griechisch, nicht wahr?"
Etele dachte kurz nach: „Ja, Griechisch." Dann sagte er der verunsicherten Gattin: „Welches Griechisch?"
Die Gattin: „Wieso?"
Etele: „Na, Altgriechisch oder Neugriechisch."
Gattin: „Hast du am Ende zwei griechische Sprachen gelernt?"
Etele dachte gründlich nach, dann sagte er mit seiner zusammenfassenden Gebärde: „Wenn man das eine kann, dann kann man auch das andere."
Er wendete sich ab, ging einige Schritte weiter und sagte zu sich: Merkt denn niemand, dass ich nicht richtig tick'?

KAPITEL VIII

EURYDIKE, DIES IST MEIN RUF JETZT

Eurydike. Dies ist jetzt meine Anrede für Dich, mein Ruf jetzt. Denn wie soll ich Dich sonst nennen, Dich, der ich in so vielen Jahren so viele Namen gab, nur diesen noch nicht: Eurydike. Du schlüpftest zuerst gerne in Galateas Seide und verweiltest glücklich darin. Auch noch in Aphrodites Samt, doch kurz nur in Nausikaas Leinen … Ich seh schon ein, weder die Namen noch die Gewänder waren richtig für Dich, ich sehe es ein, Eurydike. Wie Schlangen aus ihren Häuten schlüpfen, so ließest Du die Dir fremd gewordenen Hüllen zurück … Eine nach der anderen. Ein anderer Prophet, nicht ich, sollte Dir Namen und neues Gewand geben. So verändert, verließest Du unser Haus vor 500 Tagen - oder soll ich 16 Monden sagen? –, um in einem fremden Raum Deinen kleinen, billig bedruckten Teppich - ein Geschenk von gewöhnlichen Leuten - dort auf den Boden auszubreiten: Tisch, Bett, vielleicht sogar Altar für einen anderen …

Deine abgelegten Häute hängen hier in Deinem extra für Dich angefertigten Damenschrank. Ich könne sie auch verbrennen, wenn sie mich traurig machen sollten, sagtest Du mir. Sie führen jetzt ihre lautlosen Todesgespräche, Deine Roben, mit den mörderischen Motten. Erregte Verhandlungen, Zänke, von unheimlichem Flattern begleitet. Deine Kleider weinen, Eurydike: ach, noch einen weiteren Tag nur, einen Tag, eine Nacht noch unversehrt leben zu dürfen, und feilschend betteln sie für die eine oder andere Stelle, denn was ist das Ganze noch, wenn hier ein Sternchen, dort das Mondsichelchen durch bösen Biss der Motten verschwände, und gar die Sonne erst, die lachend tanzend einst über Deinem jungen Herzen, Eurydike ..., leer hängend von der Stange jetzt, gelb, rot, orange ... Schwarz wird langsam der Sonne Rand ...

Nun streiche ich heimatlos durch die Straßen einer Stadt, deren Türme, Gässchen, Plätze von Dir sprechen. Da Du wohl weißt und es mir öfters sagtest, die Heimat der Seele des Mannes sei die Frau, nehm ich jetzt an, dass Du mich in mir selbst entzweien wolltest: Body and Soul, bei mir die große Einheit, sagtest Du lange und glücklich, dann etwas gleichgültig, dann gereizt. Schließlich in Wut entbrannt. Während Du immer müde, müde, müde, ach, mein Liebes. Deine sich langweilende Seele hat nur eine kurze Spanne für alles, für dieses und jenes: Für uns als Paar immerhin sieben Jahre, um als triumphale Lichtgestalten, Du und ich – wohin nur, wohin wollten wir? ... ich weiß nicht mehr ... Du sagtest „forever“, ich sagte „for a while“. Immerhin sieben Jahre. Sind das nicht etwa 2555 Tage? Siehst Du, und ein Fünftel davon ist jetzt verflossen, ohne dass ich Dich, ohne dass Du mich ... Wir haben uns halbtausend Tage nicht gesehen.

Wie ein verletzter Wolf zieh ich mich nun zurück ins Haus, in mein Zimmer, doch wenn ich mich auf die Straße wage, such ich das Frühlingsgrün Deines kleinen Schirmes, wie eine ferne Warnung. Es zeigt mir Hunderte von Metern bereits Dein Kommen, doch statt mit ausgebreiteten Armen zu Dir zu fliehen, versteck ich mich wie ein Dieb in einer Kirchentür, in einem bekannten Treppenhaus, wartend, dass Du vorbeigehst. Ich schau Dir nach, mein Herz pocht; doch, jene, die vorbeigehen: nicht Du bist es, immer andere ... Auch der Schirm, näher betrachtet, eine ganz andere Sorte, dünner der Stoff und unsinnig gemustert.

Gestern, ein Freitag, fahrlässig ging ich beim Fischkrieg vor-

bei und schaute auf die Uhr hinauf, die Uhr vom einstigen Staatlichen Realgymnasium, oder besser auf dessen massiven, symmetrischen Bau, 1878 errichtet und 1971 bereits abgerissen. Ich habe mit der intensivsten Genauigkeit die drei großflächigen Fenster des Festsaals, wo Du mich - nicht ich Dich - 1968 zum ersten Mal gesehen, in Gedanken aufgezeichnet: die Rundbogen oben, unten zwei Fensterflügel, jeweils dreimal sowohl horizontal wie vertikal mit feinen Sprossen in länglich stehende Vierecke unterteilt. Ich habe dort in diesem Festsaal Sänger begleitet: mehr noch, ich selbst sang, durch die Stimme des Sängers, durch den singenden Ton des Klaviers ... Du horchtest mir zum ersten Mal zu, während honiggelbe Nachmittagssonne des reifen Frühlings uns durchflutete ... Die Musik ist eine Liebeswerbung. Selbst wenn man niemanden vor sich sieht, selbst wenn man nicht weiß, dass hinter einem die künftige Geliebte sitzt. Was sang ich Dir zum ersten Mal ...
Du junges Grün, du frisches Gras ...
Hier in des Waldes stillem Grund / drück ich dich, Grün, an Herz und Mund.
Dies spielte ich - weiß ich noch genau. Die anderen Dinge, müsste ich nachdenken. Doch wozu. Das junge Grün genügt. Da das Klavier nicht auf dem Podium, sondern unten auf dem Parkett stand, saß ich - so erzähltest Du später mir - nur etwa zwei Meter entfernt von Deinem Platz, wo Du, vierzehnjähriges Kind-Weib mit Deiner Mutter ... Nun, wieso ich mich nicht umgedreht habe, damals ... Verkehrter Orpheus ... Unsere Blicke hätten sich schon damals treffen können. Doch später trafen sie sich, und, Eurydike, sie könnten heute noch sich täglich treffen, wärest Du mir nicht weggelaufen. Fürchte Dich nicht. In unserer Geschichte bist nicht Du es, der stirbt: bei uns ist alles anders, umgekehrt. Doch warum

warst Du, Eurydike, schon damals so fahrlässig, damals, in unseren Urzeiten, in jenen elysischen Gefilden, als Dein Geliebter die große Reise tun musste. Selbstgefällig wandeltest Du durch die Blumenwiese: wandeltest und drehtest Dich, bis der Imker, durch Dein Hin- und Herdrehen erregt, auf dem Kopf das tschadorartige Ding mit Gitter ... Vor den gierigen Händen des Imker-Mannes also flüchtetest Du und ranntest kopflos und schautest nicht, wohin Du, auf welcher Schlange Kopf Du trittst. Fahrlässigkeit der Langeweile einer müden Seele. Wärst Du doch daheim geblieben wie Nausikaa und hättest an Deinem Teppich gewebt - gewebt soll ein Teppich sein, nicht bedruckt - und so auf Deinen Orpheus wartend süße Speisen vorbereitet und das Öl, um seine müd gewordenen Glieder zu salben! Aber nein. Und wieder muss ich Dich rügen, was mich so ganz und gar nicht freut, wozu nur grausamer Zwang mich zwingt.
Es summen Tausende von Bienen in dem einstigen Saal, wo ich mich vielleicht fast umgedreht..., und es zergeht die honigfarbene Masse, mit rotem Ziegelpulver gemischt, unter meinen Füßen, neben und über mir die starke Wand, als hätte sie nur die Phantasie gewebt. Der ehemalige Saal, wo wir uns halb begegnet, vibriert nun in der Luft, geräuschlos verschwindet er. In meinen geschlossenen Augen dreht sich, dreht sich der Rest. Jetzt zerstiebt auch der letzte Mauerteil, und um einen zurückgekehrten letzten Sonnenstrahl noch zu schenken, wendet sich ein Fensterflügel mit den kleinen Unterteilungen nicht einmal knirschend in seinen unteren Angeln ... Im falschen Winkel schon ..., in mir die Regung, ihn noch zu fangen ..., doch die Träume, Eurydike, Du weißt es, lassen sich fangen mit Händen nicht. Der Fensterflügel, groß, er fällt, er fällt herunter, und unten Totenstille. Die Auflösung findet immer tonlos statt. Oder nur kaum hörbare Geräusche

weisen darauf hin, dass jetzt ein Teilchen des Ganzen herausgebrochen: Schräg steht ein schöner Mund, ein Finger biegt sich und versteift, ein Baum krümmt sich, kaum merklich krümmt sich der Baum, und Du findest den bisher vertrauten Schatten nimmermehr im Teich …
Dieser unser Bau wurde allerdings in unserem ersten Jahr zerstört – der geplante Angriff von uns nicht wahrgenommen – unbemerkt war das Haus unserer ersten Zusammenkunft im Nu geschliffen. Wo einst der Saal – ich kann mir die Höhe ziemlich gut in Erinnerung rufen, in unserm Festsaal also – werkelt jetzt ein Coiffeur. Dies schreckt mich auf: Ich trete in eine Nebenstraße, vorbei beim „Wilden Mann", und in der Getreidegasse zu einem Geschäft mit Innenarkade und Spiegelsäule. Du siehst, ich flüchte vor Dir, dennoch: so, wie ich renne, rennt ein Hoffender nur. Da ist das Geschäft für Schuhe – heißt etwa wie Delta: Po-Delta, Nil-Delta, ist fast egal –, auch eine Spezialität Deines Interesses: Friseur und Schuhe … Schuhe und Friseur … und jetzt auch falsche Haare … und einen Augenblick – ich steh hinter der Säule – höre ich Dein Silberlachen, und im Schaufensterglas erscheinen drei schwarz gewandete Frauengestalten, und sie flüstern und sie lachen. Was sie sich so Wichtiges sagen, versteh ich nicht. Fremd ist mir ihre Sprache. Sie schwärmen zwitschernd weiter, die schwarzen Vögel, ich ihnen nach, denn ich will jetzt, ich will jetzt wirklich sehen …, ich hol sie ein. Drei Paar tiefdunkle Augen sind es nur, die mir abweisend Antwort geben. Du aber hast ganz andere Augen, grüngraue, und ich sende meine Gedanken auf den Weg. Rückwärts geh'n sie, und ich seh mit inneren Augen die Jahre und bin sicher, dass ich Dich immer wieder fragen werde, warum Orpheus sich, wenn er schon so viel erreicht hatte… – Charon überredet, Styx überquert etc. – also, ich meine, wenn ich den Schlüssel

fände zu unseren verlebten Jahren, ob ich den Schlüssel noch einmal in das Schloss stoßen oder aber ob ich zu einem tiefen Brunnen rennen und ihn hinunterwerfen würde? … Eurydike, Du, wie ich Dich jetzt rufe, sei darauf gefasst, dass ich immer von neuem frage: ob ich den Fehler noch einmal, ob ich mich wieder – wissend – zurückwendete? Und so ist das mein Vorhaben jetzt, und ich zeig Dir, wie Dein Orpheus war, den Du fahrlässig …, denn ich bin sicher, dass Du nie, nie noch einmal so einen wie mich … Ich höre Dich höhnisch lachen, Eurydike. Meine Ritterlichkeit verbietet mir, den trägen Kerl, der jetzt am Rande Deines Gebetsteppichs hockt, zu beschreiben. Außerdem schäm ich mich: ein Prinz von Geblüt, wenn schon in Deiner sich langweilenden Seele ein Tausch angesagt war, ein solcher stünde mir doch als Nachfolger zu. Doch, Eurydike, Dich, wie Du mir warst, mit Deinen 17 - 24 Jahren, diese Zeit kann niemand mehr kriegen. Diese meine Zeit in Deinem Herzen wird niemals zurückkehren.

Ihr aus der Bahn geworfenen Weiber! Selbst wenn Ihr einmal mit kindlich unverdorbenem Instinkt den Richtigen erwischt, werft Ihr ihn dann weg: aus Langeweile.

Tausende Jahre Unheil, Ungerechtigkeiten gegen Euch, den weiblichen Teil unserer schönen Welt, sollen wir, heimatlos gewordene heutige Wölfe, allein auslöffeln. Jeder Tag eine neue Bestrafung … Ist doch so. Und nun hör meinen Bericht, der mich Dir zeigt: denn wie ich Dich, so Du auch mich, wir haben uns verloren.

Nun lies also.

Dein Giorgio.

P.S. Noch etwas, Eurydike! Zeige bitte meinen Brief Deinen Freundinnen nicht. Stell dir vor, wie etwa Frau Gasser sich darauf werfen würde. In Ihrer Kolumne, die sie erstaunlicherweise selbstdiskriminierend „Weibsennest“ nennt. Wie sie dort mich als reaktionäres Patriarchen-Fossil sezieren würde. Was heißt sezieren! Eine Vivisektion Deines Orpheus' im „Weibsennest“. Und dabei war ich nie gegen Euch, Eurydike, das weißt Du! Solange Du bei mir warst, habe ich Euch Frauen stets gegen uns Männer verteidigt. Ihr wart die Opfer. Jetzt aber: Die Welt steht auf dem Kopf! Wen soll ich gegen den Mann verteidigen, wenn jetzt wir von Euch scharenweise verlassen werden?

KAPITEL IX

DER MOND IST AUFGEGANGEN

Der 16. November fiel in diesem Jahr, 1957, auf Freitag. Erster Jahrestag seiner Flucht. Viragh überquerte an diesem Tag fahrlässig die Rainerstraße. Warum fahrlässig?
Nach der Sprecherziehung bei Herrn Professor Dr. Precht, hier wollte, musste er mit 23 Jahren die richtige Aussprache lernen als postgraduierter Student.
„Der Mond ist aufgegangen, die goldnen Sternlein sprangen."
„Sie springen nicht, Herr Viragh, sie prangen bloß." Und Herr Professor Precht, mit seinem beginnenden Parkinson, zitterte etwas erregter als sonst mit dem Kopf.
Er denkt jetzt, dass ich absichtlich Fehler mach, wie Gyurika es immer dachte, wenn ich den Stiel eines Buchstabens einen Millimeter höher oder tiefer als vorgeschrieben … Es war ein Missverständnis, damals wie jetzt.
„Nächstes Mal werden Sie uns die ›Dichterliebe‹ folgendermaßen präsentieren, Herr Viragh: ›Im wunderschönen Monat Mai, als alle Kno-o-ospen prangen.‹ Bei Ihnen prangen die Knospen, während die Sternlein springen-sprangen."
Viragh zog sich in sich zurück und fragte sich, ob Herr Professor Precht jetzt auf irgendeine Art tätlich werden würde, wie einst Gyurika, der Vater. Schläge auf den Hinterkopf mit seiner knochigen Hand. Oder würde er als Professor mit Worten schlagen? Und Viragh fragte sich, wie er sich einem offenbar Kranken gegenüber verhalten würde. Ich bin sprachlos, und er ist krank. Bei Kranken schlägt man nicht zurück, muss man sich ohne Gegenwehr schlagen lassen … Ich wünsch mir einen gesunden Sprachprofessor … Doch

schlug ihn der Professor mit Worten oder Taten nicht weiter. Er grinste nur hässlich. Und Viragh spürte, dass der Professor in diesem Moment vielleicht an des Studenten so hohes Monatsstipendium dachte … Viragh schaute ihn mit seinem neugierigen Blick an. Muss doch niedrig sein, dein Salär, wenn du Führungen in diesem Papageno-Häuschen zu machen gezwungen bist. Dann nahm er den kalten Blick von des Professors Gesicht ab. Aus seinen tief gesunkenen Gedanken, aus dem U-Boot seiner Seele, ragte fast nur das linke Ohr wie ein Periskop, ein wichtiger Teil seines Selbst, wie immer heraus: um nicht ganz zu verlieren den Faden zu allem, was außerhalb von ihm geschieht, den Faden zu allem. Viragh, U-Boot, ein Schlachtschiff. Dann das springende Pferd.

„Ich danke Ihnen, meine Damen und Herren“, sagte der Herr Professor wie ein altmodischer Tanzlehrer, oder eben wie ein Fremdenführer, und während er mit lautem Schall in die Hände klatschte und sich etwas kasperlhaft verbeugte, sagte sich Viragh: Ende der Tanzstunde! Ende der Führung! Mit den letzten Resten seiner Höflichkeit heftete er noch seinen Blick kurz auf die vorgeneigte Glatze des Professors. Er war jetzt ein Fotoapparat, und als ein solcher erledigte er den kurzen Schuss: klack! Das so gewonnene Bild warf er zu den anderen. Herr Professor Dr. Precht, oder vielmehr die karge Landschaft seiner Glatze, war jetzt endgültig drinnen in diesem unendlichen Sack seiner Bilder der Beobachtungen, wie die Welt ist: Erinnerung an alles: ob Löffel, Gabel, Tisch, ob eines Hundes Ohr, ob eines Katers Blick. Und jetzt verbeugte sich Viragh und siehe da, er drehte sich nicht einmal. Retirez, sagte er sich, ein blitzschneller Florettfechter im Rückwärtsgang, in einem einzigen Zug. Dies gefiel den Mädchen. Jemand öffnete die Tür. Inzwischen auf dem Flur, schoss Viragh in die Höhe, als hätte er Flügelschuhe an. Und die Mädchen flüsterten, während die anderen jungen Männer seine Sprünge täppisch nachahmten, doch das jeweils dritte Quadrat des Marmorflurs nicht trafen und auch nicht die jeweils vierte Treppenstufe. Zusammen mit dem großen Tor ließ Viragh immer seinen ganzen Körper schwingen, damit das Tor nicht lärmend zuschlage. Dies ist ein kleiner Aufwand, ein kleiner Luxus: so etwas will ich immer haben, geht es ihm durch den Kopf, solang ich leb', Viragh. Jetzt noch die Stufen, und jetzt mit den metallbestückten Schuhen ein kräftiger Schub - November, Glatteis, vorbei am Marionettentheater, dann einbiegen beim Landestheater. Jetzt - obwohl schon spät - galoppieren wir durch den inzwischen dunkel gewordenen Mirabellgarten. Unter den Schuhen jetzt kein Asphalt, sondern Erde. Ritsch, ratsch bricht das dünne Eis an der Stelle, wo seine Schuhe einschlagen. Waren jetzt seine Schuhe Hufe?

Ach du Pegasus,
Sohn der Medusa,
lass mich mit deinen
mächtigen Sprüngen, mit
deinen mächtigen Flügel-Schwingen
über den Boden fliegend springen.
Bleib mir du ungezähmt!

Bei seinem geliebten Brunnen angekommen, schlug Viragh einen rechten Winkel, den Brunnen jetzt im Rücken, das Tor der Andrä-Kirche im Visier, flog er über den Marmorboden des Schlosses, über den Hof, durch das Tor noch im letzten Moment. Der Schlagbaum bewegte sich bereits: ein Beil, ein Fallbeil, doch Viragh war mit seinen metallbesetzten Schuhen im Florett-Tiefgang gerade durch, sein roter langer Schal flog durch die Luft wie eine Fahne, die hängen bleiben könnte. Pass auf, Viragh, doch die rote Fahne blieb nicht hängen. Und schließlich, pfeilgerade, vor sich die Rainerstraße, einige Sprünge, eines perfekten Schlittschuhs pfeilgerader Rutsch, er bremste fein und sprang mit beiden Schuhen auf den das Trottoir umrandenden Stein. Ja, ja. Er hätte noch an der Schlossseite weiterlaufen müssen, nach links oder rechts, jedenfalls bis zu einer Stelle, wo ein Zebrastreifen den Weg für den gewöhnlichen Fußgänger zum gefahrlosen Überqueren freigegeben hätte. Doch Viragh, Giorgio mit Vornamen, war dieser gewöhnliche Fußgänger nicht.

Die Freunde meinten, Viragh liebe die Gefahr. Er liebe die Gefahr zu sehr, oder, dass er auf eine gefahrvolle Spannung angewiesen sei. Und Gargantua sprach sein Urteil kurz und bündig aus: Gefahrsüchtig. Das war wie abgestempelt. Doch die mütterliche Gambistin Gerda Herne – „von" Herne eigentlich, nach dem Herrn Gemahl – verteidigte Viragh: „Gefahrsüchtig? Zu leicht gesagt. Junger Mann, lassen Sie sich nicht von Herrn Gargantua beschuldigen."

„Herr Gargantua!!" Die Burschen grölten: „Herr Gargantua!!!"

„Was?", blinzelte Frau Gerda töricht-unschuldig. „Wirklich, ich meine, Sie sind nicht einfach fahrlässig. Sie ... kommen aus dem Krieg. Das ist es, nicht wahr?"

„Paura di guerra", sagte Viragh zur Bestätigung.

Inzwischen lag Gerda Herne im Spital, oder besser gesagt im Sanatorium. Am Abend, nach der Sprecherziehung, sollte Viragh noch zu ihr. Um rechtzeitig im Sanatorium anzukommen, es hieß Wehrle, hätte er einfach den normalen Weg gehen müssen, also vorbei an der Bristol-Passage, aber Viragh wollte unbedingt durch den Mirabellgarten und vor allem zum Pegasus-Brunnen, oder zumindest vorbei an ihm.

Dieser Umweg kostete Zeit ... Warum wählte er den längeren Weg? Denn er musste nicht nur rechtzeitig vor der Sperrstunde das Tor passieren, sondern noch vor dem bedrohlich erregten Glockengeläut der Andrä-Kirche die Rainerstraße überqueren. Das frenetisch laute Glockengewirr, welches täglich um 19:45 Uhr einsetzte, um nach dem ersten Anfall - zugleich ein akustischer Überfall auf die Passanten - eine halbe Minute zur Ruhe zu kommen. Diese Ruhe wirkte auf Viragh fast wie eine bösartig kalkulierte Täuschung, um die entgeisterten Opfer dann mit noch heftigerem, hysterischem Geschrei erneut zu überfallen. Sind wir wieder im Krieg? In welchem Krieg jetzt gerade? Und warum sind die Leute täglich von neuem überrascht, wo doch immer alles das gleiche ist, wo das alles täglich gleich verläuft? Viragh merkte die Taktik sofort und begriff der Glocken Strategie ein für alle Mal und behielt sie für sich. „Für dich, immer nur für dich!", zischte Aphrodite Viragh angriffslustig zu. Ja, das war Aphrodite schon. Weder das träumerische Mädchen von einst, Galatea, noch Krokusblumen im Mund, Krokusküsse. Singend um den See. September 71. Dies hier, da sie so geredet hatte, war gut zehn Jahre später. Viragh, ironisch jetzt: Soll ich mich vielleicht an fremde Passanten heranmachen und ihnen unvermittelt ins Ohr flüstern? Und was! Etwa: „Vorsicht! Gefahr!", oder: „cherchez la femme", oder „Apage Satanas" gar?

Doch zurück in das Jahr 57, retirez Viragh. Wir befinden uns noch in der Zeit vor all dem Unglück und Glück. Während dieses Glocken-Tobens also weiterrennen zurr Ecke der Auersperg- und Haydnstraße zum Sanatorium Wehrle, wo Ulrich, Gargantua und Esther auf ihn warten. Im Sanatorium lag ja die Gambistin Gerda Herne, durch Heirat von der Lüneburger Heide nach Salzburg verpflanzt. Auch sie hatte eine

Straße fahrlässig überquert an einer nicht dafür vorgesehenen Stelle. Mit ihren drei Kindern sogar. Ein Bub und zwei kleine Mädchen waren es, und mit ihrem Instrument, einer Sopran-Gambe. Doch während Viragh kräftig laufen und springen konnte, tat Frau Gerda – unentschlossen – zwei Schritte vorwärts, drei Schritte rückwärts, oder umgekehrt, samt Kindern und Sopran-Gambe … Hupen, Schreien und schließlich der Unfall. Die kleine Gruppe wurde von der Gambenseite angefahren. Hast Du, Eurydike, je eine zarte, leere Zündholzschachtel mit bloßen Händen zerdrückt? So etwa mochte das Geräusch gewesen sein. So war es jedenfalls in Viraghs Phantasie. Denn im allgemeinen Getöse wird nicht einmal die Gambistin selbst diesen zarten Hauch vernommen haben können, obwohl dies eigentlich der Todeshauch ihrer Seele war.

„Mein Instrument, wissen Sie, meine Sopran-Gambe, das ist so viel wie meine Seele, das kleine Schächtelchen …" Hier lachte sie immer verschämt, Gerda von Herne von der Lüneburger Heide … und jetzt in Salzburg … Alpenstraße, Regenstraße, Abendstraße, Glatteisstraße.

Sie hatte daheim auch eine Tenor- und Bass-Gambe liegen, der Sopran jedoch war ihr Liebling. Vielleicht, weil er aus einer besonderen Werkstätte kam? Wie Frau Gerda öfters sagte. „Er ist wie ein kleiner Sängerknabe. Hab ich doch recht, nicht?" Und Viragh hatte einmal zufällig gehört, dass Frau Gerda das kleine Instrument direkt ansprach: „Komm Herzchen", sagte sie. Herzchen? War das etwa ihr kleiner Sohn?

Das kostbare Instrument war also gleich im ersten Augenblick hin, ohne dass es Frau Gerda eine gewisse Verringerung der Stoßkraft, also zumindest einen bescheidenen Schutz hätte bieten können. Da wäre ein Kontrabass schon etwas anderes. Oder eine Schlagzeug-Garnitur ... Frau Gerda! Die kann man wie einen Kinderwagen vor sich herschieben. Dies dachte sich Viragh, doch er sprach so etwas nie aus. Bei solchen und ähnlichen Gedanken zog sich sein Herz zusammen, in das U-Boot seiner Seele zurück.

War sie, Frau Gerda, selbst nicht geschützt, bot doch ihr armer Leib ihren Kindern Schutz. Das Auto, ein Borgward, bremste quietschend, weil es ohne Quietschen kein Bremsen gibt. Bei dieser Feststellung ärgerte er sich, Viragh. Dass alles mit Schreien, Quietschen, Klopfen, Dröhnen gehen muss. Für Viragh heulten ewig die Sirenen. Die ganze Welt ein Tinnitus! Also hieß es dann: „Mit dem eigenen Körper stellte sie sich, Frau Gerda von Herne, schützend vor ihre Kinder, die außer Schürfwunden kaum etwas abbekamen". Gerda von Herne wurde mit Beckenbruch und mehreren Rippenbrüchen sowie mit Bruch des rechten Armes und beinahe totaler Zertrümmerung der linken Hand in das besagte Sanatorium gebracht. Der Gatte, Herr Herne - er unterließ das „von" - suchte dann den gänzlich abgerissenen Finger seiner Gattin, den Ringfinger. Obwohl er den nassen Asphalt unter Gefährdung seines Lebens fast auf allen vieren im großen Umkreis genau absuchte, abtastete - der Finger ließ sich nicht finden, wohl aber der Ring. Der Ehering. Über zweitausend kostete das Ding.

Gerda Herne wurde zur Heldin der mütterlichen Liebe und Opferbereitschaft. Die vorher eher ablehnenden Nachbarn, die eine Frau aus der Lüneburger Heide bisher nicht einladen mochten, überschwemmten jetzt ihr Krankenzimmer. Studenten und Lehrer, auch die Professoren und sogar der Präsident, Hofrat P., besuchten sie, die bisher kaum Beachtete. Na ja, warum auch kam sie hierher? Gerda von Herne aus der Lüneburger Heide - Heide, so etwas wie Wiese. Große

Wiese. Große, große Wiese … „Und aus der Wiese steiget der weiße Nebel“ … ja. Die Dichter bringen uns die Sprache bei, wenn schon die Professoren nicht.

Das Sanatorium Wehrle schien allgemein bekannt. Doch Viragh kannte es nicht. Er musste einige Minuten für das Suchen berechnen. Im Mirabellgarten eingesperrt zu werden und über irgendwelche Gitter zu steigen, konnte man nicht recht mit einem Genfer Konventionspass, in dieser ordentlichen, sehr bürgerlichen Stadt. Genfer Konventionspass. Flüchtlingspass. Und was sag ich, dachte Viragh – beim Klettern ertappt –, dem Wachmann, in meinem gebrochenen Deutsch? „Am Himmel hell und klar“? Nutzt wenig, denn der Wachmann kennt das Gedicht wahrscheinlich nicht …, in Hamburg vielleicht, doch hier … Aber Viragh rief sich zur Ordnung: Ruhig, Mister Dellafiore, wie seine Mutter hieß, so rügte sich Viragh in Gedanken – beim Sich-Loben: Viragh, sehr Loben: Giorgio, Rügen: Dellafiore, vernichtend Rügen: Dellafiore-Casagrande, der Mutter Doppelname … komischer Zufall, dass der Vater von Viragh auf Deutsch Blume hieß. Ruhig, rief er sich also zur Ordnung; daheim in Budapest denken, dass in Salzburg die Welt besser ist, und in Salzburg denken, dass in Hamburg die Welt besser ist, und in Hamburg denken, dass in Amsterdam die Welt besser ist … „Der Wald steht schwarz und schweiget“. Immer, überall …

Also rannte Viragh über die Straße, kurzsichtig zwar, doch mit einer feingeschliffenen Brille versehen, dank seines Rockefeller-Stipendiums. Viragh mochte nur Notwendiges. Gebrauchsgegenstände, nichts Schmückendes, Überflüssiges. Das Notwendige aber musste wertvoll und schön sein. Eine Brille, Uhr.

1957 fuhren noch nicht so viele Autos auf der Rainerstraße, mehr fürchtete er die Fahrräder, die sich meist ohne Beleuchtung näherten. Er spitzte die Ohren und dachte ängstlich an die Glocke der Andrä-Kirche, die gleich mit ihrem fanatischen Geläute die Möglichkeiten des feinen Horchens vernichten würde. Das Horchen war sicherer als das angestrengte Schauen, bei diesen dunklen Gestalten auf ihren Drahteseln. Gottseidank hatte er ausgezeichnete Ohren. In der stillen Reinholdgasse in Aigen konnte er die vorbeigeführten Hunde unbesehen voneinander unterscheiden. Die Straße war noch nicht asphaltiert. Das kleine Geräusch der jeweiligen Hundemarke am Halsband verriet des Hundes Größe, oft seine Rasse. Jedenfalls hörte sich ein Dackel für ihn anders an als ein Boxer, die Hunde brauchten erst gar nicht zu bellen. „Was ist das, Viragh, was für ein Vieh?" Und er horchte erst, eigentlich in sich hinein: Bernhardiner, Foxterrier, oder eben ein mittelgroßer, ohne Rasse, ohne Klasse, kleiner als ein Schäferhund, größer als eine Katze. Viele bewunderten Viragh bei diesen kleinen Vorführungen: „Dieses Gehör!" Doch Viragh wusste, dass es nicht das Gehör allein war, dass man die Aufmerksamkeit, Neugier – ja, eigentlich alles dazu brauchte. Sonntagsspaziergänger mit Hund, sagte er sich. Und ein Schatten fiel auf sein Gesicht. Hoffentlich würde er Gyurikas, seines Vaters, einseitige Schwerhörigkeit nicht erben. Indessen drang Frau Gerda Hernes Stimme durch den Wirrwarr des allgemeinen Geschwätzes zu Viragh. Wieso er sein Licht immer unter den Scheffel stelle und, ja, auch den Namen. Viragh ist ja ganz gut, doch kein deutscher Name! Und übersetzt hieß er Blume. Nichts für einen Mann! „Was? Blume? BLUM", röchelte Gargantua. „Oder sind Sie am Ende antisemitisch, Frau von Herne?"

„Keineswegs, Herr Gargantua. Über so etwas bin ich längst erhaben."

„Längst erhaben", feixte Gargantua.

Indes wandte sich Frau Gerda demonstrativ weg von dem Spottenden und Viragh zu: „Und wenn Sie nach der Frau Mama Dellafiore heißen könnten! Das wäre meine Präferenz … Passt doch zu Giorgio besser! Finden Sie nicht auch, Herr Ulrich?"
Der absichtlich übergangene Gargantua blökte: „Neeein. Mario-Giorgio", in tiefem Bass, um nachher gleich Mario-Giorgio mit Fistelstimme zu flöten.
„Nicht jeder kann Müller heißen, Herr Gargantua", verteidigte Frau Gerda sich. „Sehen Sie, auch Sie haben einen ungewöhnlichen Namen, nicht?"
„Ich heiße Huber", sagte Gargantua trocken.
„Nanu, was Sie nicht sagen." Und Frau Gerda lachte ihr hellstes Lachen. „Ist es denn auch wahr?"
„Huber, bestimmt. Das andere ist Spitzname."
„Was Ihnen alles Komisches einfällt, Herr Gar…"
„Na ja, mir nicht, ein Kollege, der Rabelais, der Tubist, Sie wissen. Tu-tu-tu! Er nennt mich so. Doch lassen wir jetzt mich. Frau Gerda, was Sie noch nicht wissen, doch was Sie über Viragh wissen müssen, das wird Sie entzücken! Seine Mutter hat sogar einen Doppelnamen."
„Und was für einen?"
Viragh stöhnte. Gargantua röchelnd: „Dellafiore-Casagrande oder Casagrande-Dellafiore, stimmt's Viragh?"
„Ja."
„Himmlisch", jauchzte Frau Gerda, und in ihrer naiven norddeutschen Art (wie Viragh diese ihre Art bei sich nannte) sprudelte es weiter aus ihr heraus: „Mario-Giorgio Dellafiore-Casagrande, so möchte ich einmal selber heißen!"
Na ja, Frau Gerda, das war wieder töricht.
„Wie, Mario-Giorgio?" Gargantua blickte übertrieben entsetzt. Und er rülpste, um nachher seinen Blick in der Runde

herumgehen zu lassen.
Ulrich sagte jetzt leise: „Hör auf, Gargantua. Frau Gerda …“
„Was?“, tat Gargantua unschuldig, aber auch Frau Gerda selbst: „Was ist? Ist was mit mir?“
Und Viragh wusste, dass Ulrich jetzt wusste, was Frau Gerda nicht wissen konnte und wollte: Sie gehörte eigentlich nicht dazu.
Ulrich verzagt: „Na ja, Sie sind bereits eine verheiratete Frau und Mutter, und wir müssen uns in Ihrer Gegenwart ordentlich benehmen.“
Frau Gerdas Augen füllten sich mit Tränen. Sie denkt jetzt, dass sie neben uns zu alt sei, sagte sich Viragh. Und Frau Gerda bestätigte seinen Verdacht, indem sie plötzlich aufgeräumt, mit aufgehellter Stimme und zu schnell sagte: „Ach, Sie müssen sich nichts antun, meine Herren - wegen der Kinder und so - in meiner Gegenwart. Ich würde Sie so gerne Giorgio und Uli nennen, und Sie sagen einfach Gerda zu mir.“
„Oder Gerda-Maria Casagrande-Dellafiore, Della-Fiore-Casagrande, und auch von der Herne, Kammervirtuosin“, so Gargantua.
Verdammt. Gargantua wird jetzt sein höllisches Lachen losschicken. Schrecklich, dachte Viragh und hielt sich beide Ohren zu. Das sah jetzt Gargantua und hielt den tiefen Atem, der bereits fast auf den Weg geschickt war, düster zurück. Doch so ein Atem, der einmal schon in Bewegung geriet, kann sich nur drehen. Sich auflösen, kann er nicht. So blubberte und dröhnte er jetzt in Gargantuas Magen und Gedärmen. Eine große Stille entstand. Alle horchten gebannt, wie Gargantua blubberte. Sein abgrundtief-böses Lachen trennte alle von allen. Wenn Frau Gerda meinte, dass etwas da sei, was sie mit den Kollegen verband, verbunden hätte, Gargan-

tuas Atem durchtrennte gnadenlos auch noch das letzte Illusionsgespinst, den allerletzten Faden. Jedem wurde bang.

Als Viragh, wie gesagt, das Trottoir vor der Kirche erreicht und sich sagt: Gleich, im nächsten Moment wird die Glocke loslegen, stolpert er beinahe über etwas. Ein Reflex: welche Gefahr?!! Was ist denn das, Himmelherrgottsakra, flucht Viragh in sich hinein. Eine kleine Gestalt, ein winzigkleines Mädchen verstellt ihm den Weg, indem es ihm gebieterisch etwas entgegenhält. Erleichtert und verschämt lacht Viragh. Das ist aber eine wirklich große Bedrohung, eine echte Gefahr! Er lacht übermütig.

Vor nicht ganz einem Jahr wurden Viragh und seinen Landsleuten oft gebieterisch Dinge entgegengehalten, meist Röhren verschiedenen Durchmessers: es konnten Pistolen sein, wobei auch die waffenführende Hand einen Moment zu sehen war, Maschinenpistolen. Und die größeren Durchmesser, die vom Panzerwagen aus sich auf ihre Ziele gespenstisch einjustierten ... Man sah ihn nicht, den Soldaten, vielleicht dein Mörder im nächsten Augenblick: so wurde Peter Maroth, weil er über den Vörösmarty-Platz lief, der dumme Kerl, zum beweglichen Zielpunkt, so wurde László Tölgersi, der mit den anderen Männern ... „davāj, davāj!, Feuer löschen, alle Männer raus aus dem Keller, davāj, davāj!“ ... Und als sie standen in der Reih' und mit dem Löschzug das Feuer bannten, oder zumindest bannen wollten, kam die Salve aus der Maschinenpistole, von hinten kam sie. Und sie alle fielen hin, fielen hin auf die Nase, aufs Gesicht, als wäre Hilfsbereitschaft eine Sünde, als warte eine Strafe auf alle, die da gleich kommen, wenn jemand „Feuer“ ruft, „Hilfe, Feuer, Hilfe! davāj, davāj!“. Wenn da jemand Feuer ruft, lass ihn brennen! Rühr dich nicht! Schleich dich weg, schau nicht mal zurück: so bleibst du am Leben. Sonst ... Der Reflex lebte

noch lange in Viragh, ganz gleich wo und wann und wer auch immer ihm etwas - vielleicht nur aus Spaß - entgegenhielt. Selbst wenn ein Glas mit einem guten Tropfen etwas hektisch gehoben, selbst wenn ein Kuss zu unerwartet auf ihn, Viragh, zugeflogen , wenn jäh Umarmung zu schnell, zu stürmisch. Den Krieg: so ist es, Viragh, aus unserem Nervensystem saugt niemand nimmermehr aus. Den Krieg, aus dem wir glücklich davongekommen, tragen wir ewig in uns.
Und ich Esel, lacht Viragh, erleichtert und verschämt, ein Kind, ein kleines Mädchen stellt sich mir in den Weg und ich erzittere. Wo es nur witzig ist, wie resolut es mir etwas entgegenstreckt, wie eine Waffe, was ist das eigentlich? Etwas Hellblaues! Eine Muttergottes-Statue, oder? 16. November und schlechtes Licht. Das Kind sagt etwas, was man nicht hört, vielleicht weil es ein kleines Kind ist - etwa drei, vier Jahre alt - und weil gleichzeitig, als käme der gellende Schrei der Glocken aus ihrem Mund, das befürchtete Getöse nun schließlich losgeht. Viragh hält sich mit beiden Händen die Ohren zu und schaut mit schmerzverzerrtem Gesicht. Eine Frau, dunkel gekleidet, mit Hut, redet beschwichtigend auf das Kind ein, das jetzt weint. Verdammt nochmal, jetzt habe ich wegen der Glocke das arme Kind zum Weinen gebracht … Und die Frau, offenbar die Mutter, große traurige Kuhaugen, während das Kind helle, grüngraue Augen …, dies wird Viragh jetzt bewusst, was er beim ersten Blick beim Licht der Straßenlaterne vor der Kirche fast mechanisch wahrgenommen hatte. Die grüngrauen Augen, bevor der Glockenlärm alles mit seinem fanatischen Geschrei zerstörte, warfen einen fragenden, nachdenklichen Blick auf mich, denkt er. Das ist nicht eines Kindes Blick, nicht eines Weibes. Es ist ein Blick, als sähe man einen wieder, der schon tot… Verblüfft, erschreckt, voll Schmerz, hoffend, erfreut. War ich dir einmal

wer in einem früheren Leben, wie Leute immer noch hoffen, öfter zu leben, war ich dir Gatte, Bruder, oder, einen Augenblick zögernd: ist er gestorben, dein Vater?

Jetzt tritt ein Mann in sein Blickfeld, Viragh wundert sich, dass er ihn bisher nicht wahrgenommen: Ist das der Vater?, fragt er sich. Nein. Der Mann ist nicht der Vater. doch wer ist der Mann und warum reden sie jetzt zu zweit auf das Kind ein? Endlich hört der Glockenlärm auf. Viragh würde jetzt gerne gehen. Entschuldigung, Entschuldigung, doch das Kind gibt nicht auf mit seiner Muttergottes-Statue, er muss sie richtig ansehen … Also gut: eine Heilige Mutter Gottes, sogar mit einem Kind im Arm. Und jetzt lacht das kleine Mädchen. Dieses Lachen, Silberlachen eines Kindes dringt nach dem verrückten Geschrei der Glocken in die Stille jetzt wie im weißen Nebel … Nach dem gefährlichen Dunkel des Waldes … „aus der Wiese steiget der weiße Nebel".

Die Frau sagt, dass ihre Kleine die Statue so schön findet, dass sie sie jedem zeigen muss. Hier auf der Straße. Peinlich direkt. „Entschuldigen Sie, mein Herr, Sie sind in Eile." Und der Mann echot „Entschuldigung, Eile, Eile." Er lüftet den Hut „Komm Puppi, jetzt müssen wir gehen!" und macht einen Schritt, doch er bleibt stehen wie einer, der schon weiß, dass ihm niemand folgen wird. Und die Frau sagt ihm etwas, etwa, dass es noch nicht so spät sei, Viragh versteht es nicht ganz und fragt sich, warum die Frau mit diesem Mann im Dialekt redet, dann sagt sie das Wort *relativ*. Und sie sagt es mit zwei L. Rellativ. Und Viragh kennt sich nicht aus, und er spricht endlich das Kind an, was soll er sagen zu der kleinen Statue. „Wun-der-bar", sagt er, „wun-der-bar". Da kann man die Sprecherziehung praktisch anwenden. Und dann rennt er wirklich weiter, da die Glocke, wie jeden Tag, die zweite Phase ihres Anfalls in Gang setzt. Diese tobende Glocke bringt

mich noch um, denkt Viragh. Was der Krieg nicht vollbracht, wird diese krankhaft erregte Glocke hier … Die Botschaft muss ungeheuer wichtig sein von dieser Religion. Österreich. Salzburg. Wohl christliche, wohl katholische Religion. Tja, wo ich herkam, durften sie nicht so laut… Wo ich entkam
Brauner Terror, Pfeilkreuzler Terror
Graugrüner Terror der Hitler Schergen
Blutiger Terror der Stalin Soldaten
Na, welche Farbe haben wir noch vergessen? Schwarz!
Schwarzer Terror
Schwarzer Terror der Dominikaner
der katholischen Kirche Irlands, Spaniens, Irlands.
Sie hat Jimmy Joyce zur Flucht gezwungen. Bei der Flucht auch haargenau 23 Jahre, ebenso Henri Navarra, mit dem weißen Federbusch, im Louvre, in der Nacht des Heiligen Bartholomäus. Mit 23 stellte Viragh auch auf fremden Boden den Fuß.
Doch jetzt und hier ist alles ungefährlich, fast putzig. Festspielstadt, Mozartstadt. Er rennt zu diesem Spital, Sanatorium Wehrle, da stehen sie schon, die anderen, mit Notenpulten und Instrumenten bewaffnet, als wenn es mit diesen eine Schlacht zu schlagen gälte. Da stehen sie wichtig und reden gewichtig von dieser und jener Interpretation, doch Viragh, die Dominikaner im Kopf, die Hugenotten und auch Flandern, Marquis Posa und die vielen, vielen Scheiterhaufen der Inquisition, er denkt an das kleine Mädchen, an die Frau in Schwarz und an den Mann, der mit dem Hut unsinnig grüßt, offenbar nichts Gescheites reden kann. Nein! Der Vater vom kleinen Mädchen, mit diesem unsteten Blick …, und Viragh will jetzt plötzlich wissen, unbedingt wissen, ob diese drei, Mutter, Kind und Mann, eine Familie sind oder sonst wie verwandt, und er sagt den anderen, dass er gleich wieder

käme, und rennt zurück zur Kirche, weil das gellende Geschrei des zweiten Anfalls inzwischen vorbei und aus war, und es sollte ein für alle Mal vorbei und aus sein, wie die Scheiterhaufen, wie die dumpfe Stille der Lager, wie das Pfeifen der fallenden Bomben, wie das Rattern vom Maschinengewehr … wie das ewige Wehgeschrei.
Und so verpasste er die Besuchszeit im Sanatorium.

Die ist Kriegswitwe, diese fremde Frau! Deshalb in Schwarz! Viragh schlägt sich leicht auf die Stirn. Der Mann daneben, na ja, wie jeweils der zweite Mann halt ist … Oder? Der erste Mann ist tot! Doch Kriegsende? Das sind bald zwölf Jahre her. Vermisst vielleicht, vielleicht Gefangenschaft.
In der Tür steht Viragh, im Tor der Kirche. Die Leute sind fort. Auch die drei. Doch dort drin, da sind sie vielleicht, obwohl ein Wochentag nur, Freitag ist's erst. Und er geht hinein, und da steht in der Tat die Kleine mit ihrer Muttergottes-Statue, ganz vorn vor dem Priester, obwohl die Mutter und der merkwürdige Mann, der den Vater nicht mal vortäuschen kann, das Kind in gebührende Distanz von dem Altar wegziehen und -zerren wollen, zugleich soll diese Aktion von den anderen unbemerkt bleiben. Doch da kannst du mit ihr tun, was du nur willst, sie folgt nicht, obwohl der Priester, schon ein alter Mann, rügenden Blickes, und dann wieder verständnisvoll: ja, wirklich, vielleicht schmunzelt er jetzt …
„Na, das ist ein Tanz mit der Puppi", sagt der begleitende Mann, und Viragh amüsiert sich, doch er ist auch besorgt, da er jetzt in der Kirche der Dame mit dem Hut – sie trägt ein schwarzes Kostüm, ja, sie ist Witwe – auffallen muss, weil heute ja Freitag ist und nur wenig Leute da sind. Auffallen muss er auch dem Kind und dem Mann, der, wie Viragh jetzt sieht, sich kaum beherrschen kann: er kichert fast halblaut,

und das kleine Mädchen haut ihm mit Lust in die Seite. Diese Familie ist ein Hit! Was aber sage ich, wenn die Messe zu Ende geht? Und ich mit meinem Deutsch. Wo mich doch die Frau Doktor Auerhahn, die Hochschulsekretärin, in total eigenmächtigem Ritt, durch Abzug von meinem Stipendium, durch Abzug von dreihundert Schilling monatlich, strafen wollte wegen meiner gebrochenen Sprach'. Ätsch, Frau Doktor Auerhahn. Wenn ich auch nicht flink-eifrig plappere, hab ich einen Text vorgelegt, nicht in der Musikhochschule, sondern beim ORF, dort wird mein Text als Hörspiel produziert. Den Titel haben Sie selbst geliefert: Missverständnis, heißt er. Ätsch! Doch hier jetzt, bei dieser Family, der Pfarrer singt schon: Ite missa est, – wenn wir noch einmal zusammentreffen, mein wahrlich gebrochenes Deutsch kann ich nicht mit vorgehaltenem Text – mein Text mein Schild, mein Schutz! – verbergen. Oder? Und in dem langsam sich bewegenden Zug, während oben der Organist sein Bach-d-Moll spielt, und davon nur die ersten zwei Seiten, bis der Zug unten, die Leut, die alle ihre Pflicht getan, der Zug, wie eine müde Prozession, Kirchgänger auf dem Rückzug, unnötig hustend, leise schwätzend, der Herr Pfarrer, wie er schlampig schlurft oder schlürft, es wundert mich, dass sich der Organist nicht herunterstürzt! Nach so viel Üben keine Aufmerksamkeit. Soll das ein Witz sein, soll das ein Witz sein, wird er sich sagen, halb verrückt. Und der Herr Pfarrer würdigt ihn auch keines Blickes. Sie, Hochwürden oder Ehrwürden, könnten zumindest nach oben sehen, nach oben deuten. Schön, schön, sagen, stehen bleiben, einen Augenblick stehen, stehen für den Organisten, für Bach. Eine christliche Tat, Herr Pfarrer, wäre das. Doch nichts dergleichen. Er schaut nur, dass seine Schäfchen zusammenbleiben. Zu Tür und Tor drängen, er winkt ihnen nach, er mag keine Musik, geschweige Bach, der ist doch ein protestantischer Komponist!

So, jetzt stehen die Leut auf den Treppen: Grüß Gott, Herr Pfarrer, Grüß Gott, Hochwürden, und er grüßt zurück: Grüß Gott, Herr Senatsrat, Grüß Gott, Herr Oberamtsrat, Grüß Gott, Herr Hofer, Grüß Gott, Gnädige Frau! Die Frauen haben keinen Namen, denkt sich Viragh. Grüß Gott, Gnädige Frau. Noch einmal! Also stimmt. Die Frauen haben keinen Namen. Genau. Doch das Mädchen schreit laut dem Pfarrer zu: „Pfiati Zeiss!“ Und dieser erstarrt. Dann aber sammelt er sich und sagt: „Pfiati, mein liebes Kind.“

Viragh spürt jetzt, dass diese Familie unlängst von einem Schicksalsschlag getroffen wurde. Sonst würde der Pfarrer ungehalten werden … Unerhört! Pfiati Zeiss! Schon bemerkt mich die Mutter: „Ach, Sie sind auch gekommen?“ Und ich, ertappt, als hätte ich mich auf die Spuren einer allzu jungen Dame, viel jünger noch als ich … Was sind schon meine jugendlichen vierundzwanzig Jahre. Und jetzt sagt die Mutter wieder dieses Wort: „Rellativ.“, ich glaube, dass es nicht zu warm und nicht zu kalt ist. „Rellativ kühl.“ Na ja, es ist der 16. November. Und ich weiß nicht, warum, doch ich ahne, an diesem Tag, ein oder zwei Jahre, mehr nicht, dürften vielleicht dazwischen liegen, dass dieses Kind hier Waise…, irre ich mich?

„Wie heißt du“, fragt die Kleine unverfroren, und weil ich nicht wie aus der Pistole geschossen antworte, merk ich, dass sie ungestüm an meinem Mantel zupft. „Ich weiß, wie du heißt. Nicht Zeiss!“

„Pfiati Zeiss“, sage ich.

„Siehst du, Puppi“, sagt die Frau. „Der Herr findet dich unmöglich.“

„Unmöglich nicht. Jetzt muss ich gehen.“

„Geh nicht“, sagt die Kleine laut. „Ich weiß, wie du heißt.“

„Na wie?"
„Lass den jungen Herrn gehen, Puppi."
„Du heißt Jesus. Stimmts?"
Das verblüffte Viragh. „Jesus? Nein."
„Doch!", schreit sie jetzt. „Jesus! Jesus! Jesus! Da, Jesus", und sie zeigt zu einer verfrühten Adventsbude. „Jesus, kauf mir ein Zuckerschaum."
„Um Gottes Willen, Puppi! Edi, kauf ihr das Zeug."
„Nein, der Jesus soll es kaufen."
Dieser rosafarbene, nein, pinkfarbene Schaum, vom zweiten Mann oder Onkel vielleicht, panisch schnell gekauft, wird jetzt durch des Kindes winzige Hände auf den Kopf der Muttergottes-Statue geklatscht. Das Jesuskind verschwand, unten hellblau, oben pink. Wie kann ich jetzt verschwinden hier? Geschwind ein weiterer Satz aus Dr. Prechts Stunde. Und ich, mit meinem gebrochenem Deutsch, ich wusste nicht, ob ich einen passablen Satz noch zusammenfügen kann, damit mich nicht, wie bei der Frau Doktor Auerhahn, meine sprachliche Brüchigkeit wie eine unbedeckte Scham vor der trauernden Dame und dem etwas einfältigen Mann blitzartig vernichten kann, kam mir zur Hilfe das Gedicht, welches ich zwar bereits verwendet. Aber was einmal so endet, kann doch wiederholen sich.
„Der Mond ist aufgegangen."

KAPITEL X

FRÜHLINGSLIED

Das Einzige, was uns noch bleibt, Eurydike, ist das Schreiben von Briefchen, kurze Zeilen von Dir, lange, unendliche Bandwurmsätze von mir, weil ich mich nicht trennen kann von Dir auf dem Papier. Ich freue mich jedes Mal, wenn ich Dein kurz bemessenes, chaotisches Gekrakel in den Händen halte, wenngleich ich ahne, dass, sollte ich wirklich alles lesen können, was Du mir so mitteilst, manches nur wenig zu meiner Freude gereichen würde. So erfüllt selbst Deine unlesbare Schrift einen Liebesdienst: Sie liegt in meinen Händen, und zugleich verschont sie mich vor ihrem Inhalt. Bescheiden bin ich geworden.

Was schreib ich Dir heute, damit Du es nicht sofort wegwirfst? Mein Papier möchte lange zwischen Deinen Fingern liegen, mit Tränen benetzt werden, eventuell die Spuren Deines Lippenstiftes tragen … Also schreibe ich von Viragh … Nicht? Von Deinem jungen Kerl, den Du damals Henri, nach Henri Quatre nanntest, und Dich selbst Gabriele. Denn auch Du gabst mir ja Namen, selbst wenn diese Namen stets solche von Märtyrern waren. Es hat Dich vielleicht enttäuscht, dass mir die Märtyrer-Rolle grundsätzlich widerstrebt, heute noch –, dass sie mir bereits in früher Jugend widerstrebte. Jesus mit der Dornenkrone! „Aber Dich wird man nicht quälen“, wolltest Du mich beschwichtigen. Nicht? Liebste? Alle Jesusse werden ausgepeitscht, angespuckt, ans Kreuz genagelt. Für wen soll ein so wenig vertrauensseliger Mensch wie ich sich so etwas antun? Und dann: Wen hat Dein Jesus ange-

führt? Aussätzige, Diebe, Huren. Bessere sind ihm nicht gefolgt? Mit welchem Ziel hat er die angeführt? Was hat er samt dieser seiner Armee uns allen geholfen? Sich viel vorgenommen, kein Versprechen eingelöst.
Aber bereits Osiris, der Kluge, Tüchtige, der gar Gütige, wurde von seinem neidischen Bruder Seth heimtückisch getötet. Nur hatte er, Osiris, Isis, die ihn wieder erschaffen konnte.
Die Historie mit den nacheinander auftauchenden Religionen erscheint mir wie eine Geschichte der menschlichen Dummheit.
Nach Jesus mit der Dornenkrone nanntest Du mich Acis. Du warst Galatea. Acis und Galatea, schöne Namen: Doch Acis wird wegen Galatea, die sich vor Polyphem hin und her drehte, wie Eurydike einst vor dem Imker, erschlagen. Nun ja, als Nymphe verwandelte sie ihn in eine Quelle. Ein schönes Bild: Galatea kann sich an der Quelle laben. Acis darf fließen und wird von der Erde eingesogen, als Materie durch den ewigen Kreislauf der Natur sickern. Das ist auch etwas.
Dem Henri Quatre, dem guten König Frankreichs, Henri mit dem weißen Federbusch, wurde von der von ihm heiß geliebten Gabriele mit deren Putzsucht und ungebührlichem Auftreten im Staatsgeschäft sehr geschadet. Dass sie an Gift starb, hatte sie ihren eigenen kleinen und großen Intrigen zu verdanken. Mit ihrem Tod hat sie Henri fast umgebracht. Nachher kam dann noch der Dolchstoß eines Verrückten auf der Straße. Fahrlässigkeit der Nahestehenden und Dummheit der Fremden ergänzen sich. Henri hat Frankreich und dessen Volk geliebt. Auch Henri IV. war ich einst für Dich.
Jetzt aber wieder zu Viragh. Weg mit den pompösen Stellvertretern Deiner Phantasie! Zurück zu meiner schlichten Ur-Form. Zurück zur Erde.

Ende des letzten Schuljahres (Du warst noch im himmlischen Teich der Ungeborenen); der allerletzte Tag im Gymnasium: Austeilung der Zeugnisse. Viele bestanden gut oder glänzend. Einige blieben auf der Strecke, einer erschien nicht einmal …

Das Klassenbild seh ich noch: Es spiegelt unsere Sitzordnung wider. Ich also neben Madeleine. Doch ganz oben rechts seh ich Gargantua zwischen zwei Spießgesellen …, ihre Namen? … entfallen …, das Bild selbst verloren gegangen. Unten, in der Diagonale zu Gargantua, die blasse Lucy. Die blasse Lucy Holl. Hier noch lacht sie … Wie schön Gargantua eigentlich war, ist mir jetzt beeindruckend aufgefallen. Das Bild wurde bei einem besonderen Anlass gemacht. Gargantua hatte in Berlioz' Partitur hineingeschaut: „L'enfance du Christ". Er hörte die Musik. Wie schön war sein Blick, die Lippen, wie vom Staunen etwas geöffnet. Ein kaum merkliches inneres Lächeln. Sein Vater hat dieses Bild gemacht. Anders beim offiziellen Fototermin, hier verzerrte er sein Gesicht zu entsetzlichen Grimassen, die Augen schielten nach rechts und nach links. An den Ohren zerrte er, die Nüstern blies er auf, und er verschreckte den armen Fotografen mit seinen Blähungen … Das gewöhnliche Theater. So wie immer halt. Schließlich gaben wir es auf. Aus Verlegenheit nahmen wir dann als Ersatz die schöne „Berlioz"-Aufnahme. Doch, dieser kleine Präzedenzfall wurde für Madeleine der Anlass zu einer weiteren Ausnahme: Wenn Gargantua sein schönes „Enfance du Christ"-Bild verwenden durfte, wollte sie das Bild, das ich von ihr und jenes, das sie von mir gemacht hatte, auf das Maturatableau bringen. Madeleine dachte pragmatisch, das erfreute und erschreckte mich gleichermaßen. Warum, weiß ich nicht.

So saß Viragh neben der ersten Geliebten seines Lebens, Madeleine, neben der er acht Jahre täglich in der Schulbank gesessen und mit der er im letzten Jahr auch die Nächte geteilt hatte. Was machen wir nun, nachher? Wer wird wohin von nichtigen Gründen, Anlässen hin und her geworfen, geschleudert? Wer wird wo einen Studienplatz, wenn überhaupt, oder einen Arbeitsplatz bekommen? Wie werden unsere Nächte sein, wenn ich dort, wenn du hier? Und so, inmitten tobenden Gewirrs, war er, Viragh, eine umwölkte kleine Insel, ein sich befragender Stein, ein nachdenklicher, bereits nachdenklicher junger Baum.

Alle waren rundum aufgekratzt, erleichtert, glücklich. Sie lärmten und warfen Papierflugzeuge als kleine Botschaften durch die Luft. Gargantua warf aus der letzten Reihe Lucy Holl eine Mitteilung per Schiffchen zu: „Ich werde deine süße Vul-“, hier kam der Papierknick. Viragh konnte ahnen, wie die Botschaft weiterging. Die blasse Lucy Holl, wie war sie blass! Noch blasser als Madeleine, man könnte sagen: totenblass. Jetzt las Lucy Holl Gargantuas Briefchen und wurde rot. Es ist sehr komisch, wenn ein totenblasses Mädchen plötzlich rot wird. Tiefrot. „So ein Schwein!“, murmelte Lucy Holl und kritzelte etwas auf ein ähnliches Blatt. „Bitte, Viragh, befördere das zu unserem Monstrum da hinten.“ „Monstrum“, sagte sie mit einem geilen Lächeln, so schien es Viragh. Er erwischte blitzartig lesend etwas von Praeputium, das sie, Lucy, würde nicht hereinlassen, vielleicht. Ja, Lucy war sehr gut in Latein. Viragh warf das Schiffchen, da sauste schon Gargantuas Gegenbrief zurück. Wie eine Spielzeugrakete, welche er aus der Kindheit besaß – komisches Spielzeug mitten im Krieg. Vor sechs Jahren noch fielen die Bomben auf unsere Stadt Györ/Arrabona – das schmale Papierflugzeug brauste neben dem Kopf von Viragh, doch Viragh fing es auf aus der Luft, lässig, elegant. Er stieg auf seinen Stuhl und hielt es hoch in der

Luft. „Ich weiß nicht, ob das für soooo junge Mädchen wie du, Lucy …, ich weiß wirklich nicht …“, und tat, als ob er das Schiffchen zerreißen wollte, aber Lucy warf sich brutal auf Viragh und auf das Schiffchen. „Es gehört mir!“, fauchte sie. Und schon hatte sie es im Griff, zugleich aber sah sie ihm, Viragh, tief in die Augen. Ja, so war sie … Und Viragh dachte einen Moment, wie wäre es mit Lucy gewesen das letzte Jahr, statt mit Madeleine, doch das war wirklich nur ein Moment. Dieser Moment nahm auch dadurch ein jähes Ende, dass der kleine Elio Carniel, der neben Lucy saß und vor Viragh, sich plötzlich herumgedreht hatte. „Lies“, sagte er. Viragh also las:

„Meine Seele ist wie ein leeres Gefäß zerbrochen. Ist die Treppe hinuntergerollt, hinuntergerollt ganz nach unten. Ist der achtlosen Magd aus den Händen gefallen. Ist gefallen und zersprungen.“ – „Aus dem Portugiesischen … Die letzte Zeile fehlt noch“, fügte Carniel jammervoll hinzu. „Du liebst Lucy“, sagte Viragh. Carniel nickte eifrig, wie ein Kleinkind. Seine Augen waren voller Tränen. „Ja. Und Lucy bemerkt mich einfach nicht. Und“, hier stockte Carniel, „ich hörte gestern, wie sie sagte: ›Ach Carniel! Ohne Augenbrauen, das rosa Schweinchen. Nein danke. Mit dem Babyarsch da! Nicht!‹“

Nun, das tierische Rülpsen von Gargantua hatte es ihr angetan. Da! Lucy Holl warf ihr Papierschiffchen jetzt eigenhändig über unsere zusammengesteckten Köpfe hinweg zu dem in der letzten Bank feixenden Gargantua. Der Brief kam dort an, und Gargantua zerriss ihn fast, und die Reste des Papierschiffchens mit seinem geheimen Inhalt versetzten das „Monstrum“ in konvulsivische Zuckungen. „Mumm mumm“, schmatzte Gargantua. „Lucy liebt mich! Lucy liebt mich!, mumm, mumm“, und er fraß das Papier, „mumm

mumm", und seine Untertanen rechts und links, die - wie es schien - in Lucys Liebesbotschaft einige Blicke warfen, die Frechen, sie grölten ihrem Chef nach und fraßen Lucys letzte Papierfetzen.
Dieses Bild wird Viragh nie vergessen. Zumal er das Schiffchen bald darauf als zerknülltes Papier unter Carniels Tisch fand und darauf stand: Süße, süße Lucy Hool, Gargantua macht dich voll. Auch was Lucy geschrieben hatte, sickerte langsam durch: bis zu ihrem Herzen soll sein Glied reichen, weil, wenn sie einmal liebt, will sie alles vergessen. Am besten sterben. Wenn sie schon liebt. Soll sein Glied tief, usw. Wie Du weißt, ich erzählte es Dir bereits, nur wenige Monate später schwängerte Gargantua Lucy im Rahmen der heiligen römisch-katholischen Ehe, also schwängerte er sie, und das war - so erzählte sie noch dem kleinen Carniel im Spital - eher die qualvolle Opferung eines Tiers als ein Liebesakt. Sofort, beim ersten Stoß, schrie Lucy los, und sie schrie weiter, bis hier und da in der Nacht ein Fenster endlich zögernd sich aufgemacht. Ein Fenster, zwei Fenster, drei Fenster. Auf einer Krankenbahre hat man Lucy ins Spital gebracht. Das war ihre und Gargantuas Hochzeitsnacht.
Nun zurück jetzt, zu Viragh, hör, Eurydike, mich: Als er seine Lieblingsode „Solvitur acris hiems" übersetzen musste, und da die Mädchenaugen, vor allem Lucys Blick, so an ihm klebten, als er das Ganze gleich in Gedichtform bringen konnte … Und was ist jetzt, durch Erinnerungsfelder, Erinnerungsräume: sehe ich nicht Lucy, nein, ich sehe Dich als Mondgöttin, in Salzburg schon, aus dem Bus Nummer 6 steigen und Deinem Israfil - Israfil war ich nämlich auch - eine dunkelrote Rose kaufen, um sie ihm zu schenken. „Keiner singt so wild, so hell wie der Engel Israfil. Und die wirbelnden Sterne verstummen wie auf Befehl und lauschen dem Zauberquell

seiner Stimme. Ja, der Himmel ist Dein: Doch hier, unser Glück ist nicht von Dauer, Afrikas Sonnenglut ist meine Trauer."

Damals, in Arrabona noch, als ich das lateinische Gedicht ..., ja, viel früher übersetzte ich es, nicht erst bei der blöden Matura ... und viele andere Gedichte habe ich ebenso übersetzt ..., wollte ich dies dort nicht sagen, denn dann würden sie weiterfragen, und einmal werde ich mit meinem Latein dann am Ende sein, da die verärgerten Professoren ja nicht ertragen, dass dir ihr vermittelter Stoff, ihre Sache, so viel Freude macht, dass du einen Schritt weiter tust, als sie wollen. Nun war ich in Hochform in meiner Doppelfunktion: als Horazübersetzender Dichter, zugleich ein Verfälscher der Situation, wodurch ich mich für abgrundtief doppelbödig hielt. Doch ich hatte es nicht gestohlen, mein war es schließlich, das Gedicht!

Dennoch, als ein verwegener Mafioso spürte ich mich allmählich, und ich weiß, während ich die Verse langsam, als ob mir das alles jetzt mühsam einfiele, möglichst stotternd vortrug, sah ich Lucys, nicht Madeleines Gesicht, welches sie, Madeleine, aus Vorsicht versteckte, damit sie mit ihrem vielleicht ausbrechenden Lachen mir die Situation nicht am Ende noch verpatze. Sie kannte mein halbes Dutzend Horaz-Übersetzungen und Dutzende von Anfängen unbeendeter Versuche, verzweifelte Abbrüche ... Schon führt Venus im Mondschein die Göttin von ... Cythera, die Reigen ..., ihre Reigen, ja. Solvitur, das Frühlingslied, ist mir fast am besten gelungen. „Glück der Tüchtigen", sagte nachher Madeleine klug. So war Madeleine.

Also, die kluge Madeleine im Hintergrund, wie vor Angst gebeugt aus vorgetäuschter Sorge um mich, sah ich immerfort Lucys an meinen Lippen klebenden Blick, und ich nahm

sie – Gargantuas Braut –, während ich so vor mich hin sinnierend sprach, das Hic-et-Nunc-Entstehen des bereits Vorhandenen vortäuschend, ich nahm, ich weiß noch die Bewegung, die staunende Lucy Holl, Gargantuas Braut, ich riss sie gebieterisch in meine Arme, um mit ihr den verwegensten Tango Argentino aufs Parkett zu legen, den es jemals gab. Hier reißt der Film, und ich sehe meinen Tango so, als hätte ich ihn mit Dir … Mitten in meiner Matura getanzt? Doch nicht, dazu wären 21 Jahre Zeitverschiebung und diverse Ortsverschiebungen notwendig gewesen …
Siehst, meine Träume schick ich Dir, Alma redemptoris mater! Halt meine Blätter in den Händen, benetz das Papier mit Deinen Tränen, drück Deinen Mund auf unsere Tränen.
Dein kurzer Antwortbrief, Eurydike, fiel gnadenlos aus. Was heißt Brief: nur ein Zettel eigentlich. Alles Mögliche und Unmögliche wirfst Du mir vor: auch solche Dinge, die Dir eigentlich kaum wichtig sein können. So etwa die Sachen mit Gargantua. Plötzlich musst Du meinen alten Schulkameraden gegen mich in Schutz nehmen. Als er noch zu uns kam, hast Du nur intrigiert gegen ihn, wohl weil Du von vornherein über seine barbarische Entjungferung der Lucy Holl wusstest. Doch das hat Dich vorübergehend sogar interessiert. Jawohl. Du hast immer so ein wenig aufgeregt gelacht … Aber lassen wir das. Ich verweigere meine Bewunderung dort nicht, wo sie ihm gebührt. Wo sie ihm gebührt: Habe ich Dir nicht berichtet über seine geniale Idee, Stücke für Sopran-Gambe für 4 Finger der linken Hand zu komponieren? Gab ich nicht zu, und zwar gerne, dass Frau Gerda von Herne erst mit seiner Suite auf sich aufmerksam machen konnte? Dass alle die vierfingrige Gambistin sehen wollten, wobei Gargantuas Musik es war, die hervorragend gelungen ist … und eigentlich zum Hören gedacht die Suite und was später noch

folgte ..., Gargantuas Werk eigentlich. Also. Was ich Dir immer begreiflich machen will, hier siehst Du ein Beispiel, einen der vielen Gründe für sein abgrundtief höhnisches Lachen. Er wusste nämlich, wie es sein wird. Wie beim einarmigen Pianisten nach dem Ersten Weltkrieg. Alle haben Klavierkonzerte für die linke Hand geschrieben ... Alle wollten Wittgenstein hören. Nein, nicht hören. Sehen. Eine Balance wäre nur erreichbar gewesen, wenn Wittgenstein, wie auch Frau von Herne, nur für Blinde vorgetragen hätte ... Das Makabre, Liebes, kommt nicht aus der Bosheit des Beobachtenden, sondern aus seiner Verzweiflung an der Welt, die eigene Person mit inbegriffen. Wie ein verrückt gewordenes Kind rüttelte mich Gargantua noch vor einem Jahr – bedenke das, Eurydike, noch vor einem Jahr – Viragh, sag mir, warum habe ich das mit Lucy gemacht?

Auch Deine Verdächtigungen mit jener Frau, die ich letztes Mal erwähnte, kamen schnell und sind ungerecht, Eurydike. Der ganze Zusammenhang zwischen dieser Frau und mir sind Eure gleichsam etwas lilarot bemalten Fingernägel. Dass diese mich bei ihr fast so stören wie bei Dir, ist das Einzige, was Du zu meinen Lasten auslegen kannst: eine Art Untreue. Wenn auch nur von der kuriosen Art. Sie ist, ich meine, diese Ärztin, im Gastjahr, also ohne Salär, vor allem eine Frau, die Perücken trägt. Bisher Monroe-Blond, Orange, Tiefrot und Schwarz. Wie einst unsere Kollegin im Französischkurs, Antibes. Mein Antibes! Unser Antibes. Maison Paradiso ... Aber lassen wir es. Nun jetzt zu der Frau: Außer dem Lack und den Perücken, verblüffte es mich, dass sie sich von unserem Dauerpatienten Kobalt so sehr berücken ließ, dass sie – was Kobalts Frau, Lea, ihm versagte – das Abtippen seines Manuskriptes, vielmehr seines Tonband-Diktats, übernahm. Wie Kreisky seine Memoiren, diktierte Kobalt seinen Text: „Die

Schreibarbeit lasst ein Mann delegieren", sagte er. Selbst wenn er nur Volksschule hatte und die schreibenden Damen Studentinnen waren, Lea etwa im zwanzigsten Semester, oder gar fertige Ärztinnen. Die Gastärztin nun, die mit den Perücken, schreibt jetzt und will von mir kapitelweise ein, wie sie sagt, analytisches Lektorat. Weil ich so unbeweibt, hab ich in der Tat die Blätter genommen ... Und damit ich Dich mit meinem eigenen Zeug nicht weiter ärgere, schreib ich Kobalts Schrieb - einmal schon durch die Ärztin verbessert - noch einmal ab.
Früher hast Du doch meinen Schriftzug geliebt, oder sagen wir vorsichtig: gut gelitten. Den Schriftzug nur. Also nimm meine Zeilen in Deine Hände, streichle über sie, zerdrücke eine Träne in Deinem schönen Aug', wenn eine Träne käme.

Und hier: Kobalts gesammelte Geständnisse:

****

KOBALT

Eigentlich ist die Lea schuld. Für das alles. Das meint auch der Gigi, der, was mit mir in der WG wohnt.
Eigentlich ist das keine richtige WG, nur eine Zweizimmerwohnung. „Mickrig", sagt die Lea. Und drinnen nur der Gigi und ich. Seit meiner Scheidung ist das eben so. Dem Gigi ist seine Mama im Frühjahr g'storben ...
Doch, wir bleiben gute Freunde, die Lea und ich, wie man's so sagt, und die Lea ruft mich allweil an ... Immer, wenn sie etwas braucht. Das muss dann die Mutti kaufen. Weil ich nur meine Invaliditätspension hab... Von außen sieht man bei mir nichts: Hände, Füße, alles da. Kopf ist auch da ... Aber da drinnen. Mutti sagt, es tickt ein bisschen anders ... holprig. Vati sagt: Es könnte auch bei mir

ordentlich ticken, wenn ich nur wollte. Die Lea sagt dem Vati daraufhin, dass er faschistisch ist. Sei. Mit mir. Ich finde, die Lea sollte nicht allweil mit dem Vati streiten. Schließlich ist er mein Vati. Mutti sagt ja auch immer: Eine Lea kannst du noch viele haben. Jedenfalls einige. Doch deinen Vati hast du nur einmal. Und die Mutti auch nur einmal, sag ich ihr immer, und das freut sie. Aber in meinem Herzen denke ich, meine Lea hab ich auch nur einmal. Das sag ich aber der Mutti nicht.

Sie ruft mich an, ich meine die Lea, immer wieder, dass ich ja auf's Sozialamt geh und dass ich auf mich schaue, auf meine Rechte, damit meint sie das Money, und dass das Hemd sauber und die Hose richtig zu. Weil der Reißverschluss allweil von selber aufgeht. Ich weiß auch nicht, warum. Dick bin ich nicht gerade. Dürr, sagt die Lea. Die Geli freilich, die, diese bisschen Hatscherte aus der Tagesklinik, die sagt schlank. Die Lea könnte auch schlank sagen, find ich.

Die Lea ruft mich also extra wegen diesem Reißverschluss an, gestern zum Beispiel, als ob wir noch was miteinander hätten. Ich wurde ganz nervös, den Kaffee wollte ich kochen, da war zuerst der dreckige Topf, weil der Gigi, dieses Schwein, nie abwascht. Doch die Lea wäscht auch nie ab. Oder früher halt … Sie sagte einfach, dass sie mit ihrer Doktorarbeit so beschäftigt … und daneben das Kind. Violetta heißt sie, hab's eh schon g'sagt, nicht? Ja, Violetta und dazu mein Name: Ramminger. Die Mutti hat gegen diesen Namen angekämpft. Violetta Ramminger. Passt nicht z'amm. Warum nicht gleich Aida oder Carmen. Sagt die Mutti heute noch. Der Vati auch. In diesem Punkt sind die beiden einig. Aber die Lea ließ nicht mit sich reden. Ja, nur weil dein' Mutter ab und zu die Rechnung vom Reformhaus zahlt, das gibt ihr noch nicht das Recht, in mein Leben hineinzupfuschen: Das ist meine Tochter, sie wird heißen, wie ich's will. Ja, die Lea bestand auf Violetta, auf diesen Namen also, und auf diese Reform-Körner. Der Vati spottet:

Vogelfutter, Vogelfraß, schmeckt nicht und ist sündteuer. Wie die Steiner-Schule. Wo die Violetta jetzt schon ist. Die Lea spendiert der Schule zweihundert „per meses", wie sie sagt. Der Vati hat, als er das hörte, einen Tobsuchtsanfall gekriegt, fast wurde ein Schlaganfall daraus, sagt die Mutti. Die Lea schreibt ewig über diese Todesfuge von diesem, wie heißt dieser Dichter? … Na also unbedingt eine Todesfuge muss es sein, und der Viktor, mein zweiter Bruder, hat der Lea gesagt: Tod, das ist ja allgemein bekannt, aber Fuge …, das kommt in der Schreinerei nur vor. Also Tod, Schreiner, Sarg, oder? Doch die Lea hat daraufhin einen Vortrag über die Fuge gehalten, weil sie das kleine Latineum, oder wie das heißt, nach der Abendmatura ..., aber wir wussten am Ende doch nicht, was die Fuge, was angeblich vielmehr mit Musik …, ja die Lea sagte: vielmehr mit Musik als mit der Sarg-Schreinerei zu tun hat, und die Lea erklärte dann noch, dass es verständlich ist oder sei, dass unsereins so etwas nicht sofort kapiert …, weil unsereiner nicht im Musikschulwerk gelernt hat als Kind, oder im Mozarteum. Und jetzt lernt sie…, was lernt sie eigentlich? Etwas mit Germanen, aber nicht ganz so …, was weiß ich. Ja, das sind lauter Worte, die wir nicht kennen. Die Mutti ärgert sich jedes Mal, der Vati und der Viktor spotten, und die Frau Krautschneider, der Lea ihre Mutter, das heißt eigentlich Stiefmutter, weil der Lea ihre beiden Väter und Mütter im Krieg irgendwo umgekommen sind, als die Lea noch Adolfine hieß. Nein, erst hieß sie überhaupt nur die Waise. Oder die Waise von der Resi, so hieß sie lange, als sie ganz klein war. Die Resi, das war die Schwester ihrer Tante, der Frau Krautschneider, die sie dann auf Adolfine taufen ließ. Das heißt, die Schwester ihrer Tante, die Resi, war die Mutter, die gleich daraufhin starb, also gleich nach ihrer Geburt. Hoffentlich stimmt es jetzt. Puh, jetzt bin ich ganz erschöpft … So nahm sie also die Tante, die dann Frau Krautschneider hieß. Krautschneider durch ihren baldigen Gatten … Doch auch sie kam mit der Lea, das heißt, da-

mals noch Adolfine, aber nur Fini genannt, nicht aus. Jetzt auch nicht weg'n der vielen Fremdwörter und so … , und also, sie war auch sehr verärgert, die Krautschneider, als die Lea nach der Abendmatura noch immer keine Ruhe gab. Hätte beim Herrn Krautschneider gleich in die Buchhaltung gehen können, aber nein. Sie quält sich mit diesem kleinen Latineum, oder so … Dann ist sie krank geworden: kein Wunder. Und als sie ihren ersten Klinikaufenthalt hinter sich hat, beginnt sie das, was sie seitdem lernt, ich glaub, es heißt, jetzt weiß ich's wieder: Ger-ma-ni-stik! Schwiegermutter war entsetzt. Sie hatte sich erkundigt bei der Nachbarin, die was die Witwe von einem Professor ist, eigentlich eine Etage tiefer … Was? Das ist nur Deutsch, weiter nichts! Deutsch wird sie wohl inzwischen können … Die Lea sagt, dass die Krautschneider eine überhebliche bürgerliche Schneidermeisterin ist. Reich und eingebildet. Immer in Burberry. Ihren Namen, Adolfine Krautschneider, den sie durch die Adapt, Adopt, wie das Ding heißt, das Verfahren, verpasst bekam, das alles nennt sie heute noch einen faschistischen Bosheitsakt. Jetzt fällt mir ein, dass die Todesfuge von einem Juden, ich sollte lieber sagen: von einem jüdischen Dichter, stammt. Wie heißt er doch? Er war auch in einem Lager. Aber da waren viele. Der Vati sagt ja immer, so ein Quatsch, die Juden bilden sich ein, dass sie in einem eigens für sie errichteten Lager bei uns umgekommen sind. Eigens für sie! Exklusiv, privilegiert. Arrogant, wie die Juden halt sind! Die Lea war dann erregt, und sie packte den Vati an den Schultern und drückte ihn nieder auf das Sofa im eigenen Wohnzimmer, das heißt meiner Eltern, in deren Zimmer … Nach dem Mittagessen. Sonntag. Die Mutti erteilte der Lea daraufhin Hausverbot. Weil doch der Vati mit seinen fehlenden Beinen sich nicht wehren konnte …, er schluchzte aus Scham, dass ein Weib ihn niederdrücken kann … Ich fand das auch nicht richtig von der Lea … Da hat unsere Scheidung wahrscheinlich begonnen. Heute bin ich auf einem kurzen Spaziergang wieder in diese schrä-

ge Gasse hineingekommen, vielleicht die Stauffeneggstraße oder die Aribonenstraße, dort, wo früher die Telefonzelle stand, von wo ich die Lea zum ersten Mal angerufen … noch bei ihrer Tante … Krautschneider …, weil ich auf dem Gruppenfoto, Polaroid – wenn Sie wissen, was das ist –, das der Rudi aus der Beschäftigungstherapie machte, sah, dass die Lea mich so ganz tief verliebt anblickte …, auch dankbar …, weil ich ihr sagte, dass der Name Fini nicht zu ihr passt … Und als sie mich fragte, wie denn sie heißen soll, sagte ich, dass ich nachdenken will. Das war also ein guter Tag, kein schusseliger, wie sonst. Erst nachdenken. Das wirkt so überlegen, nicht? Und weil die Mutti Kundschaften hat, die Familie Lenz und deren Tochter eine Künstlerin ist oder Tänzerin oder Sängerin, was weiß ich …, und diese nennt sich jetzt, oder halt damals, Lea Lenz, und die Mutti fand das gut. Lea Lenz. Und so habe ich sie noch am gleichen Nachmittag aus der Zelle angerufen, weil die Krautschneider als Schneidermeisterin ein Telefon hatte. Und die Lea selbst kam zum Telefon, nicht ihre Adoptivmutter, und hob auf und sagte unfreundlich, was sie vielleicht sagen musste: Schneidereiwerkstätte Krautschneider, doch das kann gar nicht sein, denn die Frau Krautschneider arbeitet ja nur schwarz …, und eben darum hat sie das so gesagt: Schneidereiwerkstätte Krautschneider, und ich hielt inne, doch, bevor sie aufgelegt hätte, sagte ich: Lea. Jetzt hielt sie inne. Und jetzt sagte ich noch einmal Lea, ich hauchte: Lea, Lea, Lea, und dann sagte sie nach einer langen Pause, aber ich hörte ihr Atmen. Erregtes Atmen. Und ich sagte noch einmal: Lea. Und sie sagte dann: Und du bist Kobalt. – Kobalt? – Ja. Wegen deiner Guck. Du hast wunderschöne kobaltblaue Guck. Dann war die Münze runtergefallen, doch ich hatte damals einen glücklichen Tag, so fand ich gleich noch einen Zehner. Ich ließ nicht locker, wie sonst. Ich schlug ihr vor, dass wir irgendwo ein Eis essen. Doch nicht in der Eisgrotte? Nein. Und mir ist dann eingefallen, dass oben im Hotel Europa … Damit könnte ich Eindruck machen

... Nachmittags muss man nicht zu Abend essen, denn so viel Geld hatte ich nicht bei mir. Und wirklich, es hat geklappt und wir saßen da oben, und die ganze Stadt unter uns, ein herrliches Gefühl ..., und weil das Eis aus war, habe ich Martini trocken bestellt. Ich hatte meine Ray-Ban-Sonnenbrille auf, das hat sie – glaub ich – auch etwas beeindruckt. Und mit meinem Zippo-Feuerzeug zündete ich ihr eine Camel an, was freilich von der Mutti stammte – wie übrigens die Brille auch. Nur wenige Kunden haben bei ihr Camel bestellt. Diese Kunden waren aber die besten Kunden. Alle aus Parsch, Aigen oder Innenstadt. Na ja.
Zufällig kannte ich damals die Zusammensetzung vom Martini, weil der Manuel einmal einen ganz großen Vortrag darüber gehalten hat: Er wollte dem Viktor beweisen, dass er gewisse Feinheiten des Lebens kennt, nicht? Dass nicht alles nur Inventur oder Inventar ist und Schrotthandlung, was der Viktor damals schon neben seiner Stellung angefangen hat. Und dass ein feiner Mann nicht Biertrinker sein kann. Viktor, du bestehst aus Bosnawurst, Erdäpfelgulasch und Weißbier, sagte der Manuel öfters. Er selbst bestellte sich ein kaltes Beefsteak mit Waldorf Salat ... Das weiß ich noch genau. Und Toast-Brot dazu, und davor Schildkrötensuppe. Letztere gibt's nicht mehr. Wegen Tierschutz. Beefsteak auch nicht, wegen Rinderwahn. Terrasse auf dem Hotel Europa auch nicht. Wegen der Wiener Allgemeinen Versicherung, die das alles abreißen will.
Und jetzt, als ich an unseren ersten gemeinsamen Nachmittag – Lea und Kobalt oben über der Stadt – dachte, beugte sie sich über mich und hielt mir die Augen zu. Ich wollte mich lange nicht rühren, so wunderbar war dieser Augenblick, so zärtlich hat sie mich von hinten umfangen, und so fürchtete ich wahrscheinlich, dass sie mich nur täuscht und dass sie dann wieder diese Sache schreien wird, alles, was ich versäumt habe und was ich nicht kann ..., ach Lea, bleib noch etwas so, etwas ganz still, wie damals, Anfang des Sommers war das, die ersten Tage des Julis. Doch jemand brach in Kichern aus: Nicht die

Lea, die Truthahn beugte sich von hinten über mich, sie steckte die Zunge heraus und drang damit in meinen Mund. Nein! Truthahn, so nannten wir sie, war ein Monstrum, die den Assistenzarzt, der was der Traudl das Kind nicht gemacht hatte, dafür aber der Alois, der sich dann gleich nachher aufhängte …, dieses Weib hat mir aufgelauert, weil der Assistenzarzt inzwischen nicht mehr in dieser Klinik arbeitet, geschasst wegen derselben Ewig-Patientin Truthahn, die ihm früher ständig auflauerte, und er konnte sich kaum erwehren, und einmal soll er ihr gesagt haben, total entnervt, wie er war, dass er Priester ist oder sei im Zivil, und die Truthahn hat daraufhin den Herrn Primar bestürmt, dass er den Assistenzarzt vom Zölibatsgelübde entbinden soll, dieser lachte nur und schickte sie zum Herrn Bischof. Und von dort ging ein geharnischtes Schreiben an den Herrn Landeshauptmann. Woraufhin der LH dem Primar und der Primar aber dem Assistenzarzt die Leviten gelesen hat, und der Arzt musste gehen. Also muss sie jemand anderen … Pfui, Frau Truthahn, so etwas macht man nicht, und ich rannte zurück zum Oberpfleger und bat um meine ordentlichen Kleider, und so kam ich nachmittags dann heraus und ging zum Übergangsheim, wo die Geli auf dem kleinen Balkon auf mich wartete.

KAPITEL XI

CIVEZZANER ERINNERUNGEN

Bis dahin bin ich mit Kobalts Text durchgekommen. Seine Blätter sollen ruhen zwischen Deinen Fingern, und die Träne, wenn sie käme, soll nun fallen auf meinen Schriftzug, den einst geliebten.

Noch keine Antwort von Dir, Eurydike, es könnte auch nicht sein, so schnell schicke ich den Nachschub. Die Ärztin setzte übrigens jetzt ihre rote Perücke auf, und mir scheint, dass sie Tag und Nacht Kobalts Texte vom Band abschreibt. In einem Augenblick der Eitelkeit und Selbstliebe habe ich die Sache so gesehen, dass diese enorme Schreibenergie nicht aus Liebe zu Kobalt, sondern aus Interesse an mir entstanden wäre. Will sie doch ständig meine analytische Auslegung haben. Über Kobalt spricht sie als „unser gemeinsamer Patient"; und aus Trägheit habe ich bisher immer nur „mmh, mmh" gesagt. Nein, kein gemeinsamer Patient, überhaupt nichts Gemeinsames mit Ihnen, Frau Doktor, mit den verschiedenfarbigen Haaren, doch ich sage nur mmh, mmh. „Dir ähnlich", höre ich Deine Stimme, Eurydike. Der Egoismus und die Eitelkeit und, und, und … Doch sie stört mich, diese Ärztin, mit ihrem vorgetäuschten wissenschaftlichen Eifer, während sie mich mit kluggestellten Augen anschielt, als ob ihr gerade jetzt ein Genieblitz durch die Gehirnlappen zuckte, während sie eigentlich nur meine – aus dem Hemdärmel herauslugende – Jaeger LeCoultre-Uhr betrachtet. Nun, sagen wir: oder Du selbst, Eurydike, sagtest mir immer (früher), dass ich vornehm-schmale Handgelenke hätte und dass das Hemd auch immer tadellos wäre, und es lugt dann noch eine teure Uhr heraus. Als wären diese „significant moments" eine Täuschung nur: klang es in der letzten Zeit bei Dir an. Doch alles in allem ist dies aber wahr: das Handgelenk, das Hemd und die Uhr ... nicht? Die gehören wirklich mir. Und gehören rechtmäßig mir. Denk nur nach: warst Du doch jene Frau, und da bin ich ganz gewiss, dass Du es warst, die mir öfters sagte, in welcher großen Menge auch immer sie meine Füße oder Hände sehen würde, wüsste sie sofort, dass diese mir gehören, nur mir gehören können. Was für ein Bild, Eurydike, wo Du nur meine Füße und Hände sehen könntest: Stellst Du Dir am Ende ein islamistisches Blutbad vor? Sonst ist diese Trennung von Füßen und Händen unwahrscheinlich. Oder? Ich träumte öfters von diesem Blutbad, muss ich Dir eingestehen, und einmal sah ich Deinen neuen Schwiegervater dabei, als alten, gebückten Mann, der an einem Stock ging. Mit diesem Stock schob er die Körperteile der Abgemetzelten auseinander. Wie ein Trödler, der in alten Sachen herumstochert, mit einem Stock, seine Hände schonend. Nur schob Dein Schwiegervater mit demselben Stock, an welchem er selber ging. So dass ich (als Toter?) ständig auf ihn raufschielte, wann er denn umfiele. Es war genauso wie einmal in Civezzano, dieser Akrobat, der ebenfalls an einem Stock ging, dann aber zog der bisher schmerzlich Hinkende, mit einer entgeisternden Entschlossenheit, also er zog an seiner bisherigen Stütze und hielt denselben Krückstock jetzt vor sich hin, als ob er sich selber zum Narren halten wollte. Wir standen im Publikum – Du warst doch mit mir? (bitte bestätige dies) –, und ich weiß, dass ich ganz naiv Angst kriegte um den Mann, der ohne seine Stütze nun hin und her wackelte, und es war zu erwarten, dass er vor unserer Nase hinfallen würde. Warum hält er seinen Stock dann vor sich hin, wenn er nicht einmal geradestehen kann? Andere, „bessere Menschen“, wie Du sagtest, sprangen hin, um ihn aufzufangen, so sicher schien sein Fallen auch den anderen. Und just im Augenblick, wo er die Menge zum Eingreifen herausreizte, sprang er mit dem gewaltigen Sprung einer Heuschrecke auf den vor sich gehaltenen Stab. Dann wechselte er die Hand, der Stab war wieder eine Leitersprosse höher, und er sprang wieder wie eine Heuschrecke, um auf dieser Stufe erneut greisenhaft zitternd zu wackeln. Die Menge trat wieder aufgeregt einen Schritt vor, als ob man mit bloßen Händen den herunterfallenden Körper auffangen könnte. Ich dachte bei mir, es wird langsam gefährlich, und statt den Mann fangen zu wollen, habe ich Dich aus dem möglichen Kreis seines Niederklatschens weggezogen: Ja, Eurydike, Du hast recht, ich wollte nicht - mit Dir zusammen - das Opfer der schlechten Berechnung eines Akrobaten werden. Das mächtige Springen und dann das zerbrechliche Balancieren haben mich aufgeregt. Was ist er eigentlich, ein starker Kerl oder ein hinfälliger Alter? Ich glaube auch, dass Du mich gefragt hast, erregt unter dem Eindruck der höchsten Gefahr, ob dieser Artist nun - immer höher steigend - von einer der Stufen dann doch vor unserer Nase auf dem Katzenkopfstein blutig aufschlägt, oder gar auf unseren Köpfen … Was für ein Tod, unter einem ungeschickten Akrobaten auf dem Kirchplatz! Neben uns leuchteten die Grabsteine des mondbeschienenen Friedhofs.

Da wir die Frage, ob ein noch kräftiger Mann, perfiderweise das Alter verspottend und damit seine eigene Zukunft töricht lächerlich machend, oder ein wirklich alter Artist mit den letzten Resten seiner Kräfte, die er durch enormes Können Schritt für Schritt kämpfend sich abringt, als wäre die Hinfälligkeit des Alters etwas, wogegen mit Willenskraft anzukämpfen sinnvoll wäre…, nun wir konnten uns nicht einigen, ob ein dummer junger Kerl das Alter parodiert oder ein Alter seine Jugend zum letzten Mal zurückholen will. Du neigtest zu dieser heroischen Version, ich eher zu der ersten. Langsam wurde der Mann, Du weißt noch, unser Streitthema. So sind wir an allen drei Abenden des Gastspiels am Kirchplatz von Civezzano gewesen. Ich sah die Sache am zweiten Tag schon so, dass wir beide irren. Er ist ein Mann im besten Mannesalter, aber er ist ein von seiner Frau verlassener Mann. Somit einer ohne die Heimat seiner Seele… Nach jedem Sprung wird er sich seines Zustandes gewahr. Erschöpft nach der mächtigen Anstrengung eines jeden Sprunges, kommt er an die neue Stufe, fragt er sich: Wo bin ich? Bin ich daheim? Antwortet er sich: Es gibt kein Daheim für mich! Er bricht in krampfhaftes Weinen aus und will seine Schmach – die des Weinens und verlassen worden zu sein – mit allerlei dummem Ulk vertuschen. Daher diese – von unten gesehen – scheinbare Verspottung des Alters, die er nie vollziehen würde. Jetzt weiß ich es, Eurydike, denn der Verlassene – zumal ein Mann – weiß genau, dass nach dem Verlassenwerden die Krankheit und dann das Altwerden kommt.

****

Tja, was ich sagen wollte, sie, die Lea, rief also an wegen dem Reißverschluss und so. Aber der Kaffee war, wie gesagt, schon aufgesetzt, und der ist dann wegen ihrer endlosen Telefonierei übergelaufen. Die Herdplatte, oje! So lang gepitzelt, sagt die Mutti, bis wir das haben kaufen müssen, diese Mikrowelle und den Wellenherd, alles muss sie immer haben, ein Vermögen …, sagt die Mutti, doch die Lea wollte das alles unbedingt, weil ihre Freundin die Dinger ja auch hat. Und dann war sie enttäuscht, die Lea, weil die Platten nur draufgezeichnet sind, nicht wie früher … Vielleicht ist das nur ein Schmäh, meinte sie, die Lea, und die Mutti hat dann ihre Hand, das heißt die Hand von der Lea, auf die heiße Platte gedrückt, damit sie aufhört, blödes Zeug zu reden. Die Lea musste dann zum Arzt und verlor auch noch ein Semester daraufhin – daraufhin, sagte sie –, weil sie mit wunder Hand nicht schreiben hat können. Doch die Mutti sagte, alles nur Ausreden, das mit der Wunde und so. Muttis Hände sind immer schon wund gewesen wegen dem Waschen und von der vielen Arbeit. Überhaupt: Was einen nicht umbringt, macht einen stark. Ja. Sagen wir: die Rammingers … Nun hatte sie, die Lea, ihre Mikrowellen und das alles, aber da haben wir uns geschieden, und jetzt ist diese verdammte Welle bei mir geblieben. Jedenfalls ist jetzt das ganze Ding mit Kaffee verbrannt, es stinkt … Mutti wird fluchen …, sie allein kann es machen, der Gigi und ich …, ausgeschlossen.

Dann hab ich kein Brot gefunden. Den Rest vom Kaffee hab ich nur so ausgetrunken, kein Zucker, nichts. Der Gigi frisst alles auf, was süß ist. In der Nacht. Er steht auf in der Nacht, Licht fällt von dem Oberlicht auf mein Bett, so blöde Türen haben wir. Ich höre dann seine Schritte, in Patschen schlurft er, brrr! Erst geht's ins Klo, dann kommt das Spülen, dann geht's in die Küche, und er frisst, was er findet. Vor allem Süßes. Wie gesagt, Zucker nur so. Pur. Löffelweise. Er ist schon erschreckend dick, sagt auch die Mutti. Aber auch dem Gigi seine Schwester, die Melanie … Auch sie macht seit fünfzehn Jahren ihre Doktorarbeit, so kann sie nur einmal in der Woche abwaschen kommen, und das nur, weil sie am Bett ihrer sterbenden Mutter geschworen hat, dass sie auf ihren depperten Bruder schaut.

Na ja, und ich wurde dann zittrig vom schwarzen Kaffee. Eigentlich war das nur Kaffeesatz. Und die Lea rief mich wieder an, dass ich das Arbeitsamt ja nicht verschlaf, weil sie neue BHs und Schuhe braucht. Und auch die Violette irgendwas, weiß nicht mehr …, und weil sie so drängte, bestellte ich ein Taxi. Von der Kirchen-

straße bis zur Franz-Joseph-Straße Ecke Linzer Gasse zur Wolf-Dietrich-Apotheke: dreiundachtzig Schilling. Das war wieder derselbe Taxler, der mich schon oft, auch den Gigi … Er grinst so bös, wenn er uns sieht … Nna, die Herren, sagt er, Nna, schon aufgestanden? wenn es gerade mittags ist … Als wenn wir kein Recht hätten, es einmal so eilig zu haben … Was geht es ihn überhaupt an, wenn wir zahlen? Dem Gigi hat er einmal gesagt, dass er, der Gigi, so viel frisst, dass er sein eigenes Fleisch, welches ihn die arbeitende Bevölkerung hat anmästen lassen, nicht derschleppen kann. Die Lea wollte gleich aufs Gericht mit'm Gigi gehen: Menschenrechte und so, das war uns dann wieder zu viel Stress. Unser Schwung war plötzlich weg.

Da er jetzt nun nicht rausgeben konnte, dieser Taxler – er heißt übrigens auch so, oder fast: Traxler heißt er –, ließ ich den Hunderter bei ihm. Aber dann fiel mir plötzlich ein, dass das der Tausender vom Vortag von der Mutti … Und der Traxler merkte es offenbar auch, und er führte ein Theater zur Ablenkung auf – ja, blöd bin ich nicht, ich merke sowas. Er begann zu fluchen, fürchterlich, und tat arm, dass er jetzt mit der Wechslerei herumrennen muss … So hatte ich keine Lust mehr zu sagen, das mit dem Tausender …, er ist auch so ein großer, grober Kerl. Schlägt noch am Ende zu. Er verschwand, angeblich, um in einem Hotel zu wechseln, Geschäft war noch keines offen. Die Lea hat mich zu früh geweckt: Es war erst 6 Uhr früh.

Der Traxler hat mir noch dieses Wort zugerufen, was ich ungern höre und nicht wiederholen will …, weil ich ja krank, unheilbar bin. Der Oberarzt Fitz bestätigte meine Schizophrenie … oder was Ähnliches, fast Gleiches, jedenfalls Unheilbares, etwas mit Bord. Ich war so erleichtert, als er mir das sagte. Ich hoffte damals, dass der Vati mich nimmer herumhetzen würde … wie bisher. Weil ich krank bin. Vati aber meinte nur: Geh, wie soll es heißen? Bord … und wie weiter? Und die Lea schrie das Wort hinein – diesmal aus

der Küche, wo sie ausnahmsweise …, na ja, wegen'm Espresso, was nur sie allein … Extravaganzen, sagt die Mutti, bei uns gibts Milchkaffee, aber zum Frühstück, nicht nach dem Essen –, und der Vati meinte: Lein! ach Lein! Ist das auch was? Bordlein haben wir im Geschäft genug. Ihr alle seid Friedenskinder! Immanuel im Jahr 1946, Viktor 47 und du gar 48 geboren! Ich habe im Krieg meine beiden Beine verloren …, und der Vati schlug vor, dass ich mit ihm tausch. Er nimmt meine kleine eingebildete Krankheit, dieses Bord oder Bordlein, was ja nur Trägheit ist …, ich seine zwei Prothesen. Mutti hat geweint. Aber die Mutti lässt mich seitdem nie in der Nacht …, wenn wir diese, diese Inventur haben, mitmachen. Was hat die Lea gesagt? Inventur ist die Aufnahme des Inventars, oder hat sie gesagt, Inventar ist die Aufnahme der Inventur? Inventur ist also das Inventar der Aufnahme – jetzt hab ich den Faden verloren. Also, wo sind wir stehengeblieben? … Was weiß ich, die Lea wird es schon wissen …, wenn sie's dann abschreibt … oder welche Dame es dann abschreibt … Meine Diktiererei da vom Gerätl.
Vati lässt den Laden nie zumachen. Diese Inventurinventar wird in der Nacht gemacht. Vati, Mutti, Viktor, Viktors erste Frau und früher auch ich, und sie haben es von der Lea auch erwartet, aber die Lea verweigerte sich. Das heißt, sie kam einfach nicht. Ich lass mich von deinen Eltern nicht bestellen. Na ja, ich dachte schon, dass das von der Lea nicht in Ordnung ist. Weil die Lea die Mutti allweil anruft, kurz vor 8, dass die Violetta in die Schule muss, und die Mutti hetzt hin, und das Kind macht die Aufgabe im Auto … nicht ganz z'ammgerichtet das Gewand. Die Schuh' muss die Mutti allweil noch z'ammbinden … auch die Haare … Das muss die Mutti dann noch auf dem Flur, wobei schon die Glocke scheppert. Nein, die Glocke vielleicht nicht, weil, was die Steiner-Leute nicht wollen, ist Stress. Dafür zahlen sie, die Reichen – doch auch wir, die durchaus nicht Reichen! – dann monatlich zweihundert, wirft uns der Vati vor, auch noch in den Ferien, das macht zwan-

zigtausendvierhundert im Jahr ... Auch das Sozialamt will das nicht einsehen. Warum geben wir die Violette nicht in eine normale Schu– ..., nein, ich muss sagen Violetta, doch die Mutti nennt sie einfach Letti, und sie selbst nennt sich Titi, besonders, wenn es uns Eltern nicht so ganz gut geht ..., öfters kam das schon vor. Ich lag auf der einen Pritsche und die Lea auf der anderen, weil wir ja beide depressiv waren. Sie rannte hin und her zwischen uns beiden, ich mein die Violette, praktisch im Dunkeln – weil ja das Rollo bis zwei Uhr mittags ... – und wollte uns wecken. Ich frage mich oft, ob wir richtig getan haben mit der Violette, weil ja die Lea drei wissenschaftliche Stellen oder Institute, was weiß ich, angeschrieben hat, angeschrieben hatte, angeblich samt beigelegter Diagnose, die sie irgendwie vom Eisbär, das ist ja unser Primar, hab ich eh schon g'sagt, rausgepresst hatte, behauptet sie... Also, ob zwei Schizophrene oder so, was wir halt sind, ein Kind haben sollten. Und die Damen und Herren von diesen Instituten, München, glaub ich, und Wien und die Schweiz war auch dabei, also die haben höflich geschrieben, dass angesichts des beiderseitigen gesundheitlichen Zustandes und weil wir sie ja selbst fragen: lieber nicht. Daraufhin sagte die Lea: jetzt erst recht. Und dann ließ sie mich nicht in Ruh, obwohl sie mir allweil sagt, dass ich ein ungepflegter Mensch ... und wie ein Skelett, so mager, dass es ihr wehtut, wenn ich auf sie draufflieg, und dass ich nicht raffiniert ... so als Liebhaber, und Bücher hat sie mir gebracht, so um fünfzehn bis siebzehn Bücher, auch indische, über Liebeskunst. Etwas mit Karma: Karmasutran, oder wie das Ding heißt. Ich konnte das Ganze sowieso nicht lesen, doch ich schlug so pro forma eine Seite auf, und da stand, also, da war etwas beschrieben, was mich ganz traurig ... Ja, wirklich, ich wusste nicht, dass man davon, was so gedruckt steht irgendwo, in einem Buch ..., so beeindruckt sein könnte ... Allerdings sagt die Mutti, dass ich zu sensibel bin, und das allein ist meine Krankheit ... Doch, ich muss diese Geschicht' hier drauf-

sprechen, weil es mich nicht loslässt.
Also: da stand, dass ein reicher Mann, ein Mandarin war er, glaub ich, seine Frau zu vier Bäumen führte, die ein verzogenes Viereck bildeten und zwischen denen duftendes Gras wuchs. Früher war das ihr Rasen der Liebe. Im Park des reichen Mannes … Da aber die Frau ihren Mann inzwischen mit einem Hausdiener betrogen …, also jetzt kam es anders. Der Mann hatte Kirschen mit, die die Frau ihm in ein feines Körbchen z'ammgerichtet hatte, doch zur Erfrischung nach dem Liebesspiel, wie früher oft, dienten die Kirschen jetzt nicht … Also der Mann drückte seine Frau unter dem ihm gegenüberstehenden Baum auf den Rasen und band sie mit ihrem Gürtel an diesem Baum fest. Die Frau dachte dabei noch an eine neue Form eines Liebesspieles, denn der Mandarin war diesbezüglich sehr erfinderisch. Auch noch, als er ihre zarten Fußknöchel rechts, dann links zärtlich in die Hand nahm und diese an die rechts und links stehenden Bäume festband, dachte sie an eine durch scheinbare Grausamkeit gewürzte Variante, doch etwas ängstlich wurde sie schon, denn der Mandarin wendete ihr nach dem Festbinden den Rücken zu und ging wortlos mit dem Kirschkörbchen zum vierten Baum. Jetzt begann die Frau leise zu weinen, denn sie begriff, dass ihre Untreue entdeckt und ihrem Herrn verraten wurde … Der reiche Mann setzte sich ruhig seiner ungetreuen Gattin gegenüber auf den duftenden Liebesrasen, nahm den Korb und stellte ihn vor sich hin. Doch zuerst begann er zu singen. Ein Lied, was diese seine Lieblingsfrau allzu gut kannte, weil er dieses Lied nur ihr allein vorsang. Irgendwie ging es mit: „Herzliebstes Bild …, bewahr mich mild …". Er sang sehr langsam und machte Pausen zwischen den Zeilen. Und immer, wenn er innehielt, nahm er eine Kirsche, und er nahm sie so in den Mund, als wenn er jemanden oder eben diese seine untreue Lieblingsfrau küssen würde. Dann aber spuckte er den Kern aus, wobei er diese – er aß den ganzen Korb leer – , also die Kerne spuckte er, genau ge-

zielt, zwischen ihre Schenkel. Ein Kern, dann sang er das Lied weiter, dann wieder ein Kern und so weiter. Mehrere Strophen. Und er selbst muss dabei geweint haben, nur dass seine Tränen nicht – wie bei der Frau – nach außen, sondern nach innen fließen mussten, denn am Ende der ganzen Prozedur waren seine früher so fröhlichen Augen wie blind und tot. Wolltest du das? Wolltest du das?, sprach er ganz irre vor sich hin, als er den Platz verließ. Seine Lieblingsfrau musste dann von den Dienerinnen befreit werden, die sie schon überall, Böses ahnend, ja, wegen der allgemein bekannt gewordenen Untreue, Böses ahnend, sie schon überall gesucht …

Ja, dachte ich, es ist doch komisch, was die Lea mir für Lehrbücher zum Lesen gibt, als wäre sie meine untreue Gattin, oder ist das nur ein Zufall?? Aber die Mutti sagte, die Lea würde so eine Strafe verdienen mit ihren Extravaganzen und weil sie eigentlich ein Luder …, dabei schlug sie sich auf den Mund und redete nicht weiter. Ich selber versteh nicht wieso, doch dann kaufte ich auch so ein Körbchen mit Kirschen, aber alles umsonst. Ich kann nicht so gemein sein. Vielleicht weil ich krank…? Der Mandarin war ja ein kerngesunder Mann. Er zeugte doch seinen vier Frauen und zahlreichen Konkubinen ein' Haufen Kinder, während ich …

KAPITEL XII

KÖNIGSKINDER

Eurydike, die Briefe sausen ohne Unterbrechung zu Dir, als ob ich aus der Angst, Du würdest meine erste Sendung nicht beantworten, gleich die zweite, dritte schicke, um Dir das Antworten fast unmöglich zu machen und mir gleichsam das ängstliche Warten zu erleichtern. Damit löse ich bei der unentwegt tippenden Ärztin eine Verwirrung aus: Hat sie doch, die meine Armbanduhr, Manschette und sogar mein Handgelenk wohlgefällig betrachtet, ein solch stürmisches Interesse an Kobalts Arbeiten von meiner Seite kaum vorausgeahnt. Bei einem, der so wenig nach außen trägt. Ich weiß ja, dass sie auch mich wie jeden anderen Mann in ihre Psycho-Tabelle eingeordnet hat, und jetzt kann ich mir ausrechnen, welchen Stempel ich mir eingehandelt habe: schizoid, melancholisch, labiles Gefühlsleben. Leicht zu beeinflussen, oder vielleicht schreibt sie gar: leicht entflammbar. Doch, obwohl sie inzwischen eine grünblaue Perücke trägt, bin ich weiter entfernt, entflammt zu sein, als je zuvor: Eher noch könnte ich mich in das Objekt ihres primären Interesses verschauen, in Kobalt, mit den tatsächlich kobaltblauen Augen, die unheimlich zur Geltung kommen, wenn er infolge der Wirkung bestimmter Psychopharmaka die Pupillen in die auswärtsschielende Richtung dreht. Und weil Du mich zumindest mit Interessen gleichgeschlechtlicher Art nie beschuldigt hast, kannst Du abmessen, wie klein mein Interesse für die nunmehr grünblaue Ärztin sein muss. Sie sieht – fürchte ich – die Dinge anders. In der Annahme, dass ich ihr nachrenne, indem ich bei ihr wegen Kobalts Texten ständig vorbeikomme, verach-

tet sie mich langsam. Das spür ich. Nur, wieso schreibt sie dann in einem solchen Tempo? Und wie dieses Service unseren Kobalt manisch beflügelt. Er diktiert in einem durch im schnellen Sprechtempo. Freilich legt die Frau Doktor Kobalts Euphorie ebenfalls als Zeichen seines wahnsinnigen Begehrens ihr gegenüber aus. Während, wie ich meine, der Kobalt seiner Lea nachrennt wie ich Dir, Eurydike, eigentlich. Wir stoßen uns an der Frau Doktor an wie Billardkugeln und schlagen, das heißt unsere Seelen, für sie unverständliche Richtungen ein. Jedenfalls: wir springen davon.
Ja, wir sind alle Königskinder, nicht Friedenskinder. Königskinder, jawohl. Aber solche, die sich am Anfang hatten und die übersahen, dass sich das Wasser zwischen sie drängte. Eine schmale Wasserader wird der Beginn gewesen sein, der von uns beiden übersehen wurde. Übermütig übersehen. Bald standen wir im Gatsch und bespritzten uns töricht mit sandgemischtem Wasser. Dann hielten wir uns im angewachsenen Fluss mit ängstlichen Händen. Dann wurde der Fluss zum Teich; wir konnten nicht mehr stehen, der Lehmboden sog uns ein, Du wolltest nicht schwimmen. Gerade noch einen Augenblick, Deine Hand trennte sich von meinem im Schwimmen schlagenden Arm. Ich hätte das Ufer erreicht, Eurydike! Mit Dir zusammen würde ich alle Ufer aller großen Wasserpfützen der Erde erreichen. Allerdings die der Ozeane nicht. Du weißt, ich bin realistisch. Im Ozean würde ich mit Dir - gerne - untergehen.
Wo blieb unsere kleine Wasserader, Eurydike, damals noch Galatea genannt, wo blieb das kleine leergewordene Haus, Gaderer-Omas Küche, und die Zimmer nur für uns fürs ganze Jahr? Wo blieb unser abendliches Singen, das Gehen um den stillen See, wo bleibt das grüne-grüne Gras, die leichte Wolke und das sich stets verändernde Blau unseres Him-

mels? Wo bleiben die goldenen Ähren, zerfurcht wie Haare im wilden Wind, wo unsere kleinen blauen Schirme, unser Rennen vor den Blitzen in das Haus, das Kuscheln der Königskinder in der Ecke, das Einheizen im kleinen, schräg sich stützenden, uralten Herd? Wo sind die Katzen, die durch die Spalten unserer Haustür rein und raus rannten, wo die Mäuse, vor denen Du, Mädchen, vorschriftsmäßig bei mir den magischen Schutz suchtest, wo wird der Sommer bleiben, wo der See (tó), die Mohnblume (pipacs!) – Du wolltest meine Muttersprache ja lernen –, wo bleibt der Kuss?
I hear nevermore: mir schließt sich das Ohr. Ich sehe Deiner Hände Wink: Ich werde blind.

****

Irgendwie wurde die Lea dann doch schwanger. Doch der Vati sagt, dass die Violette vom Schmetterling stammt, von dem, der was durch das Fenster der Beobachtungsstation der LNK sprang. – LNK heißt: Landesnervenklinik. Vielleicht wissen das nicht alle. Also von der BO der LNK sprang er mit einem Nachtkastl vor sich, damit das Doppelglas durchbricht. Das Nachtkastl ist ihm dann auf den Rücken gefallen, die Wirbelsäule war futsch, und jetzt ist er an den Beinen gelähmt. Eigentlich von der Gürtellinie ab, heißt es ..., sitzt im Rollstuhl. Man wusste nicht, wohin mit ihm. Ein vierundzwanzigjähriger Lackel, Bäckerlehrling und Sportschwimmer: daher der Name Schmetterling. In einem Altersheim in Thalgau hat man für ihn dann einen Platz gefunden. Das war vor zehn, zwölf Jahren oder noch früher. Noch unter Kreisky. Die Lea fand das empörend, und wir mussten immer nach Thalgau und immer Geschenke mitnehmen und so. Und der Vati sagt, dass die Lea mit-'m Schmetterling GV, das heißt Geschlechtsverkehr, gehabt hat, weil er im Rollstuhl und weil sie die ganze Welt ja allweil erlösen will, statt sich selber. Dem Antonin hat sie auch alles Mögliche in die Beobachtung hingeschleppt. Sie taufte ihn, der eigentlich nur Alois Stockinger hieß, nach einem berühmten Dichter, nach einem Franzosen diesmal – ja, wieder Dichter – etwas mit Arto –, aber wie man das schreibt, weiß ich nicht, aber das muss eh die Lea abschreiben, ich diktiere ja nur – und dann eben Antonin, und das musste der Stockinger üben und behalten, sonst hätte die Lea seine Wünsche nicht erfüllt: Großposter von diesem Martin Luther King oder Nelson Mandela, verschiedene Delikatessen von Stranz und Scio, das ist sehr teuer, weil in Mozarts Geburtshaus, das Geschäft. Oder inzwischen in der Sigmund-Haffner-Gasse, alles zieht um, alles geht ein, wenn es nicht gar abgerissen wird. Einem anderen, der sich als Kunstmaler ausgab, hat sie beim Hackenbuchner, Getreidegasse, die feinsten Visitenkarten drucken lassen, dann Unterzeug in blö, ich glaube, man schreibt's mit eu, also bleu. Er hieß Johannes, und – heute würde ich sagen – er hatte den Gesichtsausdruck vom neuernannten Kardinal … oder was für'n Titel hat er, der was diesen schänderischen Kardinal, irgendwas mit G, was weiß ich, jetzt ersetzen musste, während der Bubenschänder bei guter Versorgung in einem Kloster verschwand. Die Lea zwang mich daraufhin, aus der Kirche auszutreten, Mutti weinte. Die Lea nennt sich lange schon Freidenkerin. Das nur so nebenbei. Also Schönbrunn heißt der Neue, nicht? Auch die leise Stimme und das betuliche Lächeln … Wenn der Johannes das alles noch erlebt hätte, dass er so ausschaut …, er hätte sagen können, dieser Kardinal ist sein Bruder eigentlich – ich müsste hier sagen: sei, glaub ich. Und dann hätte die Ausstellung samt Vorlesung seiner Gstanzln durch diesen Burgschauspieler – Hell heißt er oder Tau, war das der Heller oder der Taubner? – wirklich stattgefunden. So aber starb er vor dem ganzen Ereignis. Ja, wann war das? Ich hab's mir notiert. Ich muss meine Notizbücher schnell … mmh, wo sind sie nun, Himmelsakra. Pst, Kobalt. So redet man nicht. Doch er war ein Wolf im

Schafspelz, genau wie sein Bruder, dieser Schönbrunn. Er nistete sich mit seiner leisen Stimme und mit der anfänglichen Höflichkeit und Behutsamkeit bei älteren Damen als Zimmerherr ein und zeigte ihnen seine Bilder, der Johannes. Die Damen waren ja auch meist höflich und sagten „schön" oder „genial", dann wartete er eine Weile, und dann stürzte er mit seinen kindischen Zeichnungen zu der jeweiligen Dame und verlangte von ihr, dass sie sein Bild kauft. Unterste Grenze zehntausend. Und wenn diese jeweilige Dame sagte, dass sie es zu teuer findet und dass selbst dieser Übermal-Künstler, den die Sozi in New York installiert – wie heißt er? – oder der mit dem Tierblut oder der mit der Sekte auf der Mülldeponie, auch ein Kinderschänder, also auch diese roten Staatskünstler haben klein angefangen. Und die Damen, in Burberry, wie meine Schwiegermutter, die Schneidermeisterin, sind ja alle ÖVP-Leute oder FPÖ-Leute und haben Christus am Ölberg an der Wand oder die Madonna mit dem Kind oder den grölenden Hirschen für die Herren. Na ja, das regte den Johannes allweil auf. Er kriegte einen Zitteranfall, er schrie plötzlich furchtbar, ob er, wenn er seine Kritzeleien übermalt, mit Kohle erst, dann mit Blut, wie dieser Hitsch oder Nütsch, oder mit Urin, Kot und Sperma wie dieser Dritte beschmiert, ob die Dame dann die zehntausend, weil er sonst aus dem Fenster springt wie der Schmetterlingsschwimmer von der letzten Olympiade …, dort war der Schmetterling aber nie, und den Bäcker ließ der Johannes total weg. Das wäre ein Beruf für das niedere Volk … sozusagen. Das zieht bei den Damen nicht. Einmal ist der Johannes wirklich gesprungen, doch die betreffende Dame wohnte auf der Halbetage. Nur das Fenster war hin. Die Lea hat dann den Johannes in die Wohnung ihrer Stiefmutter geschmuggelt – die hat in der Schwarzstraße eine große Wohnung. In der Nacht legte die Lea den Johannes auf der Krautschneider ihr Sofa. Sie erschrak furchtbar, als sie morgens in die Küche gehen wollte. Erst dachte sie, die Frau Krautschneider, dass

sie jetzt den Herzkasperl kriegt und ihrem unlängst verstorbenen Gatten nun folgen muss. Dann ging sie zurück in ihr Zimmer und rief die Polizei. So kam dann der Johannes zurück in die Klinik. Beobachtungsstation: BO.
Jetzt bin ich fast ein bisschen erschöpft, während ich das alles in mein Gerätl diktier. Das Band kann wie gesagt die Lea abschreiben, obwohl die Lea Kundschaften nötig hätte … Wir haben die Schreibstube gemietet, weil die Lea meinte, sie kennt alle Studenten und Studentinnen von der Uni und zumindest die letzteren würden ihre Dissertationen bei uns abtippen lassen, und die Mutti hat die Maschine gekauft, eine Olivetti, elektrisch, und mein zweiter Bruder Viktor hat seinen Namen hingegeben, weil wir beide ja nicht geschlechtsfähig, ach was, geschäftsfähig, wollte ich sagen … Und mein erster Bruder, Immanuel, so will ihn der Vati nennen, aber die Mutti nennt ihn Manuel, mir, weil ich der Jüngste bin, sagt die Mutti nur Burli, obwohl ich Felix getauft bin, das findet die Lea aber eine Verspottung: du, Felix, lächerlich …, also der Immanuel ist in Casablanca oder Madagaskar, oder Kamtschatka vielleicht? Nein, Madagaskar, denk ich, oder? … Und wir wissen nicht, was er dort treibt. Er schickte jedenfalls zur Geschäftseröffnung einen ausgestopften Papagei. Unterschrieben war die Karte allerdings mit Manuela R., und die Lea meint, unser ältester Bruder geht dort als Frau. Transvestit ist das Fachwort, auch das weiß die Lea. Und viele Damen, die eigentlich Herren sind, gehen auf den Strich. So müssen sie genauso wie die normalen Prostituierten nicht arbeiten gehen. Die Mutti sagt aber, auch das ist Arbeit. Schwerarbeit sogar. Doch freilich meint sie damit die richtigen Damen, nicht die, welche eigentlich Herren sind. Ja, was ich hier festhalten muss: bei uns arbeiten nur die Mutti und der Vati und der Viktor. Natürlich nicht so, wie … Ich und die Lea arbeiten nicht. Aber die Lea macht dafür das Ding mit dieser Fuge oder wie das heißt. Und die Schreibstube. Dort aber kam nur die Melanie hin, Sie wissen schon,

die Schwester vom Gigi, und sie will nicht zahlen wegen Freundschaft und so … Und dann ist sie eigentlich nur eine Tschechin, und die Lea fand, dass ihr Deutsch sehr mangelhaft, sagte sie, sei oder ist, also einfach schlecht, jeder einzelne Satz ist angeblich eine Katastrophe, und dann schrien sie miteinander, die Lea und die Melanie, weil die Melanie meinte, bei Philosophie und Soziologie ist die Sprache zweitrangig. Die Gedanken sind nur wichtig! Das konnte die Lea nicht ertragen, sie schrie plötzlich wie eine Furie von einem gewissen Wittgenstein, den kenn ich nicht, und jetzt wascht die Melanie bei uns nicht ab … Aber vielleicht ist der Papagei schuld … an der ganzen Pleite, weil ja nachher dann überhaupt niemand kam …

Aber ich versteh die Lea, wenn niemand kommt und niemand zahlen will, was ist das für ein Schreibbüro? Außerdem, wenn schon, gehöret ein Computer hinein! Dann kämen sie schon, sagt die Lea. In Scharen. Der Vati will von so etwas nichts hören. Computer! Was noch? Er zahlte eh schon die Vermittlungsgebühr, die Mietvorauszahlung und die Einrichtung und sagte, dass wir Deppen sind, und der Hitler hätte sowas wie uns längst schon eliminiert, mitsamt dem Schmetterling und dem Johannes und die narrischen Weiber mit ihrer Dissertation. Der Alois hat sich dann plötzlich aufgehängt. In der Pflege. Das hat mich überrascht, weil ja der Schmetterling im Altersheim im Rollstuhl viel mehr Grund hätte …, aber der Alois hat es früher einmal schon in der Strafanstalt Stein versucht, was dort aber danebenging. Man hat ihn dort im letzten Moment noch abgeschnitten, doch eine, wie heißt es, plastische Lähmung blieb. Die Muskeln am linken Bein waren hin. Vor seinem SM – das heißt: Selbstmord, während SMV: Selbstmordversuch, damit Sie's wissen, heißt –, also vor seinem SM hat er noch der Traudl schnell ein Kind gezeugt. Weil die Traudl als Volksschullehrerin in den Assistenzarzt verliebt war, und der Alois hat haargenau solche Augen wie der Doktor Soundso: dun-

kelbraun, sonst kann ich nichts sagen. Ich muss bei Ärzten ja diskret sein, anders wie bei unsereinem, wo eh schon alles wurscht ist, wir sind ja registriert. Das mit den Arzt-Augen hat die Traudl dem Alois gesagt, und der Alois machte sie daraufhin schwanger. Nachher, wie gesagt, SM.
Jetzt habe ich genügend Text, glaube ich: der Kreisky diktierte auch seine Bücher so. Wenn es dann herauskommt und verfilmt wird und ich, Kobalt, also berühmt, kommt die Lea vielleicht zurück. Ich wohne nicht gerne in der WG mit dem Gigi allein.
Doch mit dem Gerätl muss ich aufpassen, sagt die Mutti, weil das zugleich ein Handy ist, vorn diktieren, hinten telefonieren. Wo ich die Mutti, die Lea und den Viktor eingespeichert habe und dann meinen Arzt und die Therapeuten, den schon erwähnten Viragh und den Hafele Kar. Dann sind noch weitere vier Stellen frei auf meinem Gerätl, weil ich die Leut von der Klinik, was mit mir z'amm immer wieder eingesperrt werden in die Beobachtung, nicht einspeichern will. Und die Mutti sagt immer, ich soll die wichtigsten Telefonnummern trotzdem im Kopf behalten. Was ist, wenn ich einmal in Not gerate, ein Polizist könnte mich missverstehen und so, wie diesen Dichter mit der Hand, oder wie heißt er? Jedenfalls der, der den SM seiner Mama vermarktet hat. Die Mutti spuckt immer aus, wenn sie ihn erwähnt. Der Vati ebenso. Also, meint die Mutti, ich muss aufpassen wie dieser Muttermörder, den man aber nur wegen falschem Parken in die Polizeistube zerrte, schließlich kann das Gerätl versagen, und ich kann unseren Rechtsanwalt, ja den hab ich ja auch –, er hat so einen Namen wie Puffl-Percevic, na … wie heißt er nun wirklich? –, der ist auf dem sechsten Knopf, nicht anrufen, weil ich die Nummer nicht weiß. Ich beruhige aber die Mutti in einem fort, dass das Gerätl immer funktioniert. Na ja. Die Mutti ist schon etwas zu ängstlich. Zu ängstlich, wirklich. So kann ich zum Beispiel mein Erlebnis, das mit den Elefanten, als ich – von der Lea zu früh geweckt – mit dem Taxi und nur Kaffeesatz

im Magen ..., der Mutti aus diesem Grund jedenfalls nicht erzählen. Weil das etwas für meinen Analytiker ist, o.-Professor DDr. Knoll – der Vati wirft mir eh vor: Ein o.-Professor muss das sein. O Punkt heißt hier nämlich: ordentlicher Professor. Wieso ordentlich?, fragt die Mutti. Sind die anderen Professoren unordentlich? Und der Vati sagt: Weil auf ewig angestellt, verdient zu viel, und weil er eh schon zu viel verdient, nimmt er mich, sagt der Vati, aus wie eine Weihnachtsgans. Weil er mit seinen zu hohen Honoraren nicht vorsichtig sein braucht. Dieser o.-Professor also ist auf dem siebten Knopf. Er regt sich über nichts auf. Ihm habe ich am Anfang meiner Krankheit die G'schicht meiner ersten Liebe, mit dieser ebenfalls Professorentochter, doch nicht o., sondern nur a.o.: außerordentlich, also man würde meinen, noch besser gestellt als die Ordentlichen, doch quatsch, er ist weniger als ordentlich. Da soll sich der Teufel auskennen, sagt die Mutti. Also mit dieser außerordentlichen Professorentochter, Virginia hieß sie ... – ihr Vater hat auch ein Bein im Krieg, wie der Vati. Nur der Vati eben alle zwei ... Virginia also, die im Schnee ... Sie spielte mit uns im Park ... mit mir, anfangs auch mit'm Schmetterling, auch mit diesem Arto und mit Johannes, was weiß ich, wer noch da war ... unter den Bäumen ... wenn der Schnee neu war, legte sie sich dort hin. Wie eine Tote lag sie da. Wirklich. Aber dann sprang sie wie ein Kätzchen auf. Wir balgerten, oder wie man sagt, dann im Schnee. Sie mochte mich, weil ich nicht zudringlich war wie die anderen ... Dann gingen wir auf die Berge auch, auf die Berge ist sie dann nur noch mit mir gegangen... Ich kannte ihre Lieblingsplätze. Als sie dann aus der Klinik plötzlich verschwunden war, sagte ich nichts. Ich wusste aber, dass ich sie find. Ja, sie lag da – auf'm Mönchsberg, und sie tat wie sonst ja auch, sie schien zu schlafen. Mit geschlossenen Augen. Ich sah, dass sie heimlich lächelte. Ich legte mich neben ihr in den Schnee und sah sie stundenlang, wie es mir vorkommt, an. Dann dachte ich, dass ich sie jetzt küssen darf und dass sie diese ganze Spielerei nur macht, damit ich sie endlich küss. Jetzt also tu ich's, sagte ich mir. Ganz zärtlich wollte ich mein Gesicht an ihr Gesicht reiben ... das tat ich schon früher, kommt mir vor, nur kürzer, ich werde sie also nicht erschrecken. Jetzt also länger eben, denk ich mir. Und dann der Kuss. Doch sie war ganz kalt schon. Hinüber ... Ja. Nachher lag ich dann mit Lungenentzündung bei den Barmherzigen. Na ja.

Jetzt ist mir direkt schlecht. Wie immer, wenn es mir in den Sinn kommt. Der DDr. Knoll steckte das locker weg. Er schrieb dann darüber eine Kurzgeschichte, was dann im „Salz" erschien, das ist nämlich eine Literatur-Zeitung, wo die Lea ihre Arbeit über die Todesfuge anbringen wollte. Doch diese wurde nicht angenommen. Die Lea sagt, dass man einfach für alles einen Doktortitel haben muss, hier der Beweis! Und jetzt fürchtet die Mutti, dass die Lea noch vor dem ersten den zweiten Doktortitel erwerben will. In Psychologie, damit sie uns alle therapeutieren kann. Unterrichten will sie eh nicht. Den DDr. Knoll wollte die Lea wegen geistigen Diebstahls anzeigen, ich wollte aber nicht zanken mit meinem Analytiker. Trotzdem find ich nicht richtig, dass er meine Sache in die Zeitung ... Seitdem spreche ich mir selbst aufs Band, damit ich es selbst verwerte, wenn mir was zustößt oder mir's sonstwie dreckig geht.

****

Du fragst mich, wieso erzähle ich immer nur von diesen ... diesen ewigen Opfern. Ja, wie diese Sache mit dem Orgellehrer, der wegen deutscher Abstammung in einer mittleren Stadt in Rumänien seine Wohnung per Anordnung verlor. Und dieser Mann, der infolge eines Hüftschusses sich ohnehin sehr schwertat, mit seinen Schritten auf der buckligen Straße, und weil seine schräggestellten Füße das Orgelpedal nicht immer richtig traten, haben treten können ..., dem hat man ein Zimmer auf der 1. Etage in einer größeren Wohnung zugewiesen ohne richtigen Eingang. Die Familie, die an der Zuweisung keine große Freude fand, war erbost über ihn, nicht über das Wohnungsamt. Man hat ihn durch die Wohnung einfach nicht durchgelassen. Ihm ist das Zimmer mit den größten, schönsten Fenstern ... Schluss. Wie er dort hingelangt, war seine Sache. Er fand in seiner Not eine Leiter. Kannst Du Dir vorstellen, Eurydike, wie das ist, in Dein Gemach von außen einzusteigen? Die Leiter rutscht, sie kann gänzlich ausrutschen. Dann bist Du doppelt verpfuscht: Hände und Arme und weiß Gott was noch gebrochen. Ich war damals elf Jahre alt. Und es tat weh, dass dieser im Krieg verwundete Mann, der hinkte, täglich die Tortur seiner Gefährdung und Erniedrigung durchleiden musste. Und ich war überzeugt, dass es meine verdammte Pflicht wäre, ständig vor dieser Hühnerleiter Wache zu stehen, und es tat mir noch mehr weh, dass das einfach unmöglich war. Ich, nach dem Krieg und das alles, hätte große Lust, Gott zu bitten, dass er mich in einen Engel verwandelt, damit ich vor dieser Hühnerleiter stehen kann, vielleicht mit flammenden Flügeln oder sonst wie mächtig, aber auf die engelsgleiche Art. Nicht etwa mit einer Waffe. Mit Waffe nicht. Und da stellte ich mich einmal hin, an einem Tag mit Glatteis, und trotz meiner sehr schlechten Erfahrungen mit Gott, den ich zwischen 1939 und 1945 täglich drei Mal bat, und zwar nicht nur für mich, nicht nur für die Familie und Freunde, sondern für alle Menschen, welche seine Schöpfung bevölkern ... Nun, Du hast Geschichte gelernt, Du weißt schon, wie diese Bitte eines Kindes von Gott erhört wurde – und wir können nicht wissen, ob nicht auch andere Kinder genauso großherzig nicht nur um ihr verdammtes unwichtiges Einzelleben ihn angefleht ha-

ben:
Vater, es darf nicht sein,
bedenke doch,
was hier geschieht
mit deinem Wissen,
also in deinem Namen?

Und er hat einfach hindurchgeschaut durch alles Schreckliche … mit seiner unverzeihlichen Gleichgültigkeit, nicht beachtet … meine Bitte. Wenn Du willst, nenn es Gebet. Obwohl es auch ihm, das muss ich Dir sagen, auch ihm selbst besser getan hätte, wenn er das Gebet eines Kindes – vielleicht vieler Kinder – sorgfältig und ja, ordentlich erhört hätte. Und also nicht mehr so mit dem ersten Vertrauen bitten und tadeln, vielmehr wollte ich ihn zur Raison bringen, muss ich sagen. Und „lieber Gott" ging auch nicht mehr über die Lippen meiner Träume. Vielmehr war es, wie kann ich's Dir sagen, eine Aufforderung. In höflicher Form. Gott, wenn du schon uns nun einmal hingespuckt, hingeschissen … Nein, diese zwei Verbi habe ich sicher nicht verwendet. Ich fand sicher bessere Worte. Gepflegtere. Aber immerhin bat ich um ein Recht, das, wie ich meinte, mir zustand. Nach all der Schande, der er mich ständig ausgesetzt. Schande der Ohnmacht, Schande, nicht helfen und nicht verhindern zu können. Wie bei Rahel, zum Beispiel: Elementarschule, letzte Klasse, 1944, das merkwürdig gekleidete jüdisch-orthodoxe Mädchen kam unerbittlich täglich in die Schule …, jeden Tag, als würde sie mir vorführen wollen, dass ich gegen den Mob nicht ankomme. Ich ging stumm neben ihr im Gejohle des kindlichen Pöbels, was nichts bewirkte, gar nichts. Selbst sie sah mich nicht an. Und erleichtert war mein Herz, muss ich Dir eingestehen, wenn ich erfuhr, dass sie einmal krank war und daher zu Hause bleiben musste. Und jetzt dieser Fall, und ich stehe auf dem eisigen Boden neben dieser Leiter, und wieder kommt eine ganze Truppe; als wären das die gleichen Leute. Ich krieg eins auf den Kopf. An die Hauswand gelehnt rutsche ich runter und bleibe auf der eisigen Straße liegen. Dass ich nicht Lungenentzündung bekam, hat man sich gewundert, doch Pavor nocturnus, das war auch keine Kleinigkeit. Siehst du, habe ich in meinem Bett Gott nur noch resigniert angerufen: Wieso hast du wieder nicht auf mich gehört? Als Engel hätte ich den Pöbel mit flammenden Flügeln weggejagt.

****

Diese G'schicht mit den Elefantinnen und so ist jedenfalls unauslöschbar auf meinem Gerätl festgehalten. Die Lea muss es dann suchen. Also: ich stehe wie gesagt hier, hinter mir die Wolf-Dietrich-Apotheke, rechts die Taxihaltestelle, links das Sozialamt – oder jedenfalls war es früher so, jetzt im Kiesel-Haus, aber wurscht. Also Sozialamt noch geschlossen, mit großer Spraydosen-Schrift am Verputz: GELD HER! Die Damen im Amt werden über Aggressivitäten nicht entzückt sein – dachte ich mir sofort –, sie werden wieder sehr ablehnend sein … Die eine mit der Akne – wir nennen sie die Pickelige: Miss Pickl – ist manchmal nett zu mir, aber sie kann auch sehr einfrieren. Die ganz kleine Frau, die Magere, die heimlich Geigenspielen lernt – wahrscheinlich weiß sie, was die Fuge ist –, Geigenspielen, privat, angeblich für viel Geld, regt sich auf und ist schon magenkrank. Angeblich unseretwegen, weil wir so ungebührlich auftreten. Mit unseren Forderungen. Als die Lea einmal bei ihr war, wegen dem Pferd, eh nur für unser Kind und eh billig, weil die andere Hälfte – vom Pferd – eh die Primartochter kaufen wollte, eine Okkasion war das, sagte die Lea. Die kleine Sozialarbeiterin regte sich aber auf: dass wir nicht nur den Blödsinn mit unserer wahnwitzigen Spende an diese Privatschule

…, sondern jetzt das, mit dem Reiten und dem Pferd! Ein halbes nur, „Gnädige Frau“, ein halbes nur. Und dann sagte sie angeblich: Nicht jeder kann Fiedeln-gehen, und damit hat sie das Kraut endgültig ausgeschüttet. Doch allein diese Anrede von der Lea: „Gnä' Frau“ – das kann ich mir gut vorstellen, weil die Lea das auch der Mutti sagt und auch der Frau Krautschneider, ihrer eigenen Pflegemutter, wenn sie ihr etwas nicht sofort kaufen, und dann sind die beiden so Angesprochenen allweil mächtig aufgeregt, wobei sie als Verwandte sozusagen … schon Kummer gewohnt. Aber die Sozialarbeiterin, als Fremde, nicht? Sie kriegte Magenkrämpfe und rauschte nach Leas Besuch zum Arzt. Inzwischen ist sie eh schon in Frührente gegangen und kann die Privatstunden nicht mehr … Jetzt wird sie wegen der Lea nur eine ganz kleine Rente beziehen … Also ich wusste, dass mich von links vom Sozialamt nichts Gutes erwartet. So wendete ich mich nach rechts, Richtung Gnigl: Schallmooser-Hauptstraße. Hinten die Berge mit dem Gasthaus „Schöne Aussicht“ und so. Winterlandschaft wie hinter dem Bethlehem im Museum Carolino Augusteum, wo wir früher jedes Jahr mit der Violette hingegangen. Jetzt ist die Lea ja Freidenkerin, sie will kein' Weihnachtshokuspokus, wie sie sagt. Ich kann kaum gerade stehen. Der Stress mit der Lea, das Zittern wegen dem Kaffee, und dieser Traxler meint, dass ich ein arbeitsscheuer Alkoholiker bin. Und das bin ich nicht, alles andere, aber Alkoholiker nicht. Ich schaue zum Sozialamt: noch niemand da. Keine Klienten. Ich schaue auf die Uhr: 6 Uhr erst. Sapperlot. Die Lea hat mich zu früh aus dem Bett gejagt. Ich schaue auf meinen Schlitz, weil ich den Parka offen, Reißverschluss seit Jahren hin …, der Schlitz ist in Ordnung. Ich schaue mich nach dem Taxler um, schaue hinein in die Schallmooser-Hauptstraße und bin etwas entsetzt, denn in der Straße, aus Richtung Gnigl, kommt eine kleine Gruppe weiblicher Elefantinnen mit scheinbar leichtem Laufschritt daher, sozusagen im Galopp, zwischen den normalen Verkehrsmitteln sich ganz na-

türlich einen Weg bahnend, und das in totaler Stille. Dies, eben diese Stille, kam mir unheimlich vor; die Autos fahren übrigens ganz gesetzeswidrig in die Linzer Gasse hinein, die aber auch lautlos, nicht wie sonst, kein Gehupe, nix, währenddessen die kleine Gruppe von Elefantinnen in die Franz-Joseph-Straße einbiegt. Die Taxler, die da herumstehen, blicken verwundert auf. Doch schon sind die ersten Elefantinnen bei ihnen, sie richten ihre Rüssel auf die Hosenschlitze der Taxler, was die Taxler anfangs vergnügt aufnehmen, doch nur anfangs. Als die Elefantinnen dann mit ihrer Saugkraft des Mannes Wichtigstes an das eben dämmernde Tageslicht befördern, das das lilafarbene hängende Fleisch gespenstisch erscheinen lässt – Anfang Februar, Allerherrgottsfrüh –, sind sie, die Taxler baff, ja, verblüfft, ja, erschrocken. Aber alles geht blitzschnell vor sich: Kaum hängt der bloßgelegte Teil armselig baumelnd vor der Taxlerhose, kommen einige große Boxer, genauer Boxerhündinnen, und die erste von ihnen beißt den ungeschützten Teil bei den Taxlern ganz routiniert, gar nicht aggressiv, ganz ohne Bellen, nur so im Vorbeilaufen herunter und spuckt ihn wortlos aus. Auf dem Boden kullern jetzt drei, vier oder mehr von diesen Körperteilen, auch der vom Herrn Traxler. Die Mutti sagt Glücksstäbchen zu diesem Körperteil, die Lea Bockwurscht, stinkende. Die Hündinnen beriechen sie und wenden sich mit Ekel ab, die Taxler – blutend – wollen in Qualen nach dem durch Biss abgetrennten Teil greifen – man hat in unserem Unfallkrankenhaus bereits abgetrennte Finger mit Erfolg angenäht, hab's selbst im Fernsehen gesehn, aber als die Taxler mit der linken Hand die blutende Wunde zuhalten, mit der rechten nach der Wurscht greifen oder umgekehrt, ist die dritte Division bereits da. Ratten werfen sich auf das abgetrennte Menschenfleisch. Die Ratten sind unempfindlich, sie lassen sich durch Uringeruch nicht abschrecken. Leise, fröhlich quietschend zerfressen sie des Mannes Pracht. So sagt es die Mutti. Macht, sagt der Vati dazu. Und neue Elefantinnen kommen. Und eine von ihnen wirft ihren Rüssel auf mich, der ich bisher nur als Betrachter, wie die Lea es mir immer vorwirft, dass ich nicht politisch denke, vom Handeln ganz zu schweigen. Auch war ich 1972, oder wann das war, als der Nixon nach Salzburg kam, nicht dabei. Obwohl die Lea mir damals diesen Parka besorgte. Die Mutti wollte aber nicht, dass mir jemand den Kopf einschlägt. Soll man dem Robert Jung und diesem anderen Berühmten, na, wie heißt er, der sich im TV nackert auszog, Memming, oder so, jedenfalls Gunter, ja, so irgendwie heißt er, denen soll man den Kopf einschlagen. Die Lea ging dann allein. Das kann sie mir bis heute nicht verzeihen. Na ja. Ich bin ein unpolitischer Mensch, auch hier mit die Elefantinnen hat es sich also schlecht ausgewirkt. Aber woher sollte ich wissen, dass weitere Elefantinnen noch da sind? Ich war so gebannt vor der Taxlerkatastrophe, dass ich nicht mehr nach rechts schaute, in die Schallmooser-Hauptstraße, wo jetzt aber die neuen herkamen. Und also diese Elefantin kramt bei mir mit ihrem Rüssel, trifft meinen Reißverschluss, der prompt aufgeht, wie die Lea das durch ihre Telefoniererei direkt heraufbeschworen …, und da mein Parka vorn nicht zugemacht ist, obwohl ich verdammt friere, weiß der Teufel, aber auch wenn ich Ho-ho-ho-Chi-Min schreie, sagt das den Elefantinnen nichts. Sie tun, was sie wollen. Plötzlich ist auch der Kunstmaler Johannes da. Auch er wird zur gleichen Zeit von einem Rüssel gesaugt, ans Tageslicht befördert, und schon ist mit fletschenden Zähnen eine Boxer-Hündin da. Ein gekonnter, unpersönlicher Biss, ohne Hast, nein, sie erledigt dies jetzt ganz lässig, diese Operation der Zweiten Division – so würde ich es allmählich nennen –, und gleich sind schon die Ratten dran. Ich sehe noch, dass sich mein abgetrennter Teil neben dem vom Johannes nicht unvorteilhaft ausnimmt, schade, dass die Lea den Vergleich nicht erleben kann, früher, in den Herrentoiletten habe ich mir immer gewunschen, dass die Lea neben mir stehend meine gar nicht so schlechte Ausstattung im Vergleich mit anderen Herren … aber sie durfte ja durch die Herren-Tür nicht durch. Für sie ist die Aufschrift „Frauen“ zuständig. Und dort ging sie unter größter Not nicht hinein, weil sie sagt, entweder „Männer und Frauen“ oder „Herren und Damen“. Aber zurück zu unserem Schauplatz vor der Wolf-Dietrich-Apotheke: Hier wäre eine seltene Gelegenheit zum Vergleich zwischen Kobalts und Johannes' Männlichkeit dargeboten gewesen. Aber die Lea ist nirgends. Jetzt müsste sie eigentlich kommen. Aber sie kommt nicht! Und die Ratten sind bereits mit ihrer Arbeit fertig. Zerkaut ist meine Zier, während Johannes' Schande ebenfalls, wahrscheinlich zu seiner Erleichterung, neben mir … also aus uns beiden haben die Ratten Brei … Aber wenn es einmal so kommen musste, denke ich, noch gut, dass ich die Scheidung hinter mir habe, sonst müsste ich der Lea das Ganze beichten, und ich höre sie schon sagen, dass ich mich selbst den Ratten gegenüber nicht durchsetzen kann. Ich war nie ein richtiger Familienvater, der was heimbringt, der was kaufen kann. Unsere Invalidenwohnung hat auch sie, die Frau, in der Haunspergstraße durchgesetzt, obwohl wir keine Rollstuhlfahrer, also eigentlich unberechtigt. Wir müssen ja auch raus, das heißt, ich bin eh schon in der mickrigen WG, und jetzt hab ich auch noch meinen letzten Wert verloren, obwohl sie damit wirklich wenig Freude gehabt, weil ich zu ungepflegt war, sagte sie immer, und dass meine Potenz durch die Medikamente sehr gelitten und dass ich aus den Büchern der Liebeskunst auch nichts gelernt. Daran habe ich denken müssen, doch bei der Liebeskunst, ungefähr hier muss ich – durch den Blutverlust – in Ohnmacht gefallen sein. In meinem Ausnahmezustand habe ich noch gedacht, wie das alles so geräuschlos vor sich gehen konnte. Der Galopp der Elefantinnen, der Boxerinnen-Biss ohne Aufschrei der Taxler, wie auch meinerseits. Johannes hat ebenfalls den Mund nur zu einem höflichen Lächeln verzogen, wie dieser Kardinal Schönbrunn, wenn man ihm ungebührliche Fragen stellt. Im Fernsehen. Totenstille also: Die Arbeiter, die morgens zur Arbeit gehen, die Arbeitslosen, die morgens zum Arbeitsamt gehen, die Beamten, die Lehrer, alle, alle, auch die Ärzte, auch die Unfallärzte, die vielleicht ein von den Ratten vergessenes Stück hätten einem von uns – aber wem, vielleicht mir ... vielleicht den vom Herrn Traxler?! Warum denn nicht? – wieder annähen können, nein, die ganzen Leut gingen ihrer Sache nach, das Leben ging sozusagen ohne viel Aufhebens weiter.

Ich wache im Spital auf: Eine Krankenschwester, nein, eine weibliche Ärztin pudert und näht die Wunde zwischen meinen Beinen. Ganz wie eine Mutter! Sie lächelt mich zuversichtlich an: Der Strahl ist weg, Herr Ramminger. Aber keine Angst, auch ohne Strahl ist das Leben was wert. Sehen Sie mich an. Was meint sie jetzt, frag ich mich. Ja, Sie können von nun an nicht stehend pinkeln, ich kann auch nicht stehend pinkeln, trotzdem bin ich eine Ärztin. Nicht? – Jawohl, sag ich, das sind Sie. – Übrigens Oberärztin. Sagt sie. Und jetzt gebe ich Ihnen eine Spritze, damit Sie etwas statt Ihrem Strahl haben. – Was denn? frag ich mich: statt meinem abgebissenen Teil, was wäre in ihrer Macht, mir zu geben? Und noch immer warte ich auf einen männlichen Arzt, der mein abgeschnittenes ..., nein, mein Stäbchen ist von den Ratten, aber ein anderes, vom Traxler vielleicht, der mir falsch herausgegeben, dieses liegt womöglich unbemerkt im Rinnstein neben dem Taxistand. Unbemerkt. Aber der männliche Arzt, wenn er es fände? Die letzte Chance! Ausgleichende Gerechtigkeit wäre das. Ich bete ein Vaterunser und ein Ave, doch der männliche Arzt mit dem Stäbchen, also mit dem Traxler-Teil, kommt und kommt nicht, und das ist jetzt sehr brenzlig, denn wenn die anderen allmählich ebenfalls zu sich kommen, zum Beispiel der Herr Traxler selbst, kann ich nicht mehr ungehindert behaupten, dass das eben mein Teil sei, mein Teil, mein Teil ... „so bist du doch Gott allzeit meines Herzens Trost und mein Teil" – das haben wir im Chor der Steiner-Schule als Eltern-Beitrag lernen müssen. Nebst russischen Volksliedern. Ja, ich bin mächtig, auch ohne Strahl, sagte statt dem männlichen die weibliche Oberärztin jetzt, sie hat eine Spritze in der Hand, sie beugt sich über mich, ich schaue von unten aus meiner liegenden Position in ihren Mund: alle zweiunddreißig Zähne aus dem teuersten dentistischen Material, ich kann das einschätzen, weil die Lea das bei sich auch machen ließ, damit man ihre dreiundzwanzig Plomben nicht sieht. Über hunderttausend hat das gekostet. Die Mutti hat das zahlen müssen. Alle TrafikantInnen sind Millionäre. Meint die Lea.

Währenddessen wirkt die Spritze. Ich bin wie besäuselt. Sie stößt jetzt ihre Nadel in mich, in meine männliche Brust. Aua, Frau Doktor, Sie sind ein Wolf im Schafspelz. Ja, sagt sie, und Sie sind ein Schaf im Wolfspelz, und jetzt machen wir Ihnen schöne runde Titten. Schon steckt sie zwischen meine Rippen eine noch größere Nadel wie vorher, und an der rechten Seite meiner sehnigen Brust – die die Lea einst so mochte, als sie mich noch Kobalt nannte, wegen meiner „Guck", so sagte sie, weil ich angeblich dunkelblaue Augen habe, oder sie hat es jedenfalls anfangs noch so gesehen. Jetzt sagt sie oft, dass ich blöd schiele. Das kommt aber nur von den Medikamenten und dauert allweil nur paar Tage. An meiner von der Lea früher geliebten sehnigen Brust wächst also in Windeseile eine Beule, wie nach einem Mückenstich, nur viel, viel größer. Was? Mücken? – eher wie nach einem Bienenstich. Oder was gibt es noch so für stechende Tiere, vielleicht in Casablanca oder Djakarta oder im Urwald, wo die Lea auch immer spendet. Viecher dieser Sorte, die zwicken, und dann entsteht eine Beule, und was für eine Beule. Bald hängt ein Luftballon rechts an mir und schmerzt, und die Frau Oberärztin sticht, sie sticht. Was ist mit meinem letzten männlichen Widerstand? Na ja, die erste Spritze, damit hat sie mich kampfunfähig gemacht, diese weibliche Ärztin, außerdem war ich auch noch fest angebunden. Wer hat mich wieder einmal festge-

bunden? Dann Stich auch in die linke Seite. Sie wollen doch nicht asymmetrisch herumlaufen, sagte sie zähnefletschend. Ach Lea, dies hättest du nicht zulassen dürfen. Die letzte Schande. Mit den zwei baumelnden Früchten, die ich früher – wenn es nur ging – bei Mädchen und Frauen …, wo ich mich traute …, bei denen, die welche schlechter gestellt waren, oder krank in der Klinik, bei der Roswitha immer, obwohl sie dabei weinte, bei der Tochter unserer Putzfrau, in der Zeit, wo die Mutti im Spital war, also ich habe mit ihren Busen herumgespielt, wie das der Vati und mein Bruder Viktor auch immer tun, wenn die Mutti kurz in den Keller muss oder aufs Klo, oder wenn sie in die Abrechnung vertieft ist. Und auch ich habe die Weiber alle so richtig zu verachten versucht, und ich wollte auch zeigen, dass ich sie verachte wie der Vati eigentlich sogar die Mutti verachtet, wie mein Bruder Viktor seine Frau, nur ich, ich habe die Lea nicht verachten können, wie es sich gehört. Das hat sich dann auch gerächt. Bei der Roswitha in der Klinik habe ich mich sogar geschämt. Die Lea hat mich einmal dabei erwischt und furchtbar ausgeschimpft. Weil ja die Roswitha krank und wehrlos, ich soll an unsere Tochter denken: Ihr könnte auch einmal so etwas geschehen, dass ein Kerl sich an sie heranmacht … Also. Die Lea war nicht mal eifersüchtig.

Die Frau Doktor schnallte mich ab. Sie gab mir einen Stoß, ich musste geradestehen, hinkend mit der Wunde zwischen den Beinen und mit den zwei Brüsten, die ungeheuerlich spannten und weh taten. Die Frau Doktor steckte ihren ärztlichen Finger in meinen Busen sozusagen hinein, meine Brust spritzte Milch wie ein Gummipolster oder der Euter einer ungemolkenen Kuh, und die Schwester brachte zwei schreiende Babys, die jetzt, wie Blutsauger auf meine neuentstandenen Brüste gelegt, sich vollgesaugt haben, während ich mich in meiner Qual und Pein hin und her wand und – nebenbei gesagt – mich plötzlich in einem unheimlich großen Raum befand, wo auch die Taxler und der Kunstmaler Johannes, jeder mit zwei Babys auf den Brüsten, jeder in seiner Schmach, mit dem Gesicht nach unten stierend ..., jeder des anderen Blick meidend. Auch der robuste Herr Traxler. Ich durchlebte meine totale Vernichtung bei lebendigem Leibe und wollte vom Flur telefonieren. Mutti anrufen, den Rechtsanwalt Puffl-Percevic anrufen. Meinen Arzt Dr. Wundt in der Ordination, meinen Analytiker, dem ich bisher wöchentlich einen Tausender, ja. Doch mein Handy war nirgends und keine einzige Nummer ist mir eingefallen. Dass damit auch mein Diktat, also mein Werk, auch verlorengegangen, ist klar. Freilich! Jetzt bin ich nur eine Frau: wozu ein Werk. Das wird automatisch gelöscht. Ausgelöscht.

Als ich aufwachte, soll ich laut nach der Mutti geschrien haben. Der Gigi stand neben meinem Bett. In schmutzigen Unterhosen. Da wusste ich gleich, wo ich bin: in unserer WG „Pro mente infirmis". War das alles am Ende ein Traum? Ein Traum nur? Ich tappte an meinem Körper herum: Gott sei Dank, alles weg, oben, und unten, alles, oder halt das Wichtigste, da. Sprechen konnte ich lange Zeit nicht. So erledigt war ich. Ich blieb im Bett, was ja nicht auffiel. Den Traum wollte ich erst meinem Analytiker erzählen. Um zwei Uhr mittags erst war ich einigermaßen wieder da. Dem Gigi sagte ich nur, dass ich zu der Einsicht gekommen bin, dass wir unbedingt eine Putzerin brauchen, zweimal in der Woche. Entweder sind wir richtige Männer oder nicht. Der Gigi meinte, wir sind richtige Männer. Also haben wir in der Zeitung eine entsprechende Annonce aufgegeben. Mutti sagte, dass das überflüssig ist, sie, die Putzerinnen, annoncieren selbst. So war es ja auch. Ich bestand auf eine Slowakin oder Polin. Die sind ja unterwürfig. Ich weiß das vom Vati. Der Gigi war schwer von Begriff: Ich griff zu meinem soeben noch überstarken Busen. Da ging dem Gigi offenbar ein Licht auf. Er grinste schmutzig, was ich sonst nicht ertragen kann. Jetzt aber, na ja, dein eigenes Hemd ist dir näher, oder wie soll ich jetzt das bildhaft ausdrücken?

Mittags dann habe ich mit meinem Analytiker, Herrn o.-Professor DDr. Knoll, einen Termin ausgemacht. Sie wissen, Ihre Träume interessieren mich immer, Herr Banninger, da haben wir gut zehn Sitzungen vor uns, sagte er. Verdammt noch mal! Der Kerl weiß nicht einmal meinen Namen.
Plötzlich heult der Gigi einfach auf, weil kein Zucker mehr da ist. Er will von den Elefantinnen nichts wissen, er ist ganz würflig jetzt, sonst hätt' ich mir vielleicht den DDr. Knoll ersparen können, doch der Gigi philosophiert immer nur in sich hinein. Das ist jetzt wieder etwas mit dem Gigi seiner Psyche: Und ich bin mit ihm z'ammgesperrt hier. Angeblich zu meiner Rehabilitierung und Gesundung. Soll das ein Witz sein, ein Witz sein?
Also ich hole jetzt Zucker, damit Ruhe ist.

„Wohnen in Salzburg"

Also ich habe überhaupt keine Lust, noch einmal zu diesem DDr. Knoll zu gehen. Vielleicht könnte ich ja bei einem der Therapeuten in der Klinik private Therapie bekommen. Ich ging also durch den Park der Klinik und suchte den Hafele Kar, um ihn um Rat zu fragen. Im Park waren aber Patienten. Eine neue Gruppe saß mit einer Krankenschwester im Kreis unter dem Nussbaum. Blöd haben sie mich angeschaut, als ich den Spitznamen eines der Therapeuten sagte. Wer? Hafele Kar? Was soll das? Wer sind Sie überhaupt? Sollte ich mich jetzt diesen Neuen leicht vorstellen: Ich bin der Kobalt, das heißt vielmehr Ramminger Willy, Dauerpatient der LKN seit 1961, also seit mehr als 15 Jahren. Das fehlte mir noch! Ich bin lieber abgehauen, hinein in die Therapieräume. Wo ist der Hafele Kar? Das wusste niemand. So habe ich ihn gesucht. Er musste irgendwo zu finden sein. Wenn die Gebildeten mit dir reden wollen, weil du als Krankengeschichte oder Ähnliches vielleicht in ihre Arbeiten gerade hineinpasst, dann stehen sie vor deiner Tür, oder sie fischen dich aus jedem Krankenbett. Auch aus der BO. Doch umgekehrt ist das was Anderes. Sie sind für uns meist unerreichbar. Nicht nur, weil sie geheime Telefonnummern haben … Aber ich, Kobalt, fand den Hafele Kar doch. In der Anstaltskapelle erwischte ich ihn. Dort hat er wieder einmal auf der Orgel geübt. In seiner bezahlten Arbeitszeit, höre ich die Mutti sagen. In diesem Punkt sind die Lea und die Mutti einig: die Höheren der Klinik spielen Orgel in der bezahlten Arbeitszeit in der Anstaltskirche. Das geht auch auf unsere Kosten!, sagte der Vati. Und einmal waren Vati, Mutti und die Lea einer Meinung! Das war der Orgel zu danken!

Vorm Hafele Kar und der Orgel stehend, musste ich ziemlich lange warten, weil ich Angst hatte, dass, wenn ich den Hafele Kar beim Spielen unterbreche, er sauer wird. Er tat sehr vertieft … in die Musik. Die Augen geschlossen, ganz wie der Karajan …, überaus erhaben tat er, wie jemand, der den Heiland sieht, oder die Heilige

Mutter und so.
Doch dann, als wenn ihn der Rappel packen würde, hat er ungeduldig den Orgeldeckel zugeschlagen. Ganz unerwartet. Er schrie: Mist! Warum, konnte ich nicht erraten. Ich war erschrocken. Dann schaute er düster vor sich hin. Endlich blickte er auf. Erstaunt war er, dass ich vor ihm stand. Er hat sich aber gleich derfangen. Die Gebildeten finden automatisch in ihre überlegene Rolle zurück.
Na, Kobalt, warst du die Lea besuchen? Wie geht's ihr denn? Er müsste eigentlich wissen, dass die Lea diesmal nicht drinnen ist. Ich sagte dem Hafele Kar, dass es der Lea gut geht. Aha, gut. Das hat er nur so hingesagt, während er seine Noten einpackte und die Orgel zusperrte: Könntest du den Schlüssel dem Verwalter geben? Und schon wollte er mir den Orgelschlüssel in die Hand drücken. Doch ich hab den Schlüssel irgendwie fallen lassen …, das heißt, er reichte ihn mir, und ich kam ihm nicht so weit entgegen, wie er es von mir wahrscheinlich erwartet hatte. Dann bückten wir uns beide, und er war etwas verlegen, ich verwirrt, wie ja leider öfters, und ich weiß nicht wie, also wir haben uns die Köpfe z'ammgeschlagen, und ich bilde mir ein, dass ich mit meinem Kopf im letzten Moment noch, die Lea würde sagen unbewusst oder unterbewusst, also dass ich noch zusätzlich einen Stoß gab, wie früher dem Viktor und dem Immanuel, oder Manuel, aber diese waren immer die Angreifer, und weil der Hafele Kar an so etwas erst gar nicht dachte, wurde diesmal ich der Angreifer. Dimmi-Dimmi-Dux, habe ich noch unsere Stimmen, also die vom Viktor vor allem, gehört. Der Viktor hat den Manuel auch fast immer geschlagen. Obwohl der Manuel größer war. Als ob er gewusst hätte, dass der Manuel später Manuela wird, fast.
Der Hafele Kar war so verblüfft, dass er aus dem Gleichgewicht geriet und auf seinem Hintern landete. Es war ihm peinlich irgendwie, aber er versuchte zu lachen. Na ja, es ist besser, wenn ich den Schlüssel selbst … Dann rannte ich neben ihm her wie ein Da-

ckel, dachte ich mir. Wie ein Dackel trottest du neben diesem riesigen, dicken Mann, der sich aus deinem Elend, aus unserem Elend ernährt. Das hat der Vati über den o-Professor gesagt: Er ernährt sich aus eurem Elend. Wem hat er bisher geholfen? Niemandem. Ist der Hafele Kar vielleicht genauso? Er wiegt den Kopf verständnisvoll, redet oberg'scheit daher und spielt Orgel für sich. In der bezahlten Arbeitszeit.

Der Hafele Kar verschwand mit dem Schlüssel in der Verwaltung, doch er war gleich wieder da. Na, Kobalt, begleitest du mich? Ich gehe zum Viragh. Zum Musiktherapeuten?, fragte ich dumm, obwohl, zu wem sonst mit diesem Namen, Viragh! Ein polnischer Ire oder irischer Pole, oder was, am Ende noch ein Ungar, und dieser Hafele Kar kam aus Gilleleia oder Galilea? Lauter Ausländer!, sagt der Vati, nur die Arschputzer sind anständige Österreicher! Und der Viragh war neulich als Komponist in der Zeitung, weil er ja einen Preis gewonnen hat. Als Komponist. Das ist wie Dichter. Nicht? Die Mutti sagt immer: Was sind das für Leut? Dichter! Komponist, sagt sie, das ist doch dasselbe. Und der Vati sagt: Das sind Drückeberger, Hungerleider. Aber dem Hafele Kar sage ich nicht, was der Vati sagt, brauch ich auch nicht, weil das sagen auch die Bäuerinnen in unserer Gruppe, zum Beispiel die Frau Schwarzbraun oder die Frau Santner oder wie sie alle heißen. Und ich erzählte dem Hafele Kar die Story, was die Frau Schwarzbraun, die was unsere Bäuerin aus Rauris ist, in der Gruppe …, die sagt zu Leut, die schreiben oder tanzen und singen oder so, wie dieser Viragh, komponieren! Einfach Hungerleider. Na ja, weil sie nicht arbeiten. Und dann kommen sie nach Rauris mit denen ihre Gedichtln und G'schichtln, und in der Stube wird das alles vorgetragen. Aber erst kommt die Ausspeisung. Bei der Burgermeisterfrau, die diese Schlutzkrapfen beisteuert … Da, fresst von mir aus alles auf. Sie stellt es in die Mitte, so um hundert Stück, und die Dichter verputzen alles im Nu. Sind ja ausgehungert, nicht? Jetzt käme also die Dichterlesung. Doch die Bäuerin, die ja die Burgermeisterfrau ist, muss das Geschirr abwaschen. Kaum dass der ältere Dichter den Kopf in die Schräglage bringt, die Augen schließt und seinen Mund zu der ersten Silbe zuspitzt, beginnt es zu scheppern. Psst, psst, bitte um Ruhe, flüstern die anderen Dichter. Der Vorleser reißt enttäuscht und gekränkt die Augen wieder auf, der Burgermeister selbst ruft seine Gattin zur Ordnung: Scheppere nicht, Fani. Doch sie wird wütig. Sei stad, Loisl – weil der Burgermeister halt so heißt –, was ihr Manner eigentlich glaubt's, wieviel sie beim Ausbacken eh schon geschuftet, und so, ihre Zeit …, die beginnt morgens im Stall um vier. Ob die Herren auch so fleißig sind? Warst dabei?, fragte die Frau Santner. Ach was, ich hab's im Fernsehen g'sehn. Das war ein Skandal. Aber ihr wohnt ganz nebenan. Ach was, da gehör ich nicht hin, ich geh zu keiner Dichterlesung. Durch das Fernsehen also. Im Nebenhaus.

Der Hafele Kar sagte aber, dass dieser Viragh mitnichten ein Hungerleider ist oder sei, dass er recht viel arbeitet: unterrichten und was noch, und vier Vormittage mit uns in der Klinik, er therapeutelt mit seiner komischen Musik an uns herum … und verdient damit ja auch Geld. Und jetzt hat er Schwein gehabt, das war dieser Onassis-Preis. Ein internationaler Preis, eine halbe Million in Schilling. Die Lea sagt, dass der Österreichische Staatspreis, was ein Dichter für sein ganzes Lebenswerk bekommt, maximal hunderttausend Schilling vom Staat … Die Lea meint, für ein ganzes Lebenswerk wäre selbst eine ganze Million noch wenig. Ich spüre, dass der Hafele Kar mir nicht so recht zuhört, doch was seinen Kollegen, den Viragh, betrifft, den verteidigt er irgendwie nur halbherzig: Der Viragh ist anders. Er macht keine Schulden, bis auf das mit Wüstenrot, diese Bausparkasse, für seine kleine Eigentumswohnung … Mmh, er kann – was hat der Hafele Kar gesagt? – der Viragh kann ganz asketisch leben. Asketisch. Was ist das ganz genau, möcht ich wissen. Nur Fladen, wenig Fleisch und ein wenig

Wein, erklärt mir der Hafele Kar. Und auch mit seinem Stück war er sehr sparsam, wenig Arbeit nur verschwendet-verwendet. Das hat er etwas boshaft gesagt, der Hafele Kar, vielleicht ist er auf Viraghs Preis neidisch, oder ich bilde mir das nur ein. Jedenfalls, ich kenn mich nicht aus. Ist man asketisch, wenn man wenig arbeitet? Dann bin ich super-asketisch, und der Andi und der Edi und der Kordaseff ebenfalls. Nur, dass wir dann doch keine Eigentumswohnung z'ammbringen … Doch ich konnte mit dem Hafele Kar nicht richtig reden. Er duzte mich. Ich hätte ihn Herr Magister, Herr Professor oder Herr Therapeut anreden sollen. Aber weil wir ihn hinter seinem Rücken nur Hafele Kar nannten, weil er so ein Koloss in Länge und Breite …, sagt die Lea …, und diesen Namen konnte ich ihm nicht sagen …

Während ich darüber grübelte, sind wir über die Straße gegangen. Das Hochhaus neben der Glan. Mit dem Lift auf die siebte Etage. Aber das Haus hat noch mehr Etagen. Neun vielleicht. Ich muss einmal genau zählen, wie viele. Dieser Viragh ist von wo? Aber der Hafele Kar gab keine Antwort, weil ich es ja wissen müsste, von wo der Viragh ist. Wir witzelten ja immer: er ist angeblich aus Irrenland, dafür ist er bei uns im Narrenhaus. Und am Ende ist er höchstwahrscheinlich ein Hunne.

Als wir zwei bei Viragh eingetreten waren, schien mir die kleine Garçonniere total vollgestopft. Allerdings, ein richtig großes Klavier stand in der Mitte. Den Kobalt habe ich mitgenommen, ich glaube, er möchte bei dir Einzeltherapie nehmen, so Hafele Kar. Du weißt, seine Frau studiert Romanistik. Im zwanzigsten Jahr schon, also praktisch im vierzigsten Semester … und schreibt über Primo Levi. Ach, sagte Viragh, mein Beileid. So viele schreiben über Levi oder Celan, na macht nichts. Aber er war nicht spöttisch, eher nur betrübt. Ich wollte Hafele Kar ausbessern, dass die Lea doch über diese Todesfuge schreibt, aber ich war wie gelähmt. So sagte ich lieber nichts. Die zwei anderen feierten diesen Onassis-Preis.

Fünfhunderttausend Schilling! Eine halbe Million! Ich werde wahnsinnig!, so der Hafele Kar. Na ja, der Onassis kann sich's leisten. Ja, sagte Viragh, für den ist so ein Betrag nichts, gar nichts. Er hat diese Stiftung, und Hafele Kar meinte, die Auswahl und den ganzen Kram rundherum machen die Leute der Stiftung dann für ihn. Und du hast wirklich, wollte Hafele Kar wissen, nur diese Geräusche aufgenommen? Ja, weil mich das Klopfen am Anfang sehr gestört hat, die Feindseligkeit der Nachbarn ... Wo ich das Klavier eh schon wahnsinnig gedämpft. Schau: Viragh schlug eine Taste an. Kaum hörte man was. Er selbst beugte sich über die Saiten, was nicht so leicht war, denn er ist nur mittelgroß. Na ja, sagte Viragh. Ich lernte so allerdings besser horchen. Wenn man sich auf einem Bösendorfer ordentlich ins Zeug legt, passt man auf manches nicht auf. Nein? Es ist ein Rausch, es ist schön laut, und man lebt sich richtig aus. Nachher ist aber nichts. – Nichts? – Nichts.

Dann haben die zwei noch etwas gesagt von einer animalischen Tristesse, was ich nicht verstand. Sie schmunzelten dabei etwas, wie's mir vorkam – doch eher traurig. Tristesse ..., animalisch ..., wenn die Lea das kleine Latineum nicht gemacht hätte, würde ich mir die Worte nicht merken können, aber was sie heißen sollen, weiß ich mitsamt der Lea ihrem kleinen Latineum nicht. Sowieso waren die beiden mir total überlegen, und ich fühlte mich sehr schlecht mit ihnen, doch es kam mir vor, dass Viragh dem Hafele Kar auch total überlegen war. Der Koloss musste merken, dass Viragh gar keinen Wert darauf legte, über sein Preisgeld und auch über seine Komposition was zu sagen ... Was sind wir beide schon, auch der Hafele Kar. Wenn jemand vom ORF gekommen wäre oder so ... Ja, vielleicht spottet der den Hafele Kar sogar aus, auf eine feine Art, würde die Lea sagen, er nimmt ihn so richtig auf den Arm. Denn es kann gar nicht sein, was er so erzählt, dass nämlich die Nachbarn von rechts und von links, von oben und unten ..., diese selbst hätten ihm das Stück eigentlich geliefert, ganz und gar un-

wissend freilich ..., er hat ihre Töne nur geordnet, sozusagen, und Viragh schaute durch uns hindurch, etwas abwesend, als wären wir, Hafele Kar und ich, diese Nachbarn, die ihn stören wollten.
Zuerst klopfte der rechte allweil, sagte Viragh dann, doch die Betonwand und der stumpfe Besen ergaben zusammen einen Ton A. Er konnte die Schwingungszahl 440 fast genau erraten, soviel lauschte er auf seine Töne, die er aus dem abgedämpften Klavier ..., jedenfalls sei der Ton im A-Bereich gewesen. Mikrotonal, sagte er noch dem Hafele Kar. Es sei ein A-Ton gewesen: Plus/minus 440, bisschen etwas darunter, aber immerhin noch A. Es war ein abgewrackter Besen, wie es sich herausstellte. Dieser hier ... Der komische Besen war an der Wand wie ein Ziergegenstand montiert. Das ist die Verbindungswand, die kommt jetzt bald raus, so Viragh. Hafele Kar wollte wissen, wieso und überhaupt. Die Musik kommt aus der Stille ..., sagte der Viragh wie nebenbei. Die Damen und Herren Nachbarn haben mich zur Stille gezwungen und damit einen Komponisten aus mir gemacht. Früher war ich nur ein lärmender Pianist.
Und die weiteren Töne?, wollte Hafele Kar wissen. Der Doktor Primas sprach doch von einem gewissen Bankangestellten namens Kubus, der seinen alten Vater, den er sonst nie sieht, in die Wohnung setzte, mit dem Auftrag, dass er regelmäßig klopft. Mit seiner Krücke musste er, der alte Vater, die Wand – ja, schon mit der Krücke, doch nicht die Seitenwand, vielmehr den Boden. Von oben also kam ..., und jetzt sagte Viragh wieder eine Zahl, die den Systemton der Reihe ergab. Systemton ..., ich nahm mir vor, nachher die Lea zu fragen, was das ist. Den Hafele Kar will ich nicht fragen. Dieser Ton, erklärte Viragh, war das F und fiel auf die erste Silbe des Liedes, ein Adverb, sagte er ..., ein einsilbiges. Adverb habe ich von der Lea öfters gehört, aber dass es mit Musik etwas zu tun hat, hätte ich nicht gedacht. Am anderen Tag, das fand der Viragh dann heraus, musste die alte Mutter, die der Bankangestellte

sonst ebenfalls jahrelang nicht sieht, also dem Bankmenschen seine alte Mutter mit ihrem ebenfalls sehr alten Stöckelschuh, den sie in einer Tüte mitbringen musste, denn gehen in demselben konnte sie längst nicht mehr ..., jedenfalls mit diesem Stöckelschuh musste sie auf den nur mit Kunststoffbelag ausgelegten Betonboden klopfen ..., also ihr Ton war der zweithöchste, gleich unter dem Ton ihres Mannes, und fiel auf den Ton E. Der Damenschuh und die Krücke des Bankangestellten-Vaters waren ebenfalls an die Wand montiert. Und eine Fahne. – Was ist das für eine Fahne? Der vierte Klopfer war ein Amerikaner? Die Streifen und die Sterne, immer noch besser als eine Nazi-Fahne. – Klar. Das war die Fahne des verunglückten Paragleiters. In der unteren Wohnung. Querschnittsgelähmt. Er machte mit der schweren Fahne Bizepsübungen und brachte damit ein D zusammen. Also ein plus/minus D, bisschen darüber. Aber noch ganz gut im D-Bereich. Dies fiel auf das Personalpronomen „ich".
Hafele Kar rekapitulierte, mit den Fingern zählend: Also, der Vater mit der Krücke das F, seine Frau mit diesem Schuh das E – ja, das Wort „wieder" verteilt auf die Töne F und E unter dem alten Ehepaar, das so noch ein allerletztes gemeinsames Werk, zwar im gleichen Raum, doch in der Zeit getrennt, nun, vollbringen sollte. Mann und Frau, was ja im Zuge ihrer gemeinsamen Jahrzehnte im selben Raum und in derselben Zeit unmöglich geworden ist ... Anfangs haben sie in einem ähnlichen Raum ihren einzigen Sohn, diesen Bankangestellten eben, gezeugt. Er blieb ein Einzelkind. Und der Hermann, der Straßenarbeiter, Frührentner, jetzt mit dem Besen, brachte das A. Dabei war der Arme ganz taub wegen diesem – wie heißt das Zeug? Furchtbar, man hält ihn schräg in den Händen, und er macht ratatatata. Pressluftbohrer!, schrie ich auf in der Freude, dass nun auch ich etwas wusste. Doch ich weiß immer nur solche Sachen. Dumm von mir, etwas zu sagen, dachte ich gleich. Viragh blühte irgendwie auf. Ich hatte also vier Spieler. Erstens:

den Frührentner, den rechten Nachbarn mit dem Besen, zweitens und drittens: das Ehepaar, viertens: den verunglückten Paragleiter. Also hatte ich vier Töne, freilich in keiner bestimmten Abfolge und Anzahl, ich musste dann noch mal einen Ton eine Oktave tiefer setzen, also D-klein, das machte ich dann eben mit meinem abgedämpften Bösendorfer selber. Und das F nach oben pfiff ich.
Hafele Kar meinte, dass man aus vier Tönen nicht sehr viel wird machen können. „Alle meine Entlein" braucht schon mehr Töne, bereits sechs. Doch, doch. Viragh ging zum Klavier und spielte eine Melodie, die der Hafele Kar offenbar kannte. Sogar mir kam die Melodie bekannt vor.
Ein Wahnsinn! Wirklich! – Viragh wurde etwas lebhafter. Ja, ich hab nur mein Dat-Gerät in die Mitte des Raumes gestellt und wahllos aufgenommen. Wochenlang. Da zitterten also diese Töne in der Luft: manchmal solo, manchmal zwei zusammen, sagen wir A, E, oder drei. Nur weil das Ehepaar nie zusammen …, konnte ich sozusagen mit einem vierstimmigen Satz nicht rechnen. Doch einmal haben sich die alten Herrschaften da oben in den Zeiten geirrt, und die Frau klopfte wie narrisch mit ihrem Schuh und schrie dazu, und der Mann ebenso, und er schrie so laut, dass ich ihn verstand. Er schrie: Raus! Raus! Wie aus! aus! Und damit hat er mir die Idee gegeben: „Fremd zieh ich wieder aus".
Toll, und diese, der Pressluftbohrer, der Bankers-Vater-Mutter und der verunglückte Paragleiter …, und was kam eigentlich von links? Von dem Nachbarn?, schrie Hafele Kar aufgeregt. Ja von dort …, die Wohnung ist zurzeit leer, da kamen die Pausen. Sehr wichtig. Ja, auch ich horchte immer wieder nach links, sagte Viragh, dass endlich aus dieser Richtung was käme, wenn schon von rechts und von unten und oben, nicht? Doch von links, na ja, endlich habe ich kapiert: das Wichtigste: die Pausen. Diese leere Wohnung werde ich jetzt mit dem Preisgeld erwerben und mit der Traverse abgestützt – die Statik muss schließlich stimmen, wir sind ja

nicht in Kairo – die Zwischenwand durchbrechen, wo jetzt die Gegenstände arrangiert sind – die habe ich den Leuten abgekauft, über dem Preis –, dann habe ich einen anständig großen Raum. Zwölf Meter lang. Die Formalitäten mit Baugenehmigung etc. sind bereits erledigt. Übermorgen kommt die Baufirma mit einem großen Kran, hebt die Zwischenwand aus, setzt die Traverse ein, und fertig ist die Chose.

Toll, und diese Leute wissen jetzt, warum du ihren alten Besen und Stöckelschuh …? Ich sagte ihnen, dass ich eine Ausstellung von bedeutenden Gegenständen … Durch sie bin ich Komponist geworden, das wollte ich nicht sagen. Es stimmt ja auch nicht wirklich: durch das Horchen bin ich erst Musiker, dann Komponist geworden. So etwas kann man nicht erzählen.

Und Viragh legte ein Heft – die Partitur – auf das Klavier. Auf dem Titelblatt waren Besen, Fahne, Krücke und Stöckelschuh abgebildet. Die Fotos der „Bedeutenden Gegenstände". Eher wie Graphik, sagte Hafele Kar, nachdem er einen Blick auf die Noten geworfen hatte. Kleine, gestochene Wolken. – Ja F-Gruppe vibrierend, E-Gruppe und so. – Ganz wissenschaftlich schaut die „Winterreise" jetzt aus, murmelte Hafele Kar fast verstimmt. Das alles aus der Störung. Und du hast dafür auch noch den Onassis-Preis … Na, Kobalt, kannst du's auch lesen?, so Hafele Kar. Und ich las stolz wie ein dummes Kind: „Wohnen in Salzburg". Das war der Untertitel.

Dann las ich noch: „Fremd bin ich eingezogen, fremd zieh ich wieder aus."

Unvermittelt stellte mir Viragh die Frage, in welcher Angelegenheit ich zu ihm zur Einzeltherapie kommen wolle. Ich denke, doch nicht wegen diesem Primo Levi, oder war es Celan?, fragte er. Also jetzt erfahre ich hier, dass diese komische Fuge und dieser Primo Levi und dieser Celan irgendwie zusammengehören, dachte ich. Auch dass die Musik voller Grammatik ist, dieser Viragh weiß wirklich sehr vieles. Er wird mir helfen können. Ich versuchte mit Fassung zu sprechen, um einen guten Eindruck zu machen …, zumindest, was meine persönlichen Angelegenheiten betrifft. Wegen einer männlichen Angelegenheit, wollte ich mit diskreter Ernsthaftigkeit sagen, aber Gott weiß warum, leider, das passiert mir immer wieder, ich musste plötzlich grinsen. Das muss einen furchtbar schlechten Eindruck machen, dachte ich. Trotzdem blieb der Viragh sachlich, höflich. Oder? War Viragh hier doch vielleicht etwas ironisch? Das konnte man bei ihm nie wissen. Was ist eine männliche Angelegenheit? Doch er zog sein Notizbuch, und ohne weiter etwas zu fragen, schlug er einen Termin vor. Allerdings, ich müsse zahlen. Herr Ramminger, ich bin an der LNK zurzeit nur für fünfzehn Stunden Gruppentherapie verpflichtet. Wenn von unseren Patienten jemand zur Einzelstunde zu mir kommt, berechne ich dreihundert Schilling, und das ist privat. Offiziell bin ich hier als Musiktherapeut beschäftigt. Meine Ausbildung als Gesprächstherapeut schließe ich erst in drei Monaten ab, dann wird der Stundensatz höher. Nur damit Sie die Bezahlungsmodalitäten verstehen. Wollen Sie Bedenkzeit? Nein, ich wollte keine Bedenkzeit. Wie könnte ich einem so gebildeten Mann wie ihm nicht sofort ja sagen. Und die Mutti wird mich noch loben, weil es allweil noch billiger ist, als es bei dem DDr. wäre, der meine G'schicht, meinen Traum, oder?, analysieren wollte für 700 Schilling die Stunde. Welcher Traum war das doch? Ich musste scharf nachdenken. Doch es fiel mir gar nichts ein. Warum eigentlich muss ich jetzt zur Therapie?, müsste ich noch fragen. Doch es war zu spät. Herr Viragh hat meinen Termin schon in sein Notizbuch eingetragen.

****

Drei Wochen ohne Briefe, Eurydike. Drei Wochen? Fragst Du vielleicht spöttisch. Natürlich drei Wochen von meiner Seite … Von Deiner Seite …, da zähle ich lieber nicht nach. Doch, jetzt schreib ich Dir, dass ich nun den Preis bekommen habe. Genau den, den wir vor fünf Jahren im Sommer so erwartet … Und der damals nicht kam. Du weißt noch, wir wurden etliche Male irrtümlich angerufen. In unserem kleinen Haus klopfte es ständig an dem Fenster. Rübergehen in das große Bauernhaus: einmal, zweimal, dreimal falsche Verbindung oder abgeschnittene, bis dann endlich die vermittelnde Abteilung des Ministeriums urgierte. Und da war die vernichtende Nachricht: Irrtum. Wieder eine verlorene Schlacht. Wir lasen dann in unserem Bett anderer Leute verlorene Schlachten. Wie Rimbaud ausgeraubt und todkrank aus Afrika heimkehrte. Wieder einmal einer, dessen Bein amputiert werden musste … in Marseille …, und dass der dort mit seiner Krücke herumhüpfte und sah, wie andere schadenfroh sein entsetzliches Hüpfen mit boshaftem Lachen und Bemerkungen begleiteten. Rimbaud, großartig in die weite Welt ausgezogen, verkrüppelt, bettelarm heimgekommen. Das sind meine Ängste, das sind aller männlichen Wesen Ängste, und das sind verkehrte Ängste. Denn trotz materiellen Zusammenbruchs, oder gerade weil er so stur bleiben konnte, dass es zu dieser Vernichtung seiner Existenz kam, war er der Dichter der Kinder und der Jugend gewesen. An der Schwelle seines Erwachsenwerdens hat er aufgehört zu schreiben. Ich fürchte auch, dass mich mein Erwachsensein einmal einholen könnte, Eurydike: Es liegt so viel an Dir, dass es mich nicht erreicht. Du sagst mir, besser, Du sagtest mir stets, Du hättest einen großen Freund, einen kleinen Sohn und einen Vater, der kommt, wenn Du ihn rufst. Aber inmitten der Gestalten Deiner Wünsche steht der kleine Sohn und tut so, als ob er der Freund und der Vater wäre. Jawohl, der Sohn, der ewige Sohn will ich Dir sein und auch bleiben. Denn Liebhaber und Ehemänner sind nur da, um ihren Glanz zu verlieren.

KAPITEL XIII

ABSCHIED VON DEN ELTERN

Die Eltern lebten in Australien, zuletzt in Sydney, und nahmen an einer Thailandreise teil. Sie hatten festgestellt, dass es sich doch gelohnt hatte, nach Australien zu kommen. Auf einem Foto steht in der Bildmitte Gyurika, hilflos lächelnd, und links von ihm eine für mich fremde Dame, rechts von ihm meine Mutter, alle drei Sektgläser in der Hand haltend.

Dieses Bild wurde am Tag des Empfanges in Thailand geschossen, an dem Mr. und Mrs Hofmann ihren zweiwöchigen Urlaub dort begannen. Die fremde Dame war eine Single-Frau (ich kann davon ausgehen), nach Mrs Hofmanns Beurteilung etwas weniger wert als sie selbst, weil ohne Mann. Mrs Hofmann war in dieser Zeit als eine etwas vermögende Frau gesehen worden. Ich, „das Kind", war nämlich in dieser Zeit von ihr schon nicht mehr als Empfänger der von ihr ein Jahr früher in Salzburg verkündeten Erbschaft - eine Million Schilling - gesehen, sondern zurückgestuft worden, was Mrs Hofmann mit einem Strich bewerkstelligen konnte. Dabei verspürte Mrs Hofmann ein ganz großes Machtgefühl. Macht, Macht, Macht. Täglich dreimal Machtausübung - ein solches Gefühl hatte Mrs Hofmann bis dahin noch nie erfahren. Sie hatte eher das Gefühl der Machtlosigkeit verspürt bei ihren Vergewaltigungen und Erniedrigungen. Jetzt kam also etwas ganz anderes. Mrs Hofmann war nicht mehr das vergewaltigte Wesen, sondern eine respektable Dame, die gefragt wurde, ob sie noch einen edlen Tropfen begehren würde. „Einen edlen Tropfen? Sehr gerne, aber wirklich nur einen edlen Tropfen", so zierte sie sich, „in diesem Augenblick habe ich mich nämlich entschlossen, dass ich mitnichten geben will meinem Kind die Gabe, die ich so lange ihm geben wollte. Seitdem ich hier in diesen heiligen Hallen residiere, komme ich auf bessere Gedanken. Ende der Gaben, Ende der Schenkungen. Weil: erstens, ich habe ganz genauso viel gearbeitet wie mein Ehemann, Gyurika, kein bisschen weniger," - „was nicht stimmt", rief ich dazwischen - „zweitens war ich besser bezahlt, was auch eine Frage der Selbstdarstellung ist. Zur Selbstdarstellung braucht man die Sprache. Das hat er nicht gehabt. Ich musste ihm immer alles übersetzen. Außerdem: Umstandskleider braucht man immer. Die zwei Sachen habe ich miteinander verbunden: Selbstdarstellung und Nachfrage. Das hätte ich vor sechzig Jahren noch nicht erkannt. Umstandskleider sind Kleider der Hoffnung, der freudigen Erwartung, vielleicht kommt ein wunderschöner Bub auf die Welt, eine außergewöhnliche Intelligenz, ein Genie!!!" – „Natürlich ein Bub", rief ich dazwischen, Hoffnungen gibt es nur bei Buben, und aus den so geförderten Buben werden Genies. Der Weg ist vorgezeichnet. „Ich schneide durch die Nabelschnur, die Nabelschnur und den Schnürsenkel. Ich bin die Mrs Hofmann, seitdem ich diesen Alzi-Mann an der Hand führe, diesen wundervollen Mann, my wonderful husband, führe, führe. Komm, kis Apukam, komm, komm. Du wirst mich nicht mehr unterjochen, untergraben, unterdrücken, unterwerfen. Komm, komm, komm, jetzt tauschen wir die Rolle, jetzt spielen wir das umgekehrte Spiel, jetzt spielen wir das richtige Spiel." Mrs Hofmann nahm aus ihrer Tasche einen Zettel, den sie durchstrich, einmal, zweimal, dreimal.

„Ich durchstreiche dich Ehemann, du durchgestrichener Ehemann, zwei- oder dreimal durchgestrichener Ehemann, der anfangs so nett lächelte und jetzt erstarrt, und in der Mitte, in der Mitte war das nackte Grausen. Ich könnte dich dieser fremden Dame übergeben. Sie soll mit dir anfangen, was sie will, absolut was sie will. Servus Apukam, ich will dich nimmermehr sehen, will dich nimmermehr sehen, pfiati, auf Nimmerwiedersehen."

Unvermittelt schreiend: „Sie müssen sich vorstellen, dieses Kind hat mit mir einfach nicht gesprochen. Manchmal ein halbes Jahr lang nicht. Dieses Kind wollte mich bestrafen, ich weiß zwar nicht, wofür, aber es wollte mich bestrafen, mich, seine Mutter. Haben Sie schon von so etwas gehört? Das müssen Sie einmal durchhalten. Oder war das nicht er, son-

dern sein Vater? Jetzt ist es mir egal." Ich wollte nicht die Tochter oder der Sohn einer vergewaltigten Mutter sein. Ist doch verständlich. Einer täglich vergewaltigten Mutter, ist das verständlich?
„Wir haben es am staatlichen Bela-Bartok-Konservatorium in Budapest studieren lassen." – Ja, Mutter, wirklich, habt ihr mich studieren lassen? Ich dachte, dieses eine Mal hat der Staat schon etwas gezahlt für mich. Es lag an mir, den dortigen Bedingungen zu entsprechen. Und das konnte ich. „Dieses Studium hast du 1955 oder 1956 oder wann?, abgeschlossen. Jedenfalls warst du am 1. Dezember 1956 bereits Schüler des sehr berühmten Mozarteums in Salzburg. Du hast ein Stipendium für ein post graduated Studium erhalten. Von deinem Stipendium vermochtest du einen gewissen Betrag zu unserer Unterstützung nach Australien zu schicken, und das haben wir dankbar angenommen, das waren für uns die Lebenshaltungskosten für ein halbes Jahr. Wir hätten nach unserer Ankunft hier in Australien verdorbene Äpfel vom Boden sammeln müssen. Dafür hast du verlangt, dass wir das einmal erhaltene Geld am Ende der von dir festgelegten Laufzeit zurückgeben müssen. Gyurika konnte das nicht verstehen, ich auch nicht. Eltern und Kinder machen doch keine Geschäfte miteinander. Das wertete dein Vater als sicheres Zeichen deiner Kälte. Seine verbleibende Lebenszeit verbrachte er damit, dass er diesem Problem ohne Erfolg nachgegrübelt hat." – Also ich habe seine Alzheimer Erkrankung verursacht, stelle ich fest. – „Wie du das werten willst. Dann kam meine Glanzzeit. Meine glänzendste Zeit. Ich habe von meinem sechzigsten bis zum siebzigsten Lebensjahr gearbeitet und dabei sehr gut verdient", fuhr Mrs Hofmann fort. „Ich hatte eine frühere Bekannte, noch aus der Zeit vor vierzig Jahren in Györ/Arrabona, auf der Straße, wirklich auf

der Straße in Sydney getroffen, deren Geschäft für Umstandskleider sehr renommiert war und die mich zur Mitarbeit bewegen konnte. Für uns beide, für diese meine Bekannte Mrs Kisfaludi und mich, war das dann zehn Jahre lang eine erfolgreiche Zusammenarbeit gewesen. Gyurika verstand das nicht und dachte lange Zeit, dass es so eine Art ‹Frauenarbeit› sei, eher ehrenamtlich, mehr Wohltätigkeit als reales Geschäft, aber das war es nicht. Ich verdiente sehr anständig damit, bis das bittere Ende kam, Unfall auf der großen Brücke von Sydney. Bei mir ist mehr bei der Arbeit herrausgekommen als bei deinem Vater, das wollte er nie wahrhaben", wendete sie sich zu mir.
Da machte Gyurika die nächsten Schritte in Richtung Alzheimer Erkrankung. Hofmann Gyurika wird von nun an als Alzi geführt. Was war hier geschehen?
„Ich habe die Vormundschaft übernommen für meinen Mann, ja, die Vormundschaft, die Vormundschaft. Gyurika ist ja bisher auch irgendwie krank gewesen, nur haben wir seine Krankheit nicht wirklich ernst genommen, weil er für uns alle der Ernährer war. Jetzt wurde er aber endgültig krank, weil ich mich selbst ernähren konnte. Von nun an brauchte ich keinen Ernährer mehr, daraufhin ist er aus dem Bett gefallen.
Ich war tief bestürzt, tief bestürzt, so weit, dass ich alle bisherigen Handlungen mit ihm im Zusammenhang einer Revision unterworfen habe und zu der Einsicht gekommen bin, dass ich ihm gegenüber zu streng war. Die Vergewaltigungen, wenn diese überhaupt vorgekommen sein sollten, waren ein zu weit gegangenes Aufkochen des Temperaments, hervorgerufen durch die Schönheit einer begehrenswerten Frau, durch mich, die allen Widerstand zunichte gemacht hat. Von nun an war ich eine von Gewissensbissen zernagte Frau und

wusste wirklich nicht mehr, wie ich meine frühere Strenge wiedergutmachen könnte. Eine Vergewaltigung vor 20, 30 Jahren oder mehr will gar nicht so richtig beurteilt werden. Das war doch etwas anderes, als es heute wäre. Es war so, als wenn es gar nicht geschehen wäre. Eine vielleicht eingebildete Vergewaltigung."

Das Ehepaar hatte sich durch die Gitter des Krankenbettes gesehen, und als Gyurika in einem fort nur sagte: „Nun kränke dich nicht, Babuska", konnte Mrs Hofmann nur noch weinen ob der Großzügigkeit des Gatten, und das Wichtigste: auf keinen Fall wollte Mrs Hofmann alleine bleiben. Lieber dann einen Vergewaltiger, der schon inzwischen harmlos geworden war, als niemanden, absolut niemanden. Denn so ein besonderer Fall würde jetzt nicht mehr vorkommen, wie das war damals vor zehn Jahren, dass sie eine Stellung angeboten bekam. Nein, jetzt standen sie endgültig allein da in der Welt.

„Und die Erde erwärmte sich, und sie war wunderbar angenehm, so wunderbar, weder zu kalt noch zu heiß, wie uns das jetzt gerade gut ist, wie es uns jetzt gerade gut ist. Und die Sterne leuchteten, wie sie leuchten mussten. Das war unsere Nacht. Brisbane - Canberra - Adelaide - Perth. Das waren unsere Urlaubsziele", sagte Gyurika. „Mit deiner Schwester Kati und ihrem tüchtigen Mann, der dann aber schnurstracks gestorben ist. Ja, die Schwester Kati, die habe ich gerne gehabt. Die Geschwister aus der Familie haben mich deswegen ausgelacht. Ich musste natürlich die dümmste Schwester gerne haben. Warum? Weiß ich das? Weiß man so etwas wirklich? Ich habe sie jedenfalls sehr gern gehabt. Vielleicht habe ich sie auch ein bisschen geliebt? Ja, ja, vielleicht habe ich sie ein bisschen geliebt. Vielleicht habe ich sie sehr geliebt. Vielleicht habe ich sie mittlerweile mehr geliebt als meine Gattin selbst. Vielleicht war meine Gattin zu streng", sagte er und fuhr nach einer kleinen Pause fort: „Und vielleicht verdiente sie zu viel. Ja, das war es. Sie verdiente zu viel. In Brisbane habe ich mich sehr gut gefühlt. In Canberra auch. Müsste ich jetzt sagen, wo ich mich schlecht gefühlt habe? Nein, ich habe mich nirgends schlecht gefühlt. Adelaide war wirklich absolut Spitze. Da gab es zum Frühstück sogar Brioche mit verschiedenen Jams."

Mrs Hofmann: „Und dann ist der Pisti gestorben und nach dem Pisti der Gabili. Und nach dem Gabili, nach dem Gabili ..., der Gabili war insgesamt nur drei Tage krank, und dann ist er auch gestorben, und dann kam Rosas Tod. Ihr Tod ging nicht so schnell. Neben ihr stand die ganze Zeit der Etele. Für den Etele war Rosa die Haupttante."

Gyurika sagte daraufhin: „Rosa war seit 90 Jahren schon Lehrerin. Oder noch länger?"

Mrs Hofmann machte mit der Hand eine ablehnende Bewegung. „Das ist jetzt unwichtig, Gyurika. Das ist wirklich unwichtig. Und als sie alle schon gestorben waren ..." Sie hielt inne. „So schön war alles. Für uns war das alles schön. Und so schön haben die Sterne geleuchtet, und so schön war die Erde. Da habe ich mich wirklich nicht mehr meinem Ehemann widerspenstig gezeigt. Ich war sozusagen eine vorbildliche Ehegattin. Er war nur so, wie er sein konnte. Ein bisschen verwirrt, ein bisschen daneben und ein bisschen nimmermehr so, wie es sein sollte, aber er war doch mit mir zusammen hierhergekommen, nach Australien, oder ich bin mit ihm gegangen. Er hat es ausgehalten mit mir, er hat mich nicht im Stich gelassen, und letzten Endes war das der einzige Mensch, der einzige, der mein Eigentum war. Oder nicht Eigentum. Niemand ist jemandes Eigentum, wer hat das gesagt? Das weiß ich nicht mehr. Und das war so schön, so schön, so schön. Wir sind

zusammen gegangen, das war mein wonderful husband, my wonderful husband. Das war mein wonderful husband, wirklich.
Er musste mich eines Tages verlassen, aus dem Spital kam er nicht mehr heraus, da war nichts zu machen, und dann mussten wir uns trennen. Wieso? Einmal ist diese Frage gefallen, wieso mussten wir uns trennen, wenn wir uns so schön gequält haben. Solange wir jung waren, haben wir uns so gequält, das kann ich dir, meinem Sohn oder meiner Tochter, nicht sagen. Und dann, später, konnten wir uns nicht mehr quälen, das war eine kurze oder eine lange Zeit. Ich weiß nicht einmal, ob diese Zeit kurz oder lang war. Und dann bin ich allein geblieben. Das war alles. Ich muss hier noch etwas vermerken, es hat mich sehr gefreut, dass meine Tochter oder mein Sohn, wer kennt sich hier schon aus, wer könnte sich da noch auskennen? ... Ob das sich schon gelohnt hat?, das fragt ihr. Und ich muss euch sagen, es hat sich gelohnt zu leben. Es hat sich wirklich gelohnt.
Und so schön haben die Sterne geleuchtet, und so schön war die Erde. Hände haltend gingen wir wie ein junges Liebespaar. Vielleicht waren wir das jetzt zum ersten Mal. Hände haltend gingen wir, als wären wir ein ewig lebendes, junges Liebespaar."
Mrs Hofmann starb in der Nacht vom 3. auf 4. September 1996.
Gyurika war als bereits schwer Alzheimer-Kranker zehn Jahre früher gestorben.

Georg Maria Hofmann

Geb. 17.3.1933 in Györ/Raab, Ungarn

1943-51 Humanistisches Gymnasium: Matura

Parallel zur Schule ab dem 7. Lebensjahr umfangreiche Musikstudien: Klavier, Schlagzeug, Komposition.

1956 Studienabschluss am Staatlichen Bela Bartok Musikkonservatorium in Budapest.

Im gleichen Jahr, 16. November, Flucht aus Ungarn nach Österreich, kurz darauf Vorsprache bei Prof. Bernhard Paumgartner, aufgenommen zum Studium in dessen Opernregieklasse, ermöglicht durch ein Rockefeller-post.-grad.-Stipendium.

1959-61 freie Mitarbeit bei zahlreichen deutschen Rundfunk-Fernseh-Anstalten, vor allem in Musiktheaterproduktionen. In dieser Zeit bereits erste Prosastücke in deutscher Sprache.

Stipendien der Stadt Hamburg.

1961 kam Hofmann zur Erlangung der österreichischen Staatsbürgerschaft nach Salzburg zurück und lebt seit dieser Zeit ständig in Salzburg.

1967 Mitglied der Dramatischen Werkstatt Salzburg. Im gleichen Jahr erste Uraufführung in Salzburg: „Wie eine Lilie", eine dramatische Etüde.

Weitere Uraufführungen folgen:

1979 „Ghiccho und seine Kinder", Städtische Bühnen Frankfurt,

1984 „Blasius oder man soll die Norm erfüllen, selbst wenn man daran sterben müsste" beim Steirischen Herbst in der Regie von Wolfgang Bauer, weitere Aufführungen Studiobühne Villach, Studiobühne des Volkstheaters Wien, etc., in Deutschland in München und Celle, Schlosstheater.

1987 „Die drei Weisen und der Knecht", Kefka-Theater Köln

1994 „Die Süchtigen", lyrische Komödie, als work in progress, Schauspiel und Hochschule Graz

1996 „Dolores ein Heldenleben oder Jedem sein' Krieg" als Musiktheater (Komponist: Dieter Kaufmann) im Stadttheater Klagenfurt, Regie: Olivier Tambosi.

2003 „Bulgakow, der Dichter und sein Diktator", Komödie, am Salzburger Landestheater

1976 Gründung der Internationalen Paul Hofhaymer Gesellschaft für Alte Musik. Ab 1981 Erweiterung durch die Konzertreihe „Alte und Neue Musik" als Dialog-Gegenüberstellung, welche bis Mitte 2007 mehr als 60 Projekte und über 50 Uraufführungen (darunter 44 Auftragswerke) zustandegebracht hat.

1997 Verleihung des Berufstitels Professor durch den österreichischen Bundespräsidenten als Würdigung der Arbeit für die Hofhaymer Gesellschaft.

2007 Verleihung des Stadtsiegels der Stadt Salzburg in Gold als Würdigung der Verdienste um das kulturelle Leben der Stadt.

2009 Verleihung des Großen Verdienstzeichens des Landes in Anerkennung der besonderen Verdienste um das Land Salzburg

1995 Roman „Der Auftritt des linkshändigen Dichters Alexander Galajda", erschienen beim Otto-Müller-Verlag, Salzburg.

1996 Aufnahme des Romans in die Bestenliste des Südwestfunks Baden-Baden.

2005 Übersetzung in ungarische Sprache beim Europa-Verlag Budapest.

2006 Präsentation des Romans in Hofmanns Geburtsstadt Györ

2020 Personenstandsänderung von weiblich auf männlich aufgrund bestehender Transidentität.

Auszug der gesammelten Stimmen und Rezensionen zum ersten Roman des Autors.

✦ *Salzburger Volkszeitung, 22. November 1995*
KIND IN ABSURDER WELT
Die Dramatikerin Maria Georg Hofmann - ihre Werke wurden u.a. beim Steirischen Herbst uraufgeführt - hat nun ihren ersten Roman verfasst.
„Der Auftritt des linkshändigen Dichters Alexander Galajda"
Mit großem Detailreichtum und ausgefeilter Vielstimmigkeit wird die kleine Welt einer Familie in einer kleinen Stadt ausgebreitet, in die unausweichlich die große Welt mit Gewalt und Krieg einbricht. Im Mittelpunkt des Romans steht ein Kind, das sich außerhalb der Normen einer Gesellschaft stellt, in der der zwischenmenschliche Krieg auch so schon längst Einzug gehalten hat....
... theatralische, epische und lyrische Passagen verschmelzen zu einem komplexen Ganzen. Diese motivische und sprachliche Vielschichtigkeit macht Maria Georg Hofmanns Roman zu einer **Lese-Herausforderung**.

✦ *Bücher-Bord, Graz, 01/1996*

... Ein Stück Zeitgeschichte und ein Stück Autobiographie. Aber es ist mehr: ein Pandämonium menschlicher Leidenschaft, Triebhaftigkeit und Bösartigkeit im banalen Alltag einer Kleinstadt ...

Die Fabulierkunst Hofmanns ist gepaart mit Witz, Ironie und einer Neigung für hintergründige Absurdität. **Zweifellos ist der Autorin ein bedeutender Roman gelungen, der an den „phantastischen Realismus" der Wiener Maler erinnert.**

✦ *Die Furche, Wien, 1. Februar 1996*

... Grotesk, absurd und voll beißendem Sarkasmus präsentiert sich die bisher als Dramatikerin bekannte Schriftstellerin in ihrem ersten Roman. In Österreich hat sie nach ihrer Flucht aus Ungarn eine neue Heimat gefunden und **legt nun ein Buch vor, dessen vielleicht größte Leistung das Ziehen an Wurzeln jener österreichischen Literatur ist, die den zweiten Weltkrieg also doch überlebt hat.**

✦ *Kulturzeit ZDF, 23 Februar 1996 / Interview mit Elke Schmitter*

... Maria Georg Hofmann beschreibt einen Tumult, der Leben heißt mit ganz angemessenen Mitteln. **In jeder Beobachtung klar, in jeder Wahrnehmung deutlich, in jedem Urteil direkt** – und doch, in ihrem Sprachfluss ganz am Lebendigen entlang, in dem alles zusammenhängt: Wenn sie nur einen Faden zieht, hat sie gleich das Knäuel in der Hand ...

✦ *Süddeutsche Zeitung, München 23./24. März 1996*

.. Kinder, macht uns das Buch der Maria Georg Hofmann glauben, sind radikale Empiristen: ums Verstehen schon bemüht, zunächst aber bereit, mehr als Erwachsene zu sehen; Erfahrungen zu machen, die nicht schon ranzig sind, wenn man sie macht.

... Györ, in Ungarn, kurz vor dem Zweiten Weltkrieg: In der Historie, die uns fälschlich so übersichtlich erscheint. Und die, auch für die Erwachsenen, ein schwankendes Schiff gewesen sein muss, selbst ohne die Ahnung des Krieges: jedenfalls ein Schiff, in dem die Plätze auf dem Mitteldeck nicht sicher waren, sondern erkämpft und dann verteidigt werden mussten. Und gegen welche Unbill! Da gibt es die Großeltern mit einem Deserteur dabei und einer Nymphomanin, und einer trägt den Namen Neumann, der doch irgendwie jüdisch klingt, und Bruder Gabili hat einen Wasserkopf ... Aber es reicht nicht, dass die Familie selbst für Unterhaltung sorgt, für Angriff und Verteidigung, für Schrecken und Verdammnis: der Ozean, auf dem sie segelt, gerät dann selbst ins Schlingern, der Reichsverweser Horthy muss die morschen Geschäfte an die Nazis übergeben...

✦ Oberhessische Presse, 28. März 1996
Die Österreicherin Maria Georg Hofmann ist bislang vor allem als Dramatikerin auf der literarischen Bühne aufgetreten. Ihr opulenter Roman „Der Auftritt des linkshändigen Dichters Alexander Galajda" erzählt vom Leben in der ungarischen Stadt Györ zwischen 1933 und 1945. **Ein Meisterwerk der Groteske**.

✦ *Buchbesprechnung im ORF Landesstudio Kärnten am 22. Juli 1996*
Aus der Sicht eines frühreifen und hochintelligenten Kindes werden mit großer Genauigkeit und Sinn fürs Detail die Lebensverhältnisse einer ungarischen Großfamilie geschildert. Die Autorin entwirft Skizzen alltäglicher Grausamkeit der Menschen, deren Verhalten hier gnadenlos unter die Lupe genommen wird. Verknüpft mit den Geschehnissen des Zweiten Weltkrieges zeigt Hofmann den Kleinkrieg einer Familie. Die Absurdität des Krieges tritt aus der Sicht des Schwächsten, des Kindes, besonders deutlich hervor...
Hofmanns Roman, **ein Pandämonium von Geschichten** und ein Netz von familiären Verstrickungen, ist manchmal schwierig zu fassen, und doch, die Filmbilder der Erinnerungen, obwohl sie manchmal verrückt spielen, „liegen doch nicht sinnlos aufeinander in ihrer scheinbaren Unordnung".

✦ *Die Zeit, Hamburg, Nr. 43, 18. Oktober 1996*
UNORDNUNG, DAS LEBENDIGE ... meist kämmt Erinnerung die Läuse aus dem Schopf; entwirrt die Knoten, macht aus dem langen Leben einen glatten Zopf. Bei Hofmann ist Erinnerung so abgebildet, wie sie tatsächlich funktioniert: als ein Gewirk aus eigenen Bildern und fremden Sätzen, als eine Vergegenwärtigung von Fremdheit, wo Nähe verordnet war – und als die Er-

fahrung von Vertrauen, wo Befremden, nach der Logik der immer schon wissenden Erwachsenen, angezeigt gewesen wäre. ... Sentimentalität und jener Optimismus, den Phantasielosigkeit grundiert, kommen in diesem Bericht nicht vor – dafür aber ist er durchzogen von einem scharfen Sinn fürs Groteske. Denn das Groteske, lehrt dieses Buch, ist keine Verzerrung der Wirklichkeit; es ist im Gegenteil öfter mit ihr identisch, als wir es glauben wollen.

✦ *Neue Zürcher Zeitung, 11. Juli 1997*
Der Roman „Auftritt des linkshändigen Dichters Alexander Galajda", eine tragi-comédie humaine" ganz eigener Art, ein grell ausgeleuchtetes Sittenbild, das von dem aussichtslosen Kampf der Geschlechter handelt... Wie **Grass' blechtrommelnder Oskar** nimmt das erzählende Kind mit scharfem Blick das Treiben der Erwachsenen wahr und begehrt gegen diese Welt auf... Bereits auf den ersten Seiten wird der Leser von einer surreal anmutenden Welt gefangengenommen. .. **Geradezu rabelaisk die Lust am Fabulieren, die Freude am Ersinnen grotesker Situationen.**

✦ *Profil, 14. April 1997 (Paul Yvon)*
... Als Dramatikerin anerkannt, verarbeitet sie Themen, die ihr den Ruf einer Chronistin der Grausamkeit eingetragen haben. ... **Das Kunststück ist, mit wie viel Witz sie durchblickt, mit welcher Lust sie erzählt, mit was für einer Pranke die Linkshänderin locker Jahrzehnte rafft und damit unsere Zukunft beschreibt...**

✦ *Salzburger Fenster, 2. April 1997*
.... **Mit Humor, Ironie und Sarkasmus, die eine bis zur grotesken Verfremdung der Realität gehende Steigerung erfahren, wird ein dichter Kosmos gesellschaftlichen und seelischen Geschehens entworfen**. Detailgenaue Beschreibungen der Realität Ungarns zur Zeit der Horthy-Diktatur und des Krieges vermischen sich mit den Phantasien und Erklärungsversuchen des Kindes zur psychologischen Durchdringung der Wirklichkeit, zur Wendung ins Surreale. ...
Schon mit dem so harmlos erscheinenden Weihnachtsspaziergang am Beginn des Romans setzt eine Bewegung ein, die mitten

hineinführt in die Ungeborgenheit und Lieblosigkeit innerhalb der Familie, die wie der Horthy-Staat gnadenlos all jene Mitglieder ausgrenzt, welche mit ihrem Gebrechen oder ihrer Außergewöhnlichkeit die Ordnung stören....
Am Ende des Romans wird der androgyne Dichter durch eine Vision des Kindes zum Engel, zum „Angelus Novus", und damit zum Symbol einer Utopie, einer Brücke des Verstehens zwischen Mann und Frau und der Anerkennung aller Geschlechtsausrichtungen. Dieser hoffnungvolle Ausblick erinnert an einen Satz Musils: „Das Mögliche erfasst jedoch nicht nur die Träume nervenschwacher Personen, sondern auch die noch nicht erwachten Absichten Gottes".

✦ *Literatur und Kritik, November 1997, Paul Yvon*
Normverweigerung – Maria Georg Hofmanns großer Auftritt
1938-1945, Györ. Familie im Krieg und Krieg in der Familie wie in schönsten Friedenszeiten. Maria Georg Hofmann, das Kind Giorgio, erzählt von seiner Weigerung, die zahlreichen Normen zu leben. Ein einziger Gerichtsbericht: Das Urteil des wunderlich behinderten, unschuldigen Kindes über Ereignisse, Personen und ihre Darsteller ...
Kinder denken radikal und gut. Deshalb wird jedes Kind überrascht durch den Krieg, naturgemäß mehr durch den nicht erklärten in der Familie. ...
Kinder sind frech, denn sie sehen Dinge simpel und reagieren angemessen. Giorgio verteidigt sich im Existenzkampf und Geschlechterkampf
... In der Geschlechterrolle wird angedeutet, warum und worin sich dieses Buch der normierenden Beschreibung entzieht: Es löst das Knäuel radikal; es verweigert jede Norm als lebensfeindlich...
Ihr verzweifelter Mut zeigt Zukünftiges: Erst die Grenzüberschreitung macht Leben im Lebensfeindlichen möglich; Linkshändigkeit ist in diesem tumultuösen Existieren enorm hilfreich, wenn man ihre Folgen überlebt: sie macht überdeutlich das glühende Korsett, bereitgehalten von Menschen für den einzigartigen Menschen.

✦ *Tomas Friedmann, Geschäftsführer Literaturhaus Eizenbergerhof Salzburg, 26. Mai 1998*
Maria Georg Hofmann ist bisher mit Theaterstücken an die Öffentlichkeit getreten. Mit ihrem ersten (Entwicklungs-)Roman hat sie sich als **ernstzunehmende Stimme in die österreichische Gegenwartslisteratur geschrieben. Mit schier grenzenloser Phantasie und großer Freude an grotesken Bildern** erfindet Hoffmann die Geschichte einer Kindheit in der ungarischen Provinz der 30er Jahre.
Dabei entsteht keine Familiensaga, sondern vielmehr ein Mikrokosmos der Provinz, keine Biographie, sondern vielmehr die detaillierte Geschichte einer Verweigerung gesellschaftlicher Normen: sprachlich vielschichtig, komisch, liebevoll, wirklich.

✦ *Dr. Christa Gürtler, Leiterin des Salzburger Literaturforums „Leselampe", 26. Juni 1998*
Das Bild „Angelus Novus" von Paul Klee - der Engel der Geschichte - bildet auf dem Umschlag des Buches die utopische Folie für einen Blick auf das 20. Jahrhundert, das geprägt ist von Gewalt und Krieg. Der Roman entfaltet ein vielstimmiges Geschichtspanorama.
...
Maria Georg Hofmann spannt den Bogen weit, sie findet eine Sprache und einen Stil für das Chaos, das Wirklichkeit heißt. Die Vielstimmigkeit des Lebens wird in der Vielfalt von Charakteren und grotesken Geschichten eingefangen, die sich an der Literatur der Moderne orientieren, die nach 1945 in der deutschsprachigen Literatur nur selten so gut gelang wie hier. Hofmann hat mit der Figur des linkshändigen Dichters Alexander Galajda eine Figur erschaffen, **die man Ulrich, Robert Musils „Mann ohne Eigenschaften", getrost zur Seite stellen könnte.** Führen in Musils Roman alle Fäden des Knäuels in den Ersten Weltkrieg, so hat er bei Maria Georg Hofmann nie aufgehört.
...
In der Erinnerung an die eigene Kindheit werden viele Geschichten lebendig, einen roten Faden des Lebens und des Erzählens werden wir vergeblich suchen. **Aber finden ein Meisterwerk,** das uns den Weg weist aus den Schrecken der Geschichte, die gebannt werden mit Witz, Komik und Lust am Grotesken.

✦ *Anton Thuswaldner, Jänner 2010*

... Den Figuren im Roman von Maria Georg Hofmann haftet nichts Großartiges an. Sie werden durch ihre Leiden nicht erhöht, sie bekommen keinen Glanz durch ihre Anstrengungen, ihre Haut heil durch die Zeitläufte zu bringen. Sie sind Krämerseelen, denen mehr zugemutet wird als ihnen eigentlich zustehen dürfte. Helden sehen anders aus.

...

Das Leben ist unordentlich, warum also soll ein Roman Ordnung schaffen? Eine Vielzahl von Geschichten und Episoden, von kleinen und großen Dramen finden hier ihren Niederschlag. Sie mäandern durch das Bewusstsein von heute, das all diese verlorenen Lebensmomente unter das Mikroskop der Erinnerung hält. Das verleiht dem Roman den Wildwuchs, der nicht zu bändigen vermag, was in der Zeitgeschichte vermasselt wurde.

Im Jahr 1995, als der Roman erschien, war er ein Solitär der österreichischen Literatur. ...

Jetzt, im Abstand von fast fünfzehn Jahren, vermag man zu sagen, **dass ihr ein Klassiker der österreichischen Literatur gelungen ist.**